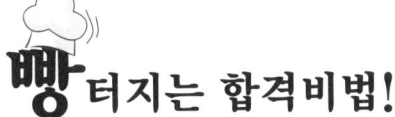

제빵기능사

필기 (이론+문제)

도서출판 유강

서문(序文)

　한권의 문화 서적과 인문 서적이 인생을 바꾼다면, 제빵 교육에 필요한 전문 서적은 내일을 위한 희망과 행복을 만듭니다.

　글로벌 시대에 각 나라별로 수많은 빵과자류 제품이 각각의 특색을 갖고 발전하고, 눈부시게 급변하고 있습니다.
　제과·제빵업체의 형태는 다양하게 변모하고 있으며, 단품종의 빵과자류 전문점, 디저트 카페, 베이커리 카페, 윈도우 베이커리도 상향곡선을 나타내고 있어서 다양한 트렌드 제품의 개발도 중요시 되고 있습니다.
　고객의 가치에 부합하는 고품질의 빵과자류 제품을 제공하기 위해 효율적이고 체계적인 기술과 생산계획을 수립하여 경영, 판매, 생산, 위생 및 관련 업무에 종사할 수 있는 능력이 강조되고 있습니다.
　본 교재 제빵기능사 필기(이론+문제)에는 1.빵류제품 재료 혼합, 2.빵류제품 반죽 발효, 3.빵류제품 반죽 정형, 4.빵류제품 반죽 익힘, 5.빵류제품 마무리, 6.빵류제품 위생 안전 관리, 7.빵류제품 생산 작업 준비로 나누어 제빵기능사 필기 시험의 주요항목으로 정했습니다.

　교사나 학습자가 교재를 선택하는 것은 신중해 질 수밖에 없습니다. 서점의 많은 베스트 셀러 중에서 책 한권을 고르는 것보다도, 긴 세월을 교육 현장에서 직접 가르치면서 국가 정책에 맞는 맞춤형 교재가 필요하다는 것을 절실히 느끼고 있습니다.

　본 교재는 한국직업능력개발원의 NCS 학습모듈을 참고문헌으로 하여 요약 정리 하였습니다. 직업훈련 정책과 기술자격 검정 출제 기준에 부응하여, 우수한 제빵기능사 전문가의 배출에 기여하고자 합니다.
　이에, 도서출판 유강의 유인하 회장님, 편집에 수고 해주신 씨엠씨 황익상 실장님, 항상 열정으로 공부하면서 가르치는 한국음식문화 직업전문학교, 성남 외식조리 직업전문 학교, 성남요리학원의 배미연 선생님을 비롯한 훈련교사 여러분들께 감사의 인사를 드립니다.

　여러분들의 앞날에 희망과 행복이 함께 하시길 기원 드립니다.

저자드림

출제기준(필기)

직무분야	식품가공	중직무분야	제과·제빵	자격종목	제빵기능사	적용기간	2020.1.1.~2022.12.31.
○ 직무내용 : 빵류제품을 제공하기 위한 체계적인 기술과 생산계획을 수립하여 판매, 생산, 위생 및 관련 업무를 실행하는 직무이다.							
필기검정방법		객관식		문제수	60	시험시간	1시간

필기 과목명	출제 문제수	주요항목	세부항목	세세항목
빵류 재료, 제조 및 위생관리	60	1. 빵류제품 재료혼합	1. 재료 준비 및 계량	1. 배합표 작성 및 점검 2. 재료 준비 및 계량 3. 재료의 성분 및 특징 4. 기초재료과학 5. 재료의 영양학적 특성
			2. 반죽 및 반죽 관리	1. 반죽법의 종류 및 특징 2. 반죽의 결과온도 3. 반죽의 비중
			3. 충전물·토핑물 제조	1. 재료의 특성 및 전처리 2. 충전물·토핑물 제조 방법 및 특징
		2. 빵류제품 반죽발효	1. 반죽 발효 관리	1. 발효 조건 및 상태 관리
		3. 빵류제품 반죽정형	1. 분할하기	1. 반죽 분할
			2. 둥글리기	1. 반죽 둥글리기
			3. 중간발효	1. 발효 조건 및 상태 관리
			4. 성형	1. 성형하기
			5. 팬닝	1. 팬닝 방법
		4. 빵류제품 반죽익힘	1. 반죽 익히기	1. 반죽 익히기 방법의 종류 및 특징 2. 익히기 중 성분 변화의 특징 3. 관련 기계 및 도구
		5. 빵류제품 마무리	1. 빵류제품의 냉각 및 포장	1. 빵류제품의 냉각방법 및 특징 2. 장식 재료의 특성 및 제조방법 3. 제품 포장의 목적 4. 포장재별 특성과 포장방법 5. 제품관리
			2. 빵류제품의 저장 및 유통	1. 저장방법의 종류 및 특징 2. 빵류제품의 유통·보관방법 3. 빵류제품의 저장·유통 중의 변질 및 오염원 관리방법

필기 과목명	출제 문제수	주요항목	세부항목	세세항목
		6. 빵류제품 위생안전관리	1. 식품위생 관련 법규 및 규정	1. 식품위생법 관련법규 2. HACCP, 제조물책임법 등의 개념 및 의의 3. 식품첨가물
			2. 개인위생관리	1. 개인 위생 관리 2. 식중독의 종류, 특성 및 예방방법 3. 감염병의 종류, 특징 및 예방방법
			3. 환경위생관리	1. 작업환경 위생관리 2. 소독제 3. 미생물의 종류와 특징 및 예방방법 4. 방충·방서관리
			4. 공정 점검 및 관리	1. 공정의 이해 및 관리 2. 공정별 위해요소 파악 및 예방
		7. 빵류제품 생산작업준비	1. 작업환경 점검	1. 작업환경 및 작업자 위생 점검
			2. 기기안전관리	1. 설비 및 기기의 종류 2. 설비 및 기기의 위생·안전 관리

Contents

제 1부 제빵기능사 이론

Chapter 1. 빵류제품 재료혼합

제 1절. 재료 준비 및 계량 ·········· 10
   1. 배합표 작성 및 점검
   2. 재료 준비 및 계량
   3. 재료의 성분 및 특징
   4. 기초 재료과학
   5. 재료의 영양학적 특성

제 2절. 반죽 및 반죽 관리 ·········· 38
   1. 반죽법의 종류 및 특징
   2. 반죽의 결과 온도
   3. 반죽의 비중

제 3절. 충전물·토핑물 제조 ·········· 49
   1. 재료의 특성 및 전처리
   2. 충전물, 토핑물 제조 방법 및 특징

Chapter 2. 빵류제품 반죽발효

제 1절. 반죽 발효 관리 ·········· 54
   발효 조건 및 상태 관리

제 2절. 1차 발효와 2차 발효 ·········· 61

Chapter 3. 빵류제품 반죽정형

제 1절. 분할하기(반죽 분할) ·········· 67
제 2절. 둥글리기(반죽 둥글리기) ·········· 68
제 3절. 중간 발효(발효조건 및 상태 관리) ··· 69
제 4절. 성형(성형하기) ·········· 70
제 5절. 팬닝(팬닝 방법) ·········· 72

Chapter 4. 빵류제품 반죽익힘

반죽 익히기 ·········· 74
   1. 반죽 익히기 방법의 종류 및 특징
   2. 익히기 중 성분 변화의 특징
   3. 관련 기계 및 도구

Chapter 5. 빵류제품 마무리

제 1절. 빵류 제품의 냉각 및 포장 ·········· 90
   1. 빵류 제품의 냉각 방법 및 특징
   2. 장식 재료의 특성 및 제조 방법
   3. 포장재별 특성과 포장 방법
   4. 제품 관리

제 2절. 빵류 제품의 저장 및 유통 ·········· 99
   1. 저장 방법의 종류 및 특징
   2. 빵류 제품의 유통, 보관 방법
   3. 빵류 제품의 저장, 유통 중의 변질 및
     오염원 관리 방법

Chapter 6. 빵류제품 위생안전관리

제 1절. 식품위생 관련 법규 및 규정 ············109
    1. 식품위생법 관련 법규
    2. HACCP, 제조물 책임법 등의 개념 및 의의
    3. 식품 첨가물

제 2절. 개인위생관리 ····························· 117
    1. 개인 위생 관리
    2. 식중독의 종류, 특성 및 예방 방법
    3. 감염병의 종류, 특성 및 예방 방법

제 3절. 환경위생관리 ····························· 127
    1. 작업환경 위생관리
    2. 소독제
    3. 미생물의 종류와 특징 및 예방방법
    4. 방충 · 방서 관리

제 4절. 공정 점검 및 관리 ······················133
    1. 공정의 이해 및 관리
    2. 공정별 위해요소 파악 및 예방

Chapter 7. 빵류제품 생산작업준비

제 1절. 작업환경 점검 ·····················139
    작업환경 및 작업자 위생 점검

제 2절. 기기안전관리 ······················140
    1. 설비 및 기기의 종류
    2. 설비 및 기기의 위생 · 안전 관리

제 2부 제빵기능사 문제풀이

Chapter 1. 빵류제품 재료혼합 ········ 146
Chapter 2. 빵류제품 반죽발효 ········ 203
Chapter 3. 빵류제품 반죽정형 ········ 210
Chapter 4. 빵류제품 반죽익힘 ········ 216
Chapter 5. 빵류제품 마무리 ············ 220
Chapter 6. 빵류제품 위생안전관리 ··· 232
Chapter 7. 빵류제품 생산작업준비 ··· 264

제빵이론 계산문제 ························· 269
(제빵이론/영양학/현장실무)

제빵기능사 모의고사 1회 ·············· 280
제빵기능사 모의고사 2회 ·············· 287
제빵기능사 모의고사 3회 ·············· 293
제빵기능사 모의고사 4회 ·············· 300

참고문헌·· 307

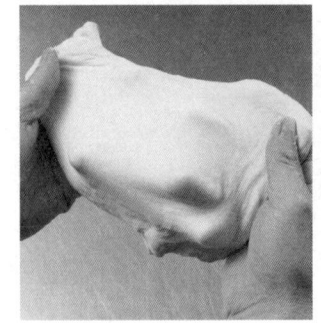
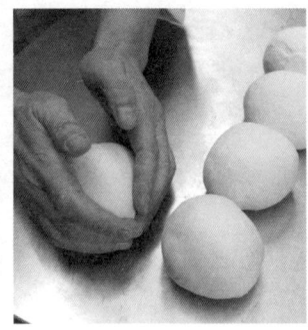

Part ·····01

제빵 기능사 이론

Chapter 1. 빵류제품 재료혼합 … 10

Chapter 2. 빵류제품 반죽발효 … 54

Chapter 3. 빵류제품 반죽정형 … 67

Chapter 4. 빵류제품 반죽익힘 … 74

Chapter 5. 빵류제품 마무리 … 90

Chapter 6. 빵류제품 위생안전관리 … 109

Chapter 7. 빵류제품 생산작업준비 … 139

Chapter ❶ 빵류제품 재료혼합

| 제1절 | 재료 준비 및 계량

01. 배합표 작성 및 점검

1 백분율(percentage) = True's percent

백분율이란 전체 수량을 100을 기준으로 그것에 대해 갖는 비율이다. 즉 〈표 1〉과 같이 모든 재료량을 더한 값이 1,815g이다. 이것을 100을 기준으로 하면 강력분은 약 55.10%가 된다. 즉 각각의 재료량을 1815g으로 나눈 후 곱하기 100을 하면 각각 재료의 백분율이 된다. 배합표를 백분율(%)로 하면 반죽당 각각의 재료량이 얼마나 분포되어 있는지를 알 수 있다. 그러나 반죽이 특성을 조절하기 위해 물 사용량을 증가할 경우, 물의 비율뿐만 아니라 다른 재료의 비율을 모두 조절해야 하는 번거로움이 있다.

식빵 배합표 1

번호	재료명	사용량(g)	백분율(%) 배합 비율	물사용량이 증가할 때	
				사용량(g)	백분율(%) 배합 비율
1	강력분	1000	55.10	1000	54.20
2	물	640	35.26	670	36.32
3	생 이스트	640	1.39	25	1.36
4	소금	20	1.10	20	1.08
5	설탕	50	2.75	50	2.71
6	탈지분유	30	1.65	30	1.62
7	쇼트닝	50	2.75	50	2.71
	합계	1,815	100.00	1,845	100.00

2 베이커스 퍼센티지(Baker's percentage)

베이커스 퍼센티지란 베이커리 업계에서 사용하고 있는 퍼센티지로 밀가루 사용량을 100을 기준으로 한 비율이다. 〈표 2〉와 같이 밀가루 사용량 1000g을 100 기준으로 한다. 물의 양이 640g이므로 640g을 밀가루량인 1000g으로 나눈 후 그 값에 100을 곱하면 물의 비율이 64%가 된다. 반죽의 되기를 조절하기 위해 물의 양을 670g으로 증가하였을 경우 물의 비율은 67 %가 된다. 이와 같이 하는 퍼센티지를 베이커스 퍼센티지라고 한다. 즉 물이 64%일 때 반죽의 되기와, 67%일 때의 반죽의 되기 변화를 예측할 수 있다. 이처럼 베이커스 퍼센티지를 사용하면 백분율을 사용할 때보다 배합표 변경이 쉽고 변경에 따른 반죽의 특성을 짐작할 수 있다.

식빵 배합표 2

번호	재료명	사용량(g)	B.P.*(%) 배합 비율	물사용량이 증가할 때 사용량(g)	B.P.*(%) 배합 비율
1	강력분	1000	100	1000	100
2	물	640	64	670	67
3	생 이스트	25	2.5	25	2.5
4	소금	20	2	20	2
5	설탕	50	5	50	5
6	탈지분유	30	3	30	3
7	쇼트닝	50	5	50	5
합계		1,815	181.5	1,845	184.5

*B.P. : Baker's percentage

3 배합표 점검

프랑스빵 배합표

번호	재료명	배합 비율(%)	사용량(g)	비고
1	강력분	100	1200	
2	물	64	768	
3	이스트	2	24	
4	소금	2	24	
5	달걀	2	48	
합계		170	2040	

1) 먼저 생산하고자 하는 품목명을 확인한다.
2) 배합표의 비율을 확인한다.
3) 배합표의 사용량을 확인한다.

　　사용량은 배합 비율에 12를 곱한 값이므로 강력분은 100에 12를 곱하면 1200, 이스트와 소금은 각각 2에 12를 곱하면 24이다. 물은 64에 12를 곱하면 768이 된다.

4) 배합표 재료마다 단위를 확인한다.
5) 배합표 합계도 확인한다. 합계를 확인하면 총 반죽량을 대략 알 수 있다.

4 생산량에 따른 배합표 조정

1) 작업지시서를 확인한다.

　　분할 중량이 540g인 식빵 4개를 생산할 때 각 재료의 사용량은 다음과 같다.
　　믹싱과 1차 발효 손실은 약 1%이다.

Chapter ❶ 빵류제품 재료혼합

번호	재료명	baker's % 배합 비율(%)	4개 생산 사용량(g)
1	강력분	100.0	B
2	물	64.0	C
3	생 이스트	2.2	D
4	소금	1.8	E
5	설탕	5.0	F
6	탈지분유	3.0	G
7	쇼트닝	5.0	I
8	제빵 개량제	1.0	J
합계		182.0	A

2) 분할 중량의 합을 구한다.

분할 중량의 합은 540g × 4개이므로 2,160g이다.

3) 총 재료량을 구한다.

총 재료량을 A이라 하고 손실율이 1%이므로 준비해야 할 총 재료의 중량은

$A - A \times 1\% = 2{,}160g$이 된다.

$A(1-0.01) = 2{,}160g$

$A = 2{,}160g \div 0.99 = 2{,}181.8g$이다.

4) 각각의 재료량을 구한다.

182%가 2181.8g이므로

밀가루 100%에 해당하는 무게를 B라고 하면

$B = (2{,}181.8g \div 182\%) \times 100\% = 1{,}198.8g$

B값을 구하는 방식으로 모든 재료량을 구한다.

C = 768g, D = 26.4g, E = 21.6g, F= 60g, G = 36g, I = 60g, J = 12g

5 재료 변화에 따른 배합표 조정

1) 작업지시서를 확인한다.

아래 식빵 배합표를 볼 때 설탕 함량을 5%에서 6%로, 유지 함량을 5%에서 10%로 증가하여 식빵을 4개 생산할 경우 다음과 같다.

번호	재료명	사용량(g)	조정한 baker's%	4개 생산 사용량(g)	조정한 사용량(g)
1	강력분	100	100	1200	100
2	물	64	64	768	768
3	생 이스트	2	2	24	24
4	소금	2	2	24	24
5	설탕	5	(a)	60	(A)
6	탈지분유	3	3	36	36
7	버터	5	(b)	60	(B)
8	제빵 개량제	1	1	12	12
합계		182	(c)	2,184	(C)

2) 설탕 비율과 버터 비율을 조정한다.

설탕 비율을 5%에서 6%로 증가한다. 즉 a = 6%

버터 비율을 5%에서 10%로 증가한다. 즉 b = 10%

3) 조정된 비율에 따른 사용량을 구한다.

밀가루 비율 100%가 사용량 1,200g이다.

이를 기준으로 하면 밀가루의 증가비는 r = 1,200/100 = 12가 된다.

따라서 다른 재료도 동일하게 12배가 되도록 계산한다.

설탕 비율 6%에 12를 곱하면 A = 72g이다.

버터 비율 10%에 12를 곱하면 B = 120g이다.

4) 조정된 비율에 따른 비율과 사용량의 합계를 구하여 검산한다.

비율의 합은 설탕 비율이 1%, 버터 비율이 5%로 각각 증가하여 총 6%가 증가하였다.

c = 182% + 6% = 188%이다.

사용량의 합은 설탕 사용량이 60g에서 72g으로 12g 증가하였고, 버터 사용량은 60g에서 120g으로 60g으로 각각 증가하였다. 총 72g이 증가하였다.

C = 2,184g + 72g = 2,256g이다.

따라서 188% × 12 = 2,256g이다.

02. 재료 준비 및 계량

1 재료 점검

재료를 계량하기 전에 배합표에 명시된 재료의 제조 회사, 유통 기한, 재료 상태 등을 점검해야 한다. 빵에 사용되는 주재료는 밀가루, 물, 이스트, 소금 이며, 그 외에 맛과 제조 공정을 향상하기 위해 설탕, 유지, 달걀, 유제품, 제빵 개선제를 첨가하기도 한다.

Chapter ❶ 빵류제품 재료혼합

❷ 저울 점검

저울에는 부등비 접시저울, 천칭 저울, 전자저울이 있다. 전자저울을 사용할 때 계량할 용기의 무게와 측정하고자 하는 물질의 무게의 합을 총 중량이라 하고, 총 중량에서 용기의 무게를 뺀 것을 순 중량이라고 한다. 전자저울에 용기를 올려놓고, 전자저울의 용기 버튼을 누르면 저울의 눈금이 다시 '0'으로 표시가 되어 용기의 무게를 제외한 순 중량을 달 수 있는 기능이 있다.

❸ 저울 사용법

1) 저울의 측정 범위와 1 눈 값을 확인한다.

전자저울 표시부에 Max 10kg, Min 20g, e=d=1g라고 표시된 저울은 최대 10kg, 최소 20g을 측정할 수 있고 눈금은 1g씩 올라간다는 뜻이다. 만약 이 저울로 10g을 측정할 수도 있지만 신뢰도가 낮다고 할 수 있다. 만약 e=d=2g이라고 표시된 저울은 무게가 증가할 때 짝수로, 즉 12, 14, 16 … 씩으로 표시된다. 이 저울로는 13g, 15g을 측정할 수 없다.

2) 수평을 맞춘다.

수준기에는 동그란 원과 기포가 있다. 기포가 동그란 원안에 있어야 저울이 수평 상태가 된 것이다. 기포가 원 밖에 치우쳐 있으면 4개의 수평 조절 나사를 돌려서 원안으로 들어오게 한다. 기포가 원의 뒤로 가 있으면 저울 앞쪽을 올려 주고, 앞으로 가 있으면 뒤쪽을 올려 주면 된다. 왼쪽으로 가 있으면 오른쪽을 올려 주고, 오른쪽으로 가 있으면 왼쪽을 올려 주면 된다.

3) 저울 전원을 켠다.

사용하기 전 10분 전에 저울 전원을 켠다.

4) 저울 사용 방법을 익힌다.

(1) 저울이 영점 상태에 있으면 영점 쪽으로 표시(◀)가 켜진다.
(2) 용기의 무게가 입력되어 있으면 순 중량 쪽으로 표시(◀)가 켜진다.
(3) 짐판 위에 아무것도 없는데도 저울이 영점 상태가 아닌 경우에는 영점 키를 눌러서 영점으로 교정한다.

5) 사용하기 전에 저울의 정확성을 확인한다.

사용 전에 교정 분동이나 무게를 아는 물체를 저울에 올려놓고 표시된 값이 물체의 무게와 같은지를 확인한다. 예를 들면 500mL 물의 병의 무게가 20g이고 A4 종이 무게가 4g이라 524g으로 표시된다. 2000mL 물의 병의 무게는 40g이고 A4 종이 무게가 5g이라 2045g으로 표시된다.

03. 재료의 성분 및 특징

1 밀가루

밀알은 구조적으로 배아(2~2.5%), 내배유(83~85%), 껍질(13~14%)의 3부분으로 구성 되어있다.

1) 밀가루의 분류 및 특성

밀가루는 기본적으로 단백질 함량에 따라 강력분, 중력분, 박력분 등으로 분류한다.

구분	용도	단백질량(%)	밀가루 입도	원료 밀	수분함량(%)
강력분	제빵, 마카로니	11~13	거칠다	경질밀 (경질동맥)	13~14
중력분	다목적용 (제면)	9~10	약간 미세	중간경질	
박력분	제과	7~9	아주 미세	연질밀 (연질동맥)	

(1) **색상**
 ① 제분 중 겨층의 혼입 정도, 회분 양, 입도, 불순물의 양 및 제분의 정도 등에 영향을 받는다.
 ② 회분 함량이 많으면 색상이 어둡고, 입자가 고울수록 밝은 색을 나타낸다.

(2) **흡수율**
 ① 흡수율에 관여하는 성분은 전분, 단백질, 펜토산, 손상 전분 함량 등으로 가장 중요한 것은 단백질 함량이다.
 ② 단백질 함량이 높을수록 흡수율은 증가한다.

(3) **손상전분** : 제분공정 중 밀알이 분쇄될 때 전립분이 충격을 받아 전분입자가 손상을 받는 것으로 손상전분은 2배 물을 흡수하며, 연질밀보다 경질밀에 손상 전분함량이 많다.
 (밀의 경도와 관계) → 제빵 적성에 가장 바람직한 함량은 4.5 ~ 8%이다.

2) 밀가루 반죽의 물성에 영향을 주는 원재료

 (1) **탄성을 강하게 하는 요인** : 소금, 비타민 C, 칼슘염, 마그네슘염 (경수) 등이 있다.
 (2) **글루텐이 연화작용을 하는 요인** : 레몬즙, 식초, 알코올류, 액상유 등이 있다.
 (3) **글루텐 탄성을 약하게 하는 요인** : 버터, 마가린, 쇼트닝(가소성 유지) 등이 있다.
 (4) **밀가루의 탄수화물**
  ① 당, 전분, 다당류로 구성되어 있다.
  ② 전분내 아밀로오스와 아밀로펙틴 비율은 아밀로오스 20~25%, 아밀로펙틴 75~80%이다.
 (5) **제분율** : 밀을 제분하여 밀가루를 만들 때 밀에 대한 밀가루의 양(%)이다.
  ① 제분율이 낮을수록 껍질부위가 적으며 고급분이 된다. (단, 영양가와는 무관하다.)

② 제분율이 높을수록 증가하는 성분으로 껍질 부분에는 회분, 단백질 함량이 비교적 많다.

③ 제분율이 증가하면 탄수화물이 증가(내배유 : 밀알의 약 83%를 차지)한다.

3) 반죽의 물리적 실험방법

(1) 아밀로 그래프

① 제빵에 큰 역할을 하는 α-아밀라아제 효소 활성도를 측정하며, 일반적으로 경질 밀가루의 최고 점도가 연질 밀가루보다 낮다.

② 제빵에 가장 적합한 범위는 400~600 B.U가 양호하다.

(2) **익스텐소 그래프** : 반죽의 신장도, 인장항력을 측정 기록하는 것으로 2차 발효에 의한 반죽의 성질을 판단하며, 개량제 및 산화제의 효과를 측정한다.

(3) **패리노 그래프** : 밀가루의 점탄성을 측정, 300g의 밀가루를 30℃로 보온한 믹서에 반죽의 경도가 500B.U에 도달하도록 물을 가하면서 측정하는 방법으로 흡수율, 믹싱 내구성, 믹싱 시간을 측정한다.

(4) 밀가루의 질을 판단하는 기준이 되는 것은 : 단백질이다.

(5) 밀가루의 등급을 판단하는 기준이 되는 것은 : 회분이다.

① 회분 함량

㉠ 정제도표시 → 고급 밀가루 회분 함량은 밀의 약 1/4~1/5 정도이다.

㉡ 제분공장의 점검 기준이다.

㉢ 제빵적성을 직접 나타내지는 않는다.

㉣ 제분율이 동일할 때 회분 함량은 경질소맥(강력분) 〉 연질소맥(박력분)으로 구분한다.

② 밀가루의 색을 지배하는 요소 : 입자 크기, 껍질 입자, 카로틴색소 물질 등 입자가 작을수록 밝은색을 나타내며, 껍질 입자가 다량 포함될수록 어두운색을 나타낸다.

㉠ 껍질 색소 물질은 표백제에 의해 영향을 받지 않는다.

㉡ 내배유에 존재하는 황색 카로틴 색소물질은 표백제에 의해 탈색된다.

(6) **포장된 밀가루의 숙성조건** : 24~27℃, 3~4주 정도이며, 연 숙성은 2~3개월이다.

(7) **밀가루 개량제** : 표백과 숙성(브롬산칼륨, 비타민 C, 아조디카본 아마이드 등)이다.

밀의 효소
- 아밀라아제, 프로테아제, 리파아제, 포스파타아제, 옥시타아제 등이 있으며, 아밀라아제는 전분을 가수분해 시키는 효소로서 α, β-아밀라아제가 있다.
- 밀에 있어서 α-아밀라아제 활성은 아주 낮으며, β-아밀라아제는 밀의 숙성 중 점차 증가하게 된다.

2 기타가루

1) 호밀가루(Rye flour)

(1) 호밀가루의 특징

호밀가루에는 글루텐 형성 단백질인 프롤라민과 글루텔린이 밀가루의 약 30%정도 이며, 글루텐 구조를 형성할 수 있는 능력이 부족하기 때문에 빵이 잘 부풀지 않는다. 호밀가루만 사용하여 빵을 만들게 되면 아주 치밀한 조직과 단단한 식감의 빵을 만들게 되며, 밀가루에 일부를 첨가하여 빵을 만들 경우 빵은 부피에 대한 억제 효과가 나타나게 된다.

(2) 호밀가루의 구성성분

호밀가루의 탄수화물은 당, 전분, 덱스트린, 펜토산, 섬유소와 헤미셀룰로오스로 구성되어 있으며, 펜토산으로 이루어진 검(gum)이 밀보다 호밀에 더 많이 들어있어 반죽을 끈적거리게 하는 특성이 있다. 호밀가루의 지방함량은 0.6~1.3%로 다양하며 호밀가루의 제분율에 따라 달라지게 된다. 호밀의 지방은 보통 배아에 농축되어 있으며 상당량의 배아가 호밀가루 속에 함유되어 있으며, 이러한 영향으로 호밀가루의 지방 함량은 증가되고 저장 안정성에 나쁜 영향을 미치게 된다.

2) 대두분(soybean flour)

(1) 대두분의 특징

대두분은 단백질 함량이 52~60%정도로 밀가루 단백질보다 4배정도 높은 함량을 가지고 있다. 대두 단백질은 밀 글루텐과 달리 탄력성이 결핍되어 있으나 반죽에서 강한 단백질 결합 작용을 한다. 대두분은 라이신이 풍부하기 때문에 단백질 보강제로 가치가 있으며, 대두분에 함유된 리폭시다아제(lipoxidase)는 밀가루를 표백시키는 기능이 있다. 대두분은 빵에서 수분 증발 속도를 감소시켜 전분의 겔과 글루텐 사이에 있는 수분의 상호변화를 늦추어 제품의 품질을 개선한다.

(2) 대두분의 종류

대두분은 탈지 대두분, 전지대두분의 2가지 형태로 제빵에 적용된다.

미세하게 분쇄된 대두분은 흡수량과 반죽시간을 증가시키고 산화제의 첨가가 필요하며, 다소 거친 입자의 대두분으로 만든 빵은 부피, 기공의 상태와 색상이 더 양호한 것으로 알려져 있다. 밀가루 반죽에 대두분을 첨가하게 되면 글루텐과의 결합력을 강하게 하여 신장성에 저항을 준다.

3) 감자가루(potatoes flour)

건조된 상태에서 감자는 80%의 전분과 약 8%의 단백질을 함유하고 있으며 고형분은 전체적인 성분에서 밀가루와 비교될 수 있으나 기능적인 면에서 보면 크게 떨어진다. 반면 제빵에서 사용시에는 최종제품에 부여하는 독특한 맛의 생성, 밀가루의 풍미 증가, 수분보유능력을 통한 식감개선 및 저장성 개선 등이 있다.

Chapter ❶ 빵류제품 재료혼합

❸ 유지(油脂), Fat Oil

1) 유지 제품별 특성

(1) **쇼트닝** (동, 식물성 유지에 수소를 첨가하여 경화유로 제조)
① 수분은 0.5% 이하 지방질이 100%로 구성된 가소성 유지이다.
② 라드 대용품으로 식빵 등에 가장 일반적으로 사용되는 유지로 보통 융점이 높다.
③ 4% 정도 사용했을 때 최대 부피의 빵 제품을 얻을 수 있다.
④ 쇼트닝이란 이름은 반죽형 고형 유지의 중요한 특성인 쇼트닝성을 나타내기 때문에 붙여진 이름이다. (제빵에서 유지(쇼트닝)의 가장 중요한 기능은 윤활 역할이다.)

(2) **마아가린** : 천연 버터대신 사용되는 대용버터. 동물성 및 식물성 지방에 이르기까지 다양한 원료를 혼합하여 제조한 것으로 지방 함량은 80%이고, 수분 함량은 약 16~20%이다.

(3) **버터** : 우유의 지방이며, 구성비는 유지방 80~82%, 수분 함량 14~17% 이다.

● HLB : 친유성에 대한 친수성의 크기와 강도의 비
− HLB의 수치가 9 이하 : 친유성으로 기름에 용해한다.
− HLB의 수치가 11 이상 : 친수성으로 물에 용해한다.

● 유중수적형(water in oil, w/o)
에멀션을 제조할 때 물을 연속당으로 하고 기름을 유화하여 시키는 것이다.
(ex) 버터, 마가린 등이 있다.
● 수중유적형(oil in water, o/w)
에멀션을 제조할 때 물에 기름을 분산시키는 것이다. (ex) 우유, 아이스크림, 마요네즈 등이 있다.

2) 유지의 화학적 성질

(1) **산가** : 1g의 유지에 들어 있는 유리지방산을 중화하는 데 필요한 KOH(수산화칼륨)의 양으로 나타내며, 유지의 가수분해 정도(정제 정도를 나타내는 지표)를 나타내는 수치이다.

(2) **요오드가**
① 100g에 대해서 반응한 요오드의 양을 g수로 나타낸 값이다.
② 유지의 불포화도를 나타내는 지표이다.
※ 유화 쇼트닝 조절량=초콜릿 속의 유지(카카오 버터함량)의 1/2 만큼 줄인다.
초콜릿 = 코코아 분말(5/8)+카카오 버터(3/8)

❹ 이스트(효모)

− 효모라 불리는 이스트는 빵, 맥주 등을 제조하는 미생물이다.
− 곰팡이류에 속하나 균사가 없고, 광합성 작용과 운동성이 없는 단세포 생물이며 출아생식 한다.
− 이스트 학명 : 사카로미세스 세레비시에(Saccharomyces Cerevisiae).

1) 이스트에 들어 있는 효소

  (1) **프로테아제** : 단백질 분해 작용한다.

  (2) **리파아제** : 지방을 지방산과 글리세린으로 분해한다.

  (3) **인베르타아제**

   ① 설탕을 포도당과 과당으로 분해한다.

   ② 최적 pH : 4.2, 적정온도는 50~60℃이다.

  (4) **말타아제**

   ① 맥아당을 포도당과 포도당으로 분해한다.

   ② 이스트는 말타아제가 충분히 함유된 것이 좋다.

   ③ 최적 pH : 6~6.8, 적정 온도는 30~35℃이다.

  (5) **치마아제** : 빵 반죽 발효를 최종적으로 담당하는 효소이며, 단당류를 분해하여 알코올과 탄산가스(CO_2)를 생성. 적정 pH는 pH 5, 적정 온도는 30~35℃이다.

   ※ 이스트에 존재하지 않는 효소 : 아밀라아제

2) 생 이스트와 활성 건조이스트

  (1) **생 이스트(압착효모)** : 수분 함량은 70~75%(고형분 : 25~30%), 보관 온도는 0℃(1개월)이다.

  (2) **활성 건조 이스트**

   ① 수분 함량은 7~9%, 단백질 함량은 40~50%이다.

   ② 생 이스트에 비해 50% 사용한다. (이론상 ⅓만 사용)

3) 건조 이스트를 제빵에 사용하는 이유 : 혼합 시간이 단축, 빵의 색상 개선, 빵의 풍미가 개선된다.

  (1) 보통 식빵 반죽에서는 생 이스트를 2.5~3% 사용하며 과자, 빵류에는 약 5%정도 사용한다.

  (2) 온수 약 40~43℃에서 녹여 사용 한다 → 효소 활성을 극대화시키기 위함이다.

  (3) 실제 압착효모(생 이스트)의 약 50%를 사용한다.

4) 이스트를 증가시켜 사용하는 경우

  (1) 설탕 사용량이 많을 때

  (2) 우유(분유) 사용량이 많을 때

  (3) 소금 사용량이 많을 때

  (4) 발효 시간을 감소시킬 때

5) 이스트 취급 및 저장 : 이스트 사용 시 너무 높은 온도를 피해야 한다.

  ※ 48℃에서 이스트의 세포는 파괴되기 시작하여 63℃ 전후에서 죽는다.

6) 이스트 사용량을 다소 감소해야 하는 경우

  (1) 수작업 공정이 많을 때

  (2) 작업량이 많을 때

Chapter ❶ 빵류제품 재료혼합

(3) 실온이 높을 때

7) 빵 반죽에서 이스트(효모) 작용

(1) 발효 최종산물 이산화탄소, 알코올 등이 향미 발달 및 pH를 조절한다.

(2) 발효 중 CO_2(이산화탄소) 가스를 적당하게 보유할 수 있도록 글루텐을 조절한다.

　※ 글루텐은 산성에서 탄력성과 신장성이 증가한다.

(3) 포도당, 과당, 자당 등을 발효성 탄수화물로 이용하나 유당을 발효시키지 못 한다.

5 감미료

*감미 역할 외에도 영양소, 안정제, 발효 조절제 등의 역할을 한다.

1) 정제당

분설탕(분당) : 그라뉴당이나 흰 쌍백당 같은 고순도의 설탕을 곱게 빻아 가루로 만든 가공당의 하나로 분당 또는 슈거파우더라 한다.

 덩어리가 생기는 것을 방지(고화방지)하기 위해 3%의 전분을 혼합.

2) 전화당

① 설탕이 산, 효소에 가수분해 되면 동일한 양의 포도당과 과당이 생성되는데, 이 혼합물을 전화당이라 한다.

② 감미가 높아, 수분 보유력도 높다.(보습성 증가)

3) 물엿

① 녹말을 산, 효소작용에 의해 가수분해 되어 만들어진 감미물질로 설탕에 비해 감미는 낮지만 점조성, 보습성이 뛰어나다.

② 제품의 조직을 부드럽게 할 목적으로 사용하며, 수분함량은 20%(고형분 함량 : 80%)이다.

4) 맥아와 맥아시럽 : 이스트 활성을 활발하게 해주는 영양물질인 광물질 등이 존재하여 독특한 향미를 부여한다.

① 가스 생산량을 증가시킨다.

② 껍질 색을 개선한다.

③ 제품 내부의 수분함량을 증가시킨다.

　※ 분유를 6%정도 사용할 경우 당질 분해 효소작용을 지연시켜 발효가 늦어진다.

　※ 0.5% 맥아시럽을 사용하면 분유의 완충효과에 대한 보상을 받을 수 있다.

5) 당밀

(1) 사탕수수 정제 공정에서 원당을 분리하고 남는 1차 산물 및 부산물로 특유의 단맛과 향을 얻을 수 있고, 제품을 장기간 촉촉하게 보존할 수 있다.

(2) 당밀을 적당시간 숙성시키면 '럼주'가 된다.

> ● 제빵에서 설탕의 기능
> ① 반죽의 발효가 진행되는 동안 이스트의 발효원으로 발효성 탄수화물을 공급한다.
> ② 이스트에 의한 CO_2생성을 촉진하여 반죽의 팽창과 조직형성 및 풍미를 증가한다.
> ③ 이스트에 발효되고 남은 잔당은 마이야르반응과 캐러멜반응에 의한 껍질 색 및 휘발성 물질과 같은 화합물을 생성하여 풍미를 증진 시킨다.
> ④ 빵의 속결을 부드럽게 하며, 수분 보유력을 증가시켜 노화를 지연한다.

6 유제품

1) 우유

(1) 우유의 pH : 6.8

(2) 우유가 제과·제빵에 미치는 영향

① 영양 강화 및 단맛을 조정한다.

② 마이야르반응을 촉진하여 껍질 색상을 부여한다.

③ 발효 향의 강화 : 이스트에 의한 생성된 향을 착향시킨다.

④ 식미 기간 연장 : 보습력이 향상되어 촉촉함을 지속시킨다.

2) 탈지분유 : 우유(원유상태)를 가공하여 버터를 만들고 남은 것이다.

> ● 탈지분유의 기능
> ① 글루텐을 강화하여 반죽의 내구성이 증가한다.
> ② 발효 내구성이 증가한다.
> ③ 완충작용(약 알칼리성)이 있어 배합이 지나쳐도 잘 회복시킨다.
> ④ 밀가루 흡수율이(분유 1% 증가하면 물 1% 증가)증가한다.
> ⑤ 빵의 부피가 증가한다.
> ⑥ 분유속의 유당이 껍질 색을 개선(기공과 결이 좋아진다)한다.
> ● 스펀지법에서 분유를 스펀지에 첨가하는 이유
> ① 단백질 함량이 적거나 약한 밀가루를 사용할 때이다.
> ② 아밀라아제 활성이 과도할 때이다.
> ③ 밀가루가 쉽게 지칠 때이다.
> ④ 장시간에 걸쳐 스펀지 발효를 하고, 본 발효 시간을 짧게 하고자 할 때이다.

3) 우유의 종류

① 탈지우유 : 우유에서 지방을 제거한 것으로 빵에 분유를 첨가하면 풍미를 향상시키고, 노화를 방지한다.

② 가공 우유 : 우유에 탈지분유나 비타민 등을 강화한 것이다.

③ 연유 : 우유 속의 수분을 줄인 농축 우유이다.

④ 크림 : 우유의 지방을 원심 분리하여 농축한 것이다.

⑤ 분유 : 농축 우유를 분무, 건조시켜 가루를 만든 것이다. 원유를 건조시킨 전지분유와 탈지유에서 수분을 제거하여 분말화한 탈지분유가 있다.

- 유장(whey) : 우유에서 카제인을 제거시킨 나머지 단백질이다.
- 유장(유청)분말 : 우유(원유상태)를 가공하여 버터, 치즈를 만들고 남은 것을 건조시킨 것이다.
- 치즈 : 우유의 단백질을 응고시켜 발효한 제품이다.
- 크림 : 우유의 지방을 원심 분리하여 농축한 것이다.(생크림의 유지방 함량 : 18% 이상)

7 달걀과 가공

1) 달걀

(1) 구조 : 껍질(10%), 노른자(30%), 흰자(60%)

(2) 부위별 성분

① 전란 – 수분(75%), 고형분(25%)

② 노른자 – 수분(50%), 고형분(50%)

③ 흰자 – 수분(88%), 고형분(12%)

※ 달걀 1개의 무게가 60g이 넘으면 노른자의 비율이 감소하고, 흰자 비율이 증가한다.

2) 달걀의 신선도 검사

① 비중법 : 소금물(물 100%에 소금 6~10%)에 넣었을 때 가라앉는다(뜨지 않는다).

② 등불검사법 : 빛을 통해 볼 때 속이 어둡게 보이지 않는다.

③ 외관법 : 껍질이 까칠까칠하다.

④ 진음법 : 흔들었을 때 소리(움직임)가 나지 않아야 한다.

⑤ 난황계수법(난백계수법) : 달걀을 깨었을 때 노른자(흰자)가 퍼지거나 깨지지 않아야 한다.

3) 달걀의 기능

① 결합제 : 커스터드 크림 제조에 이용한다.

② 팽창제 : 5~6배의 공기를 포집하여 제품의 부피를 증가 시킨다.

③ 유화제 : 노른자의 레시틴이 천연 유화제로 많이 사용한다.

④ 색상 부여, 영양가 향상, 향, 속결, 풍미를 개선한다.

4) 기포성

① 흰자를 거품기로 가볍게 교반하면서 공기를 서서히 혼입시키면 처음에는 크고 거친 거품이 생기지만 그 거품은 서서히 작아져서 단단한 광택이 있는 거품으로 변해간다.

② 달걀이 기포성과 포집성이 가장 좋은 온도는 30℃이다.

5) 열 응고성은 60~70℃에서 응고가 일어난다.

8 물

1) 물의 경도

*칼슘염과 마그네슘염이 녹아 있는 정도다.

*칼슘염과 마그네슘염을 탄산칼슘(CaCO₃)양으로 환산해 ppm으로 표시.

 P.P.M = part per million : 1/100만

(1) **연수(단물)** : 증류수, 빗물, 글루텐을 연화시켜 반죽을 끈적거리게 한다.

(2) **경수(센물)** : 바닷물, 광천수, 온천수, 글루텐이 강화되어 발효시간이 길어진다.

　① 일시적 경수 : 끓이면 불용성 탄산염으로 분해되고 가라앉아 연수가 되는 물이다.

　② 영구적 경수 : 황산이온(SO_4)이 들어 있어 끓여도 연수가 되지 않는 물 종류

　　　　　　　ex) $CaSO_4$, $MgSO_4$ 등이 있다.

(3) **아경수** : 제빵에 가장 적합한 물로서 글루텐 강화 및 이스트 영양물질이 되기 때문이다.

※ 광물질 함량의 범위

연수	아연수	아경수	경 수
60ppm미만	60~120ppm	120~180ppm	180ppm이상

※제빵용 물로는 약산성의 물(pH 5.2~5.6)이 적합하다.

(4) **산성 물** : 발효를 촉진시키나 지나치면 글루텐을 용해시켜 반죽이 찢어진다.

(5) **알칼리성 물** : 반죽을 부드럽게 하지만, 지나치면 탄력성이 떨어지고 이스트의 발효를 방해하며 빵을 노랗게 만든다.

2) 물 처리방법

　① 연수 : 흡수율 1~2% 감소, 이스트 양 감소, 이스트 푸드와 소금 사용량을 증가 시킨다.

　② 경수 : 이스트 양 증가, 이스트 푸드 사용량 감소, 맥아를 첨가한다.

9 이스트 푸드(yeast food)

이스트 푸드는 "이스트의 먹이"라는 뜻으로 이스트의 성장과 작용에 필요한 발효성 탄수화물, 아미노산, 광물질 등을 공급하여 이스트 활성을 돕는 물질. 이스트 푸드는 제빵 공장에서 사용되는 물이 알칼리성이거나 발효시간을 단축하고자 할 때 많이 사용되며 산화제, 효소제, pH 조절제, 무기염 등을 혼합하여 만든 것으로 제빵 제품에 적합하도록 사용한다.

1) 이스트 푸드의 주요 기능

(1) **물 조절제** : 칼슘염(황산칼슘, 인산칼슘, 과산화칼슘)

(2) **이스트의 영양 공급** : 암모늄염(염화암모늄, 황산암모늄, 인산암모늄)

(3) **반죽 조절제** : 브롬산칼륨, 요오드칼륨, 과산화 칼슘, 비타민 C, 아조디카본아마이드 등

2) 이스트 푸드에 전분이나 밀가루를 사용하는 목적

(1) 구성 성분의 균질화를 시킨다.
(2) 수분 흡습제 역할을 한다.
(3) 계량(계측) 및 취급을 용이하게 한다.

10 소금

소금은 염화 나트륨(NaCl)으로 일반적으로 바닷물을 모아서 수분을 증발하여 제조하는데, 바닷물의 염도는 약 3.4% 정도이다. 순수한 염화 나트륨은 조해성이 없지만 소금에는 염화 나트륨 외에 황산 칼슘 또는 황산 나트륨이나 염화 마그네슘이 함유되어 있어 조해성이 있다.

1) 소금의 종류

정제염, 천일염, 암염, 죽염, 기타 염도를 조절한 가공염도 있으며, 정제염은 99.9 %가 염화나트륨 이다.

2) 제빵에서 소금의 역할

(1) 짠맛을 부여 하며 잡균 번식도 방지한다.
(2) 반죽에 잔류 당(발효에 사용되고 남은 당)을 증가하여 제품의 색깔을 좋게 한다.
(3) 이스트와 효소의 작용을 억제하여 발효를 적절히 조절한다.
(4) 반죽의 탄력성을 증가하여 가스 보존력을 좋게 하므로, 소금이 없는 반죽보다 소금이 있는 반죽의 가스 발생량이 많다.
(5) 반죽을 견고하게 한다. 물성의 개선 효과가 커져서 반죽의 점탄성이 증가한다.
(6) 소금을 반죽에 첨가하게 되면 삼투압에 의해 흡수율이 감소하고 반죽의 저항성이 증가한다.

3) 소금 사용량

식빵의 경우 2%, 단과자빵의 경우는 0.8%이다. 여름철에는 소금 사용량을 약간 증가하고, 겨울철에는 소금을 약간 감소한다. 물이 연수일 때도 약간 증가하는 것이 좋다.

4) 소금 보관

소금은 주위의 냄새를 흡수하는 경향이 있기 때문에 적합한 조건에서 저장해야 하고 상대습도의 변화에 매우 민감하므로 70~75%가 좋다. 습도가 높으면 소금은 수분을 흡수하는 반면 습도가 낮으면 수분을 방출한다. 지나칠 정도의 습도 변화는 소금 덩어리를 형성시켜 나중에 분리하기 어렵게 만든다.

11 개량제

제빵개량제는 질소 공급원(염화암모늄), pH 조절제(인산칼슘, 주석산 등), 효소제(아밀라아제 등), 물 조절제(칼슘염), 산화제, 환원제, 유화제 등의 성분이며, 최종적으로 반죽을 개량하는 목적으로 사용되며 일반적으로 밀가루 기준 1~2%를 사용한다.

12 팽창제

1) 중조(NaHCO₃, baking soda)

탄산수소나트륨이라고도 불리며 가열하여 약 20℃ 이상이 되면 분해되어 이산화탄소를 발생한다. 2개의 분자로 이루어진 중조는 열에 의해 분해되어 1개의 분자는 이산화탄소를 발생시켜 날아가고 나머지 1개의 분자는 탄산나트륨으로 반죽에 남아 알칼리성 물질로 색소에 영향을 미친다. 따라서 가열 시 반죽의 착색작용을 촉진시켜 제품의 색상을 선명하고 진하게 만든다.

2) 베이킹파우더

베이킹파우더는 식품공전상에 중조와 산제의 혼합물로 중조를 중화시켜 이산화탄소가스의 발생과 속도를 조절하도록 한 팽창제로 유효 이산화탄소를 12% 이상 방출해야 한다. 또한, 베이킹파우더는 제품적성에 맞도록 사용하는데 지효성, 속효성, 산성 팽창제, 알칼리성 팽창제 등이 있다.

중화가란 : 산 100g을 중화시키는 데 필요한 탄산수소나트륨(중조)의 양을 수치로 계산한 값

$$중화가 = \frac{중조의 양}{산성제의 양} \times 100$$

● **암모늄계열** : 밀가루 단백질을 연화하는 효과(탄산수소암모늄, 염화암모늄)가 있다.

13 향신료

1) 향신료를 사용하는 목적

(1) 소화기관을 자극하여 식욕증진과 좋은 향기를 부여한다.
(2) 냄새 제거와 완화작용을 한다.
(3) 식욕증진을 위한 맛있는 색상을 부여한다.

2) 향신료의 분류

(1) **식물의 열매(종자)로부터 채취된 것** : 후추, 바닐라, 코코아, 겨자, 육두구, 올스파이스 등의 향신료
  ① 올스파이스 : 빵, 케이크에 가장 많이 쓰이는 향신료로 시나몬(계피), 넛메그, 정향(꽃봉오리를 따서 말린 것) 등의 혼합향을 말한다.
  ② 넛메그 : 육두구의 열매의 핵이나 씨앗을 사용하며, 선명한 적색의 껍질이 메이스(케이크, 빵, 푸딩 요리 등에 사용)이고, 껍질을 깬 안의 갈색 종자가 넛메그(쿠키, 빵, 도넛 등에 사용)이다.

(2) **잎에 속하는 것** : 월계수 잎, 박하, 파슬리, 오레가노 등이 있다.

오레가노 : 잎을 건조시킨 것을 스파이스로 이용하며, 독특한 매운맛과 쓴맛을 갖는다.

14 활성 밀 글루텐(Vital wheat gluten)

활성 밀 글루텐은 밀가루와 물을 혼합하여 반죽으로 만든 후 전분과 수용성 물질을 씻어내고 남은 젖은 글루텐 덩어리를 건조시켜 만든다. 글루텐은 다른 단백질과 마찬가지로 수분 존재 시 쉽게 열에 의하여 변성되기 때문에 활성을 보존하기 위해서는 저온에서 진공으로 분무 건조하여 분말로 만들거나, 지나치게 열을 가하지 않고 빠르게 수분을 제거하는 순간건조(flash drying)법을 사용하고 있다.

1) 사용량
① 식빵의 복원성과 탄성의 식감 강화 : 0~2%
② 곡물 빵의 체적 개선 : 2~5%
③ 고식이섬유 빵 또는 저칼로리 빵 : 5~12%

2) 효과
밀가루를 기준으로 활성 밀 글루텐을 1% 첨가하면 0.6%의 단백질 증가효과가 있으며 흡수율은 1.5%정도 증가 된다. 즉 10%의 단백질 함량을 가진 밀가루 1kg 에 25g의 활성 밀 글루텐을 첨가하면 단백질 함량은 밀가루에서 11.5%로 증가한다.

04. 기초 재료과학

1 탄수화물
탄소(C), 수소(H), 산소(O)로 구성된다.

1) 단당류

(1) 포도당(glucose)
  ① 환원당
  ② 과즙이나 혈액 등에 함유, 혈액 중 0.1% 함유한다.
  ③ 동물 체내의 간에서 글리코겐 형태로 저장된다.

(2) 과당(fructose)
  ① 환원당
  ② 과일, 꿀에 존재하며, 체내에서 포도당으로 변하여 흡수한다.
  ③ 당류 중 단맛이 가장 강하며 흡습성, 용해도가 크다.
  ④ 당뇨병 환자의 식이 감미료 및 음료 제조에 이용한다.

(3) 갈락토오스(galactose)
  ① 환원당
  ② 포도당과 결합하여 유당으로 존재한다.
  ③ 물에 잘 녹지 않는다.

2) 이당류

가수분해하여 2분자의 단당류를 생성한다.

(1) 자당(설탕 : sucrose)

① 포도당+과당(슈크라제)으로 비환원당이다.

② 사탕수수와 사탕무에 존재하며 감미제로 사용한다.

③ 가수분해로 전화당을 만들고, 160~180℃에서 캐러멜 반응을 일으킨다.

 전화당(invert sugar) : 자당이 가수 분해될 때 생기는 중간산물로 포도당과 과당이 1 : 1로 혼합된 당

(2) 유당(젖당 : lactose)

① 포도당+갈락토오스(락타아제)로 환원당이다.

② 포유동물의 젖에 존재한다.

③ 물에 잘 녹지 않고 단맛이 적다.

 이스트의 영양원이 되지 못하므로 제품에 잔류당으로 남는다.(이스트가 분해시키지 못하는 유일한 당)

(3) 맥아당(엿당 : maltose)

① 포도당+포도당(말타아제)으로 환원당이다.

② 엿기름에 존재한다.

 당류의 상대적 감미도 : 과당(175) 〉 전화당(130) 〉 자당(100) 〉 포도당(75) 〉 갈락토오스, 맥아당(32) 〉 유당(16)

3) 다당류

여러 개의 단당류가 결합된 화합물이다.(기본구성 단위 : 포도당)

(1) 전분 : 아밀로오스와 아밀로펙틴으로 구성되어 있으며, 60℃에서 호화된다.

아밀로오스(Amylose)	아밀로펙틴(Amylopectin)
직쇄 결합(α-1,4결합)이다.	측쇄 결합(α-1, 4결합에 α-1, 6결합)이다.
요오드 용액에 청색을 나타내며 분자량이 적다.	요오드 용액에 적자색을 나타내며 분자량이 크다.
노화속도가 빠르다.	노화속도가 느리다.
물에 쉽게 용해 및 노화되고 침전한다.	찹쌀, 찰옥수수 전분은 100%의 아밀로펙틴만으로 구성한다.
일반 곡물에 20% 함유한다.	일반 곡물에는 80% 함유한다.

Chapter ❶ 빵류제품 재료혼합

① 전분의 성질

　㉠ 60℃ 이상에서 쉽게 호화한다.

　㉡ 무미, 무취의 흰색 가루로서 물에 녹지 않고 쉽게 가라앉는다.

　㉢ 산 또는 효소에 의해 쉽게 가수분해되어 최종 분해산물인 포도당이 된다.

　　　(전분+산 또는 효소 → 덱스트린 → 맥아당 → 포도당)

　㉣ 뜨거운 물에 개면 응어리지므로 찬물에 갠다.

② 전분의 호화(α화)

　㉠ β전분(생전분)에 열을 가했을 때 전분입자의 팽윤과 점성이 증가하여 반죽이 끈적끈적하게 되는 현상을 호화라 한다.

$$\beta 전분(생전분) \xrightarrow[열]{물} \alpha 전분(익힌 전분)$$

　㉡ 밀가루 전분은 55~60℃에서 호화가 일어난다.

　㉢ 호화는 수분이 많을수록 빨리 일어난다.

　㉣ pH가 높을수록 빨리 일어난다.

　㉤ 전분현탁액에 적당량의 수산화나트륨(NaOH)을 가하면 가열하지 않아도 호화될 수 있다.

> ● 노화 현상
> ① 노화 현상 : 껍질이 딱딱해지고, 속결이 거칠어진다.
> ② 노화 속도에 영향을 주는 요인
> 　㉠ 전분의 종류, 저장 온도, 수분 함량
> 　㉡ pH의 영향(산성일수록 촉진된다)
> ③ 노화의 최적온도 : −5℃~10℃, 수분 함량이 30~60%에서 빠르다.
> ④ 노화 지연방법 : 냉동(−18℃이하)저장, 수분10~15%이하, 유화제 사용, 포장 철저, 양질의 재료 사용 및 공정 관리 철저

(2) 글리코겐 : 간과 근육에 저장하는 동물성 전분이다.

(3) 덱스트린(호정화)

① 가수분해 할 때 이당류인 맥아당으로 분해되기까지 만들어지는 중간 생성물이다.

② 물에 녹기 쉽고 소화가 용이하다.

(4) 셀룰로오스(섬유소)

① 불용성 식이섬유로 배변을 도와준다.(만복감을 주며 변비를 방지)

② 소화효소가 사람에게는 존재하지 않는다.

(5) 펙틴

① 과실(감귤류), 야채 등의 세포벽 속에 존재

② 잼, 젤리 응고제로 사용

> **전분당(starch sugar)** : 전분을 산이나 효소에 의해 가수분해 시켜 물엿, 포도당, 과당 등과 각종 중간분해 산 물들이 형성되는데 이를 총칭하여 전분당이라 한다.
> 제품의 종류로는 물엿, 포도당, 이성화당 등으로 분류.
>
> 전분 $\xrightarrow{\alpha-\text{아밀라아제}}$ 덱스트린
>
> 전분 $\xrightarrow{\beta-\text{아밀라아제}}$ 맥아당 $\xrightarrow{\text{말타아제}}$ 포도당 + 포도당
>
> ① α-아밀라아제 : 내부 아밀라아제, 액화효소 (제빵용 : pH 4.6~4.8 정도가 바람직하다.)
> ② β-아밀라아제 : 외부 아밀라아제, 당화효소

2 지질

탄소(C), 수소(H), 산소(O)로 구성되며, 3분자의 지방산과 1분자의 글리세린으로 결합된 에스테르(트리글리세라이드)이다.

1) 지방의 분류

① 단순 지방 : 중성 지방, 납(왁스, 밀납) 등이다.

② 복합 지방 : 인지질, 당지질, 단백지질 등이다.

③ 유도 지방 : 지방산, 스테롤 등이다.

2) 지방산

(1) 포화지방산

① 탄소(C)와 탄소(C)사이가 단일결합(이중결합 아님)으로 이루어진 지방산이다.

② 탄소(C)수가 증가할수록 융점과 비점이 높아진다.

③ 상온에서 고체, 동물성 유지에 많이 함유(뷰티르산, 팔미트산, 스테아르산 등)한다.

(2) 불포화지방산

① 탄소(C)와 탄소(C)사이가 이중결합(C=C)을 1개 이상 가지고 있는 지방산이다.

② 이중결합수가 많을수록, 탄소수가 작을수록 융점은 낮아진다.

③ 상온에서 액체, 식물성 유지에 많이 함유한다.

  ex) 올레산, 리놀레산, 리놀렌산, 아라키돈산

(3) 필수지방산(비타민F) : 체내에서 합성되지 않아 음식물에서 반드시 섭취해야하는 것이다.

  ex) 리놀레산, 리놀렌산, 아라키돈산

3) 글리세린 : 3개의 수산기(-OH)를 갖고 있으며 지방을 가수분해하여 얻는다.

① 보습성을 가지며 무색, 무취, 감미를 가진 시럽으로 물보다 비중이 크다.

② 용매 작용(향미제 → 케이크 제품의 색과 향을 보존한다)

③ 물·기름 유착액에 대한 안전성을 부여(유화제 역할)한다.

Chapter ❶ 빵류제품 재료혼합

- **글리세린**
  - 흡습성이 강하다.
  - 무색투명하며 약간 점조한 액체이다.
  - 자당의 1/3 정도의 감미가 있다.

4) 지방의 산화

(1) 가수분해 : 지방산+글리세린

> ※ 산화작용 : 유지가 대기 중의 산소와 반응하여 산패(자기 산화) 되는 현상
> ※ 유리 지방산가
> - 1g의 유지에 함유된 유리지방산을 중화시키는데 필요한 수산화칼륨(KOH)의 mg수, %로 표시.
> - 지방의 가수분해 정도를 나타내는 지수이며, 유지의 질을 판단하는 척도

(2) 지방의 산화를 가속시키는 요소

지방산의 불포화도, 금속(구리, 철 등), 생물학적 촉매(니켈 등), 자외선, 온도, 습도, 이물질 등이 해당된다.

- **보완제(상승제)**
  항산화 능력은 없지만 항산화제와 함께 사용하며 그 능력이 높아져 지방의 안정성을 돕는다.
  ex) 비타민C(아스코르빈산), 구연산, 주석산, 인산 등
- **항산화제**
  산화적 연쇄반응을 방해하여 유지의 안정 효과를 갖게 하는 물질.
  ex) 프로필 갈레이드(PG), BHA(부틸 화이드록실 아니솔), BHT(부틸 화이드록실 톨루엔), 세사몰, 비타민E(토코페롤)
- **경화유**
  지방산의 이중결합에 수소(H+)를 첨가하여 불포화도를 감소시키고 단단해진다.

③ 단백질

C, H, O, N(16%), S 로 구성되며 탄소(50~55%), 산소(20~22%)를 함유한다.

단백질의 질소계수는 6.25, 밀의 질소계수는 5.7

● **필수 아미노산**

체내에 꼭 필요하나 체내에서 합성할 수 없거나 합성속도가 느려서 반드시 음식이나 식품으로 공급되어야 하는 아미노산이다.
ex) 리신, 루이신, 이소루이신, 트레오닌, 메티오닌, 발린, 트립토판, 페닐알라닌

1) 단백질의 분류
① 단순 단백질 : 알부민, 글로불린, 글루테닌, 프롤라민(알코올에 용해), 히스톤, 프로타민 등 가수분해에 의해 아미노산이나 그 유도체만이 생성되는 단백질이다.
② 복합 단백질 : 단순 단백질에 다른 물질이 결합되어 있는 단백질이다.
ex) 핵단백질, 당단백질, 인단백질(카제인), 색소단백질, 금속단백질 등이 있다.
③ 유도 단백질 : 효소, 산, 열작용에 의해 분해되어 제1, 2차분해산물을 생성된다.
ex) 젤라틴, 프로테오스 등이 있다.

- 젤라틴
  - 동물의 껍질이나 연골속의 콜라겐을 정제한 것이다.
  - 무스제조 시 팽윤시킬 때 적당한 물 사용량은 젤라틴의 4~5배가 적합하다.

2) 단백질의 영양학적 분류
① 완전 단백질 : 필요한 필수 아미노산이 충분히 함유되어 있어 정상적인 성장을 돕는 단백질이다.
ex) 카제인(우유), 알부민(달걀), 글리시닌(대두) 등이 있다.
② 불완전단백질 : 필수아미노산 함량이 부족한 단백질로 생명유지나 성장에 관계없다.
ex) 젤라틴(뼈, 근육), 제인(옥수수) 등이 있다.

단백질의 변성 요인 : 가열, 동결, 교반, 고압, 자외선 등이 있다.

3) 산, 알칼리의 평형
단백질과 무기질은 산과 염기에 대한 완충작용을 한다.
① 산성 식품 : S, P, Cl 같은 산성 무기질을 많이 포함한 식품이다.
ex) 곡류, 육류, 어패류, 난황 등이 있다.
② 염기성 식품 : Ca, K, Na, Mg, Fe 같은 무기질을 많이 포함한 식품이다.
ex) 과일, 채소, 미역, 우유, 굴 등이 있다.

4 효소
효소는 단백질로 생명체 내부의 화학반응을 매개하는 생체 촉매(biocatalyst)이며, 기질 특이성(Specificity)이 있다. 촉매란 화학반응에 있어서 다른 물질의 반응을 촉진시키거나 지연시키는 물질이다. 기질은 효소가 맥아당에 작용하여 포도당으로 분해하는데 이때 맥아당을 말타아제(maltase)의 '기질'이라고 한다.

Chapter ❶ 빵류제품 재료혼합

1) 효소의 반응 속도에 영향을 미치는 요인
① 효소의 양 : 효소의 농도가 커지면 기질에 대한 반응 속도는 증가한다.
② 기질의 농도 : 농도가 증가함에 따라 효소의 반응 속도도 최고점까지 증가하나 그 이상으로는 속도의 증가가 없다.
③ 온도 : 효소의 작용은 10℃ 상승 시 2배 정도 빨라지고, 40℃ 이상에서는 반응속도가 급격히 감소된다.
④ pH : pH가 변하면 단백질의 입체구조가 변하기 때문에 효소 구조가 변하게 되어 반응속도가 떨어진다. 적정 pH는 펩신 pH 2, 아밀라아제 pH 7, 트립신 pH 8이다.

2) 효소의 분류 (작용기질에 따른 분류)

(1) 탄수화물 분해효소
① 이당류 분해효소
　㉠ 인베르타아제 : 설탕을 포도당＋과당으로 분해하며 이스트, 장액, 췌액에 존재한다.
　㉡ 락타아제 : 유당(젖당)을 포도당＋갈락토오스로 분해하며 췌액과 장액에 존재한다.
　　　　＊ 이스트에는 유당의 분해효소(락타아제)가 존재하지 않으므로 제품에 잔류당으로 남는다.
　㉢ 말타아제 : 맥아당을 포도당＋포도당으로 분해하며 이스트, 장액, 췌액에 존재한다.
　　　　(미생물에 존재)
② 산화효소
　㉠ 치마아제 : 단당류를 알코올과 이산화탄소(CO_2)로 분해하며, 제빵용 이스트에 존재한다.
　㉡ 퍼옥시다아제 : 카로틴계의 황색 색소를 무색으로 산화시키는 효소이며 색상을 희게 하며, 대두분에 많이 존재한다.

(2) 단백질 분해효소
① 프로테아제 : 단백질을 아미노산으로 분해하는 효소
② 펩신 : 위액에 존재
③ 트립신 : 췌액에 존재
④ 레닌 : 단백질을 응고, 위액에 존재

(3) 지방 분해효소
① 리파아제 : 가수분해 효소로 에스테르 결합을 분해하며 장액 등에 존재한다.(밀가루, 이스트)
② 스테압신 : 췌액에 존재한다.

탄수화물 분해효소	수크라아제, 락타아제, 말타아제, 아밀라아제
지방 분해효소	리파아제, 스테압신
단백질 분해효소	펩신, 트립신, 에렙신, 펩티다아제, 레닌

05. 재료의 영양학적 특성

> ◆ **영양소**
> 식품에 함유되어 있는 여러 성분 중 체내에 흡수되어 생활 유지를 위한 생리적 기능에 이용되는 것을 말한다.
> **열량소** : 에너지원으로 이용되는 영양 ex) 탄수화물, 지방, 단백질
> **구성소** : 근육, 골격, 효소, 호르몬 등 신체구성의 성분 ex) 단백질, 무기질, 물
> **조절소** : 체내 생리 작용 및 대사를 원활하게 하는 영양소 ex) 무기질, 비타민, 물

1 당질(탄수화물)

C, H, O의 요소로 구성되어 있으며, 식품의 기본적인 성분이다.

1) 탄수화물의 종류

(1) **단당류** : 포도당, 과당, 갈락토오스

(2) **이당류** : 자당(설탕), 유당(젖당), 맥아당(엿당)

(2) **다당류** : 전분, 글리코겐, 덱스트린, 섬유소, 펙틴, 한천

2) 탄수화물의 기능

(1) **에너지원** : 당질 1g은 4kcal 열량을 발생하며, 소화 흡수율은 98% 이다.

(2) **혈당 관계** : 혈당을 0.1% 유지, 간의 글리코겐은 포도당으로 분해되어 우리 몸에 사용된다.

(3) **기타 기능** : 당질 대사에는 비타민B_1(티아민)을 필요로 하며, 단백질 절약 작용을 한다.

- 과잉 섭취 시 : 비만증, 당뇨병, 동맥 경화증을 유발시킨다.

3) 탄수화물의 대사 : 이당류와 다당류는 소화관 내에서 포도당으로 분해되어
소장에서 흡수 포도당은 간과 근육에 글리코겐 형태로 저장된다.
조효소 : 비타민 B_1

4) 권장량 : 총 열량의 60~65%

2 지질

C, H, O의 요소로 구성되어 있다.

1) 지질의 종류

(1) **단순지질** : 유지류, wax

(2) **복합지질** : 인지질, 당지질, 황지질, 단백지질 등

(3) **유도지질** : 지방산, 스테롤, 고급 알코올 등

Chapter ❶ 빵류제품 재료혼합

- 콜레스테롤
  - 세포의 구성성분(동물체의 모든 세포, 신경조직, 뇌조직)에 존재
  - 적혈구 파괴 예방
  - 자외선을 받으면 비타민D_3 생성
  - 담즙산 및 스테로이드계 호르몬의 전구체
  - 불포화 지방산의 운반체
  - 혈관에 축적되면 고지혈증, 동맥경화증 유발

2) 지질의 기능
(1) 에너지원 : 지방 1g은 9kcal 열량을 발생하며, 소화흡수율은 95% 이다.
(2) 피하지방을 구성, 체온을 보존한다.
(3) 지용성 비타민(A, D, E, K)흡수를 돕는다.
(4) 외부충격으로부터 인체 내 주요 장기를 보호한다.
(5) 독특한 맛과 향을 제공하고 포만감을 제공한다.

3) 지방산의 분류
(1) 포화 지방산
① 탄소와 탄소사이 단일결합으로 되어 있는 것을 말한다.
② 팔미트산, 스테아르산 등

(2) 불포화 지방산
① 탄소와 탄소사이 이중결합이 포함되어 있는 것을 말한다.
② 올레산, 리놀레산, 리놀렌산, 아라키돈산 등
- 필수 지방산(비타민 F)
  - 성장에 꼭 필요하므로 음식물이나 식품으로 반드시 섭취해야하는 지방산이다.
  - 식물성 기름 중에는 특히 대두유(콩 기름)에 많이 함유되어 있다.
  - 기능 : 성장 촉진, 피부 보호, 동맥경화 방지, 생식기능 정상 발달 등
  - 결핍증 : 신체의 성장 정지, 불임증, 피부병 유발 등
  - 종류 : 리놀레산, 리놀렌산, 아라키돈산

❸ 단백질
C, H, O, N, S, P로 구성되어 있으며, 몸의 근육을 비롯한 여러 조직을 형성한다.

1) 화학적인 구성에 따른 분류
(1) 분류
① 단순단백질 : 알부민, 글루테린, 글로불린, 글루테닌, 프롤라민
② 복합단백질 : 인지질

③ 유도단백질 : 보통 단백질이 미생물, 효소, 가열 등의 작용에 의해 성질이나 모양이 변화하는 현상이다.

- 1차 유도단백질 : 젤라틴
- 2차 유도단백질 : 펩톤, 프로테오스

(2) 영양학적 분류

① 완전 단백질 : 필수 아미노산이 충분히 함유되어 있어 정상적인 성장을 돕는 단백질이다.
ex) 카제인(우유), 알부민(계란), 글리시닌(대두) 등

② 부분적 완전 단백질

③ 불완전 단백질 : 젤라틴(뼈), 제인(옥수수) 등

2) 단백질의 기능

(1) 에너지원 : 단백질 1g은 4kcal 열량을 발생하며, 소화흡수율은 92% 이다.
(2) 체세포를 구성한다.
(3) 수분평형을 유지한다.
(4) 혈장단백질 및 혈색소, 항체 등 형성에 필요하다.
(5) 산·알칼리 완충작용으로 혈액의 pH를 일정하게 유지한다.

3) 단백질 권장량

성인 남자(75g), 성인 여성(60g), 임신 및 수유부(90g)

(1) 생리적 필요량 : 체중 1kg당 1g정도 필요하다.
(2) 단백질의 대사 : 단백질은 아미노산으로 분해 되어 소장에서 흡수되며 소변으로 배설된다.
(3) 단백질 결핍증 : 부종, 발육장애, 체중감소, 피로, 저항력 약화 등이다.
(4) 단백질 공급원 : 계란, 치즈, 고기 내장에 많이 포함되어 있으며, 우유에는 트립토판과 리신이 풍부하여 곡류(쌀)에 부족 되기 쉬운 단백질을 보충할 수 있다.

- 질소(N)의 양
  - 질소의 양 = 단백질량×16/100(즉, 질소계수 : 6.25)
  - 밀의 경우 : 5.7

4 무기질

탄소, 수소, 질소를 제외한 나머지 원소, 생물체 내에서 직접적인 열량원은 되지 못하나 신체를 구성하고 있는 중요한 요소이다.

- 다량 무기질 : 칼슘, 인, 칼륨, 황 등
- 무기질 : 체중의 약 4~5%이며, 75%가 칼슘(Ca)과 인(P)이다(칼슘 : 인 = 2 : 1)

Chapter ❶ 빵류제품 재료혼합

1) **칼슘** : 인체 내 무기질 중 가장 많은 칼슘(인산칼슘의 형태로 존재)을 함유하고 있다.
   뼈와 치아의 구성성분이며, 혈액응고에 관여한다.
   결핍증 : 구루병, 골연화증, 골다공증, 신경성 마비 등
2) **철** : 혈액(적혈구)의 필수 구성성분으로 조혈작용을 하며, 혈색소인 헤모글로빈은 철을 함유하고 있다.
3) **요오드(I)** : 갑상선 호르몬인 티록신 구성 성분이다. 1일 필요량은 150mg정도 이며, 사람의 갑상선에는 20mg의 요오드가 존재하는 것이 정상이다.
   과잉 시 : 바세도우씨병 발생
4) **나트륨(Na)** : 체액의 평형유지, 지나치게 섭취하면 동맥경화증을 유발한다.
   조절기능 : 삼투압 조절, 체내 수분조절, 산·알칼리 평형조절 등

5 비타민
- 탄수화물, 지질, 단백질의 대사에 필요한 조효소 역할을 하는 물질이다.
- 신체 기능을 조절하며, 반드시 음식물에서 섭취해야만 한다.
- 에너지를 발생하거나 체조직을 구성하는 물질이 되지는 않는다.

1) 비타민의 종류와 특징
(1) 지용성비타민 : 비타민 A, D, E, K
  - 필요이상 섭취되어 포화상태가 되면 체내 저장축적되며, 기름과 유지용매에 녹는다.
  - 결핍증이 서서히 나타난다.
  ① 비타민A 결핍증 : 야맹증, 카로틴은 비타민A의 전구체(프로비타민A라고 함)물질이다.
  ② 비타민D 결핍증 : 구루병, 골다공증. 칼슘과 인의 흡수력을 높인다.
       전구체 : 콜레스테롤과 에르고스테롤이 있다.
  ③ 비타민E 결핍증 : 불임증, 빈혈, 항 불임성 비타민이라 하며, 비타민 A, C의 산화를 방지한다.
  ④ 비타민K 결핍증 : 혈액 응고성 감소 쉽게 출혈되며, 항출혈성 비타민이다.

종 류	결핍증	급원식품
비타민 A	야맹증, 건조성 안염	간유, 버터, 김, 난황, 녹황색 채소
비타민 D	구루병, 골다공증	청어, 연어, 간유, 난황, 버터
비타민 E	쥐의 불임증, 근육위축증	곡류의 배아유, 면실유, 난황, 버터
비타민 K	혈액 응고 지연	녹색 채소, 간유, 난황

(2) 수용성비타민
  - 필요이상 섭취하면 체외로 방출(소변으로 방출)되며, 물에 녹는다.
  - 필요량을 순간순간 공급하지 못하면 결핍증이 쉽게 나타난다.

① 티아민(비타민 B₁)결핍증 : 각기병, 피로, 식욕부진.
② 리보플라빈(비타민 B₂)결핍증 : 발육장애, 설염, 피부염을 일으킨다.
③ 니아신결핍증 : 펠라그라병
④ 아스코르브산(비타민 C)결핍증 : 괴혈병, 피부염이 발생.
● 열량 대사에 꼭 필요한 비타민류 : 비타민B₁(티아민), B₂(리보플라빈), 니아신 등

종류	결핍증	급원식품
비타민 B₁	각기병, 식욕부진, 피로, 신경통	쌀겨, 대두, 땅콩, 돼지고기
비타민 B₂	구순구각염, 설염, 피부염, 발육장애	유, 치즈, 간, 달걀, 살코기, 녹색 채소
비타민 B₆	피부염, 신경염	육류, 간, 배아, 곡류, 난황
니아신	펠라그라병, 피부염	육류, 간, 배아, 곡류
비타민 B₁₂	악성 빈혈, 간질환	간, 내장, 난황, 살코기
엽산	빈혈, 장염, 설사	간, 두부, 치즈, 밀, 효모, 난황
판토텐산	피부염	효모, 치즈, 콩
비타민 C	괴혈병, 저항력 감소	신선한 채소 과일

6 영양과 건강

1) 효소
- 생물체 내에서 일어나는 화학 반응에 촉매 역할을 하는 단백질로 구성되어 있다.
- 효소는 단백질이므로 온도, pH, 수분 등 환경요인에 의해 기능이 크게 영향을 받는다.
- 효소는 35~45℃정도에서 활성이 가장 높다.

(1) 탄수화물 가수분해 효소 : 프티알린(침액), 슈크라아제, 아밀라아제 등
(2) 단백질 가수분해 효소 : 펩신, 트립신, 프로테아제, 키모트립신 등
(3) 지방 가수분해 효소 : 리파아제, 스테압신 등

2) 소화흡수
(1) 당질의 소화
① 타액(침)속에 프티알린이 존재하므로 전분이 맥아당으로 분해된다.
② 최종 포도당으로 된다.
③ 위에는 당질(탄수화물)을 분해하는 효소가 없다.
④ 당질의 대부분은 소장에서 단당류로 분해된 뒤 바로 흡수된다.
⑤ 대장에는 소화액이 분비되지 않는다.

● 유당불내증 : 소화액 중 락타아제(Lactase) 결핍 시 설사를 일으킴.

(2) 단백질의 소화
① 단백질 분해효소는 위액, 장액, 췌액에 존재한다.
② 위액 → 펩신이 존재하여, 소아의 위액에는 응유효소인 레닌이 존재하여 유즙의 카제인을 응고 시킨다.
③ 장액 → 에렙신이 폴리펩티드를 아미노산으로 분해시킨다.

(3) 지방의 소화
① 지방은 가수분해 되어 지방산+글리세롤로 된다.
② 위액에 리파아제가 있어 지방이 소화된다.
③ 소장에는 담즙, 췌장액, 장액 등의 소화액이 있다.
    (담즙은 지방을 유화시켜 소화를 돕는 기능을 한다)
④ 췌액에 스테압신이 존재하며, 지방을 지방산과 글리세린으로 분해시킨다.

 위에서 흡수되는 영양소는 알코올이며, 그 밖의 영양소는 대부분 소장에서 흡수된다.
(물은 일반적으로 대장에서 흡수된다.)

(4) 칼슘의 흡수
① 소장에서 흡수된다.
② 비타민D는 칼슘의 흡수를 촉진시킨다.
③ 칼슘의 흡수를 저해시키는 물질로는 수산(옥살산 oxalic acid)이다.

(5) 기초대사량
기초 대사량은 생체가 생명을 유지하기 위해 필요한 가장 적은 열량을 발생하는 것을 말한다.

| 제2절 | 반죽 및 반죽관리

01. 반죽법의 종류 및 특징

1 빵의 제조원리

1) 반죽의 정의
반죽의 의의는 밀가루와 물을 혼합시키고 결합시켜 강한 글루텐을 형성하고 발효 중 전분이나 유지와 함께 이스트가 생성하는 이산화탄소를 보존할 수 있는 막을 형성하는 것이다.

2) 반죽의 목적
① 배합재료를 고르게 분산시키고 밀가루에 물을 충분히 흡수시켜 글루텐 단백질을 결합시키기 위함이다.

② 글루텐을 발전시켜 반죽의 가소성, 탄력성, 점성을 최적인 상태로 만들기 위함이다.
③ 밀가루 단백질에 수분이 흡수되면 글루텐이 형성되는데 글루텐은 전분의 표면을 덮게 되는 것이다.

3) 빵 반죽의 특성

빵 반죽은 일정한 모양을 유지할 수 있는 고체의 성질로서 가소성과 외부의 힘을 받아 변형된 물체가 그 힘이 없어졌을 때 원래대로 되돌아가려는 성질인 점성 또는 유동성을 함께 갖고 있다.

4) 반죽 작업공정의 6단계

(1) 픽업단계(pick-up stage)

밀가루와 그 밖의 가루재료가 물과 대충 섞이는 단계, 각 재료들이 고르게 퍼져 섞이고 건조한 가루재료에 수분이 흡수된다. 반죽상태는 질퍽질퍽한 상태로 재료의 분포가 균일하지 않으며 조각으로 분리된다. 이 단계에서는 믹서는 저속으로 돌린다. 데니쉬 페이스트리 반죽은 픽업단계에서 반죽을 마친다.

(2) 클린업단계(clean-up stage)

이 단계에 들어서면 반죽기의 속도를 저속에서 중속으로 바꾼다. 물기가 밀가루에 완전히 흡수되어 한 덩어리의 반죽이 만들어지는 단계로 이때 밀가루의 수화가 끝나고 글루텐이 조금씩 결합하기 시작한다. 글루텐 결합이 적어 반죽을 넓혀보면 글루텐 막이 두껍고 찢어진 단면은 거칠다. 반죽 표면이 조금 마른 느낌이 들고 믹서 볼(bowl) 안쪽이나 반죽날개에 들러붙지 않는다. 이 단계에서 유지를 넣는다. 대체적으로 냉장발효 빵 반죽은 여기서 반죽을 마친다.

(3) 발전단계(development stage)

글루텐의 결합이 급속하게 진행되어 반죽의 탄력성이 최대가 되며, 믹서의 최대 에너지가 요구된다. 반죽은 후크에 엉겨 붙고 볼에 부딪힐 때 건조하고 둔탁한 소리가 난다. 프랑스빵이나 공정이 많은 빵 반죽은 여기서 반죽을 마친다.

(4) 최종단계(final stage)

글루텐을 결합하는 마지막 시기로 신장성이 최대가 된다. 반죽이 반투명하고 믹서 볼의 안벽을 치는 소리가 규칙적이며 경쾌하게 들리면 믹서의 작동을 멈춘다. 반죽을 조금 떼어내 두 손으로 잡아당기면 찢어지지 않고 얇게 늘어난다. 최종 단계는 매우 짧기 때문에 이 단계를 잘 포착하는 것이 제빵 공정 중 중요한 기술이다. 일반적으로 거의 모든 빵류의 반죽은 여기서 반죽을 마친다.

(5) 렛다운 단계(let down stage)

글루텐을 결합함과 동시에 다른 한쪽에서 끊기는 단계다. 반죽은 탄력성을 잃고 신장성이 커져 고무줄처럼 늘어지며 점성이 많아진다. 흔히 이 단계를 오버믹싱 단계라 한다. 이때의 반죽은 플로어타임을 길게 잡아 반죽의 탄력성을 되살리도록 한다. 렛다운 시킨 반죽으로 빵을 만들면 내상이 희고 기포가 잘고 고른 빵을 얻을 수 있다. 햄버거 빵이나 잉글리시 머핀 반죽은 여기서 반죽을 마친다.

(6) 브레이크다운 단계(break down stage)

글루텐이 더 이상 결합하지 못하고 끊기기만 하는 단계로 반죽이 탄력성이 전혀 없이 축 처지고, 늘리면 곧 끊긴다. 이러한 반죽을 구우면 오븐팽창(oven spring)이 일어나지 않아 표피와 속결이 거친 제품이 나온다. 물리적인 손상 이외에 효소 파괴도 크고 빵 반죽으로서 가치를 상실한 반죽이다.

5) 스폰지법 혼합에 의한 최적상태

(1) 최적믹싱

가장 좋은 상태의 빵을 만들 수 있는 반죽 정도를 가리키는 말이다. 절대적인 기준은 따로 없으며 각각의 제품이나 제법에 따라 다르다.

(2) 오버믹싱(과반죽)

최적 믹싱을 지나쳤음을 의미한다. 오랫동안 반죽하여 반죽의 저항력이 없고 끈적거리며 작업성도 떨어진다. 이와 같은 반죽으로 빵을 구워내면 부피가 작고 속결이 두껍고 빵 모양이 퍼져 나온다. 이 단계의 반죽을 지친반죽이라 하며, 지친 정도가 클수록 플로어 타임을 길게 잡으면 어느 정도는 회복시킬 수 있다.

(3) 언더믹싱(반죽부족)

최적 믹싱에 미치지 못하는 반죽이다. 원재료가 제대로 섞이지 않아 반죽의 작업성이 떨어지고, 제품이 부피가 작으며 속결이 맑지 않다. 이 단계의 반죽을 어린반죽이라 하며 roll 모양의 빵을 구웠을 때 발효가 잘 되지 않아 공처럼 둥글게 나온다.

2 스트레이트법 (직접반죽법)

준비한 모든 재료를 한꺼번에 넣고 반죽하는 방법, 소규모 제과점에서 많이 사용하는 제빵법이다.

1) 반죽온도 : 27℃

2) 1차 발효 : 온도는 27℃, 습도는 75~80%

1차 발효의 완료점

① 반죽의 부피가 처음의 3배 정도 부푼 상태이다.

② 섬유질 상태를 보인다.(실 모양의 직물구조)

③ 손가락 테스트를 한다.(손가락으로 반죽을 눌렀을 때 조금 오므라드는 상태)

3) 장·단점

(1) 장점

① 제조공정 시간 단축하며, 제조장소 및 설비가 간단하다.

② 노동력이 절감되며, 짧은 발효 시간으로 발효손실 낮다.

(2) 단점
① 발효 내구성이 약하고, 반죽 잘못 시 반죽 수정(조정)이 불가능 하다.
② 제품의 부피가 작고, 제품의 결이 고르지 못하다.
③ 노화가 빠르다.

3 스펀지도우법 (중종 반죽법) : 반죽공정을 두번하는 제빵법이다.

1) **첫번째 반죽(스펀지)** : 먼저 밀가루(일부 또는 전부), 물, 이스트, 이스트 푸드를 섞어 2시간 이상 발효시킨 것이다.
2) **두번째 반죽(도우, 본반죽)** : 스펀지반죽을 나머지 재료와 섞어 반죽한 것이다.
3) **스펀지 만들기** : 반죽 시간은 4~6분, 반죽 온도는 22~24℃정도가 바람직하다.
4) **스펀지 발효** : 반죽 온도는 27℃, 상대습도는 75~80%, 발효실에서 3~5시간 실시하며 이때 스펀지의 온도가 5~5.5℃ 상승한다.
5) **본 반죽 만들기** : 반죽 온도는 27℃이다.

※ **스펀지 발효의 완료점**
① 반죽의 부피가 처음의 4~5배 정도 부풀어 오른 상태이다.
② 수축현상이 일어나 반죽 중앙이 오목하게 들어가는 현상을 보인다.
③ pH 4.8을 나타낼 때이다.(이스트 활력이 최대인 산도 : pH 4.7정도)

※ **플로어 타임**
① 발효시간 20~40분, 반죽시간이 길어질수록 플로어 타임도 길어진다.
② 스펀지에 밀가루 양이 많을수록 플로어 타임은 짧아진다.
③ 플로어 타임을 주는 이유 : 본 반죽을 끝냈을 때 약간 지쳐 있는 반죽을 팽팽하게 만들어 분할하기 쉽게 하기 위해서이다.

6) **스펀지법의 장·단점**

(1) 장점
① 이스트 양을 20% 감소한다.
② 빵의 부피가 크고, 속결과 촉감이 부드럽다.
③ 발효 내구성이 강하고, 노화가 지연된다.
④ 발효시간을 약간 지나쳐도 본 반죽 단계에서 조절이 가능하다.

(2) 단점 : 노동력, 시간 등이 많이 소요되며, 발효 손실이 크다.

● 스펀지에 분유나 소금을 사용하게 되면 분유가 완충 작용을 하며 소금이 삼투압 작용을 일으켜 발효가 억제된다.

Chapter ❶ 빵류제품 재료혼합

4 액체 발효법(brew method)

1) 액종을 이용한 제빵법으로 이스트, 설탕, 소금, 이스트푸드, 맥아에 물을 넣어 섞고 완충제로 탈지분유 또는 탄산칼슘을 넣어 pH 4.2~5의 액종을 만든 후 본 반죽을 하는 방법이다.
   (액종 원료를 30℃에서 2~3시간 발효 : 액종)
2) 액종법은 발효시간이 짧아 발효에 따른 글루텐의 숙성과 향을 기대 할 수 없다.
3) 기계적인 힘으로 숙성시킨다.

   (1) 탈지분유의 기능
   ① 글루텐을 강화하여 반죽의 내구성을 증가시킨다.
   ② 완충작용이 있어 배합이 지나쳐도 잘 회복된다.
   ③ 밀가루의 흡수율을 높인다.(분유 1% 증가 시 → 물 1% 증가)
   ④ 발효 내구성을 높인다.

   (2) 이스트(Yeast) : 효모라 하며 빵, 맥주, 포도주 등을 만들 때 쓰는 미생물로서 균이 없다.

이스트의 혁명은 사카로미세스 세레비시에(Saccharomyces cerevisiae)

5 연속식 제빵법 (기계적 숙성법)

액종법을 진전시킨 방법으로 액종과 본 반죽용 재료를 예비혼합기에 모아서 고루 섞은 후 반죽기, 분할기 등으로 연속 작업하여 대규모 공장에서 단일 품목으로 대량 생산에 적합하다.

1) **장점**
   ① 믹서, 발효실 등 설비와 설비공간이 감소한다.
   ② 자동으로 연결되므로 노동력 절감된다.
   ③ 발효 손실이 적다(일반 공정에서 발효 손실 : 약 1.2%, 연속식 제빵공정 : 0.8%정도).
2) **단점** : 일시적 투자액(설비)이 많이 소요된다.

- 산화제 : 브롬산칼륨, 인산칼슘, 이스트 푸드, 제빵 개량제, 비타민 C 등이 있다.
- 산화제를 사용하는 이유 : 반죽을 숙성시키기 위해서이다.

- 액종에 밀가루의 사용량을 증가하면
   ① 액종의 물리적 성질이 향상되며, 빵의 부피가 증가한다.
   ② 발효의 내구성이 향상, 산화제 사용량이 감소되고, 빵의 맛과 향이 향상된다.
   ③ 본 반죽을 발달시키는데 필요한 믹서의 에너지를 절감한다.

6 비상 반죽법

기본적인 표준반죽법을 따르면서, 표준(표준스트레이트법, 스펀지법)보다 반죽 시간을 늘리고, 발효 속도를 촉진시켜 전체 공정시간을 단축하므로 짧은 시간에 제품을 만들어 내는 방법이다.

1) 필수 조치사항

① 설탕을 1% 감소한다.(삼투압 때문에 이스트의 활성에 영향)
② 물을 1% 증가한다.(기계성이 향상 되고 이스트의 활성)
③ 이스트를 2배 증가한다.(발효 속도 촉진)
④ 1차 발효시간을 15~30분 한다.(작업시간 단축)
⑤ 반죽시간을 20~25% 증가한다.(신장성 증가)
⑥ 반죽 온도 27℃ → 30℃로 높인다.(발효 속도 촉진)

2) 선택적 조치사항

소금 사용량 1.75% 감소, 분유를 1% 감소, 이스트 푸드 사용량을 증가, 식초를 0.25~0.75% 사용한다.

3) 장점

① 반죽 실패 때 신속히 조치하고, 갑작스런 주문에 빠르게 대처하는 것이 가능하다.
② 공정시간이 짧아 노동력이 절감된다.

4) 단점

① 발효시간이 짧아 노화가 쉽다(제품을 장기보관 할 수 없다).
② 빵의 부피가 고르지 못하다.
③ 이스트 냄새가 남을 수 있다.

7 노타임 반죽법 (무발효 반죽법)

1) 화학적 숙성법을 이용하는 제빵법이다.
2) 산화제와 환원제를 사용하여 1차발효를 생략하거나 전체적인 공정시간을 단축하는 방법이다.
  → 1차 발효 없이 플로어타임 후에 분할 공정을 한다.

(1) 산화제

① 발효에 따른 글루텐 숙성(브롬산칼륨 - 지효성, 요오드칼륨 - 속효성)을 시킨다.
② 반죽하는 동안 밀가루 단백질의 S-H기를 S-S기로 변화시켜 글루텐의 탄력성과 신장성을 높인다.
③ 반죽의 가스 포집력이 증가한다.(부피가 증가)

(2) 환원제

엘시스테인(L-cystein) 단백질의 S-S기를 끊는 작용을 하며, 반죽 시간을 약 25% 단축시킨다.

8 냉동 반죽법(frozen dough method)

믹싱한 반죽을 1차 발효 후 −40℃에서 급속 냉동하여 −18~−25℃에 냉동 저장하며 필요한 경우에는 도우컨디셔너(dough conditioner)에서 해동하여 사용할 수 있도록 하는 반죽법이다.

1) 냉동 저장 시 반죽의 변화
① 이스트 세포가 사멸하여 가스 발생력이 저하된다.
② 이스트가 사멸함으로 환원성 물질인 글루타치온이 생성되어 반죽이 퍼진다.
③ 가스 보유력이 떨어진다.

2) 냉동 반죽 시 주의사항
① 환원성 물질이 생성되어 퍼지게 되므로 반죽을 되직하게해야한다.(수분을 줄일 것)
② 냉동 중 이스트가 죽어 가스 발생력이 떨어지므로 이스트 사용량을 2배로 늘린다.
③ 반죽 온도를 20℃로 맞춘다.
④ 저장온도는 −18~−25℃에서 보관한 후에도 콘디셔너에서 해동하여 사용한다.
⑤ 냉동저장 시 환원성 물질이 생성되므로 산화제(비타민 C, 브롬산칼륨 등)첨가가 필요하다.

3) 장점
① 야간, 휴일 작업을 미리 대비한다.
② 소비자에게 신선한 빵을 제공한다.
③ 다품종 소량생산이 가능하다.
④ 제품의 노화가 지연, 운송, 배달이 용이하다.

4) 단점
① 이스트가 사멸하여 가스 발생력이 감소된다.
② 가스 보유력이 떨어진다.
③ 반죽이 퍼지기 쉽다.

9 오버나이트 스펀지법(over night sponge dough method)

12~24시간 정도 발효시킨 스펀지를 이용하는 방법으로 반죽은 신장성이 아주 좋고, 발효 향과 맛이 강하며, 빵의 저장성이 높아진다. 반면 발효시간이 길어 발효 손실(3~5%)이 크다.

오버나이트 스펀지법에서 발효 시간을 늘리려면 이스트 양을 감소시키고, 발효 시간을 줄이려면 이스트 양을 증가해야 한다.

10 100% 중종법

풀프레이버법도 이 방법 중 하나로 중종에 밀가루 100%의 전량을 사용하는 제법이다. 빵의 용적, 식감, 풍미는 좋아지지만 중종의 관리, 믹싱, 시간의 융통성과 반죽온도 조절 등 어려운 점도 많다.

11 가당 중종법
일본의 단과자빵 반죽처럼 당의 배합이 20~30%인 반죽에 사용되는 제법이다. 중종에 전체당의 14~20%를 넣어 이스트가 내당성을 갖도록 하는 것이 목적이다.

12 오토리즈(Aurolyse)법
1974년 프랑스 제빵사였던 Raymond Calvel에 의해 처음 소개된 오토리즈는 바게트를 비롯한 프랑스빵의 가장 기본이 되는 제법으로 먼저 밀가루와 물을 섞어 짧게는 30분에서 최대 12시간 반죽을 수화시킨 다음 나머지 재료를 넣어 반죽하는 것을 말한다.

13 폴리쉬(poolish)법
폴리쉬는 "폴란드식빵"이란 이름에서도 알 수 있듯이 폴란드 제빵법에서 유래되었다. 물과 밀가루 1:1 동량에 소량의 이스트를 넣어 발효시킨 반죽으로 전체적으로 들어가는 물의 양 50%에 물과 동일한 양의 밀가루, 이스트의 일부, 또는 전량을 혼합해 짧게는 2시간에서 최대 24시간 휴지, 발효시킨 후 본반죽에 넣어 사용한다. 폴리쉬에 들어가는 이스트의 양은 발효 시간에 따라 달라진다.

14 비가(Biga)법
이탈리아에서 사용하는 중종법으로 밀가루 100%, 물 60%, 이스트 0.4%를 고르게 혼합하여 24시간 발효시킨 후 사용하는 방법으로 폴리쉬 방법보다 된 반죽으로 발효시켜 사용하는 방법이다.

15 탕종법
최근 찰식빵을 만들면서 졸깃졸깃한 식감을 만들기 위하여 밀가루에 뜨거운 물로 가열하여 전분을 호화시킨 후, 본 반죽에 넣어 사용한다.

16 천연 발효법
1) 천연 액종 발효법
천연 액종 발효는 건포도 등으로 액종 발효하여 발효종을 만든 후 전통 프랑스빵이나 특수빵 등에 사용하여 빵을 만든다. 빵의 발효에 사용되는 이스트를 곡물이나 과일 등 천연효모를 만들어 사용하는 방법이다. 천연 발효종으로 안정도가 높은 재료로는 건포도와 요구르트이며 사과, 맥주 등도 천연효모를 만들어 낼 수 있다.

천연효모의 빵은 재료가 달라지면 균의 종류나 수의 변화, 그 활동에 따라 생성된 부산물도 달라진다. 이런 잡다한 균의 활동으로 특유의 풍미를 가진 빵이 만들어 진다. 그러나 발효 시간이 길어지거나 반죽의 연화가 지나치는 등 반죽이 불안정해진다. 양질의 천연효모 빵을 매일 같은 정도로 제조하기 위해서는 반죽의 온도 관리와 경험이 중요하다.

Chapter ❶ 빵류제품 재료혼합

> ● **천연효모를 이용한 빵의 제조공정**
> ① 천연효모 선택에 사용되는 재료와 물을 혼합하여 3 ~ 4일 숙성시켜 발효액을 얻는다.
> ② 발효액과 밀가루를 혼합하여 2회 정도 종계를 만들어 천연발효종을 만든다. 발효종의 단계에서 반죽의 발효력이 부족할 때는 1~3회 정도 종계를 통해 효모를 증식시켜 팽창력을 높인다.
> ③ 이 천연발효종을 사용하여 다양한 빵을 만들기 위해, 빵을 만드는 제조공정인 반죽혼합, 1차발효, 분할 및 성형, 2차발효, 굽기 및 냉각의 공정을 따른다.

2) 건포도 액종

(1) 건포도 100g, 물 250g, 설탕 15g 정도를 물에 넣고 흔들어 섞은 뒤 뚜껑을 느슨하게 닫아 25℃ 내외의 일정한 온도에서 보관하면서 하루 한번 씩 흔들어 건포도가 마르거나 곰팡이가 생기지 않게 만들어 빵에 사용한다.

(2) 건포도의 향과 알코올의 향이 나는 침전물과 나머지 액을 남기고 건포도를 걸러내면 건포도 액종이 완성된다.

(3) 이 액종을 밀가루와 혼합하여 장시간 발효를 거듭하여 천연효모균이 활성화 될 수 있게 조치한 것이 건포도 천연발효종으로 이 발효종을 공장에서 대량으로 양산된 생이스트를 대신하여 사용할 수 있다.

3) 호밀 사워도우(Sour dough)

(1) 호밀빵을 만들 때 필요한 발효종으로, 호밀과 물을 반죽한 후 며칠 동안 숙성시키므로 종이 산화한다.

(2) 이 산과 발효부산물이 독특한 풍미를 만든다. 호밀은 글루텐을 형성하지 않기 때문에 일반적인 제법으로 반죽하게 되면 질퍽거리게 된다.

(3) 사워종을 배합하면 반죽조직에 기포가 형성되어 촉촉하면서 식감이 좋게 바뀐다.

(4) 제빵에 풍미를 주고 팽창효과를 얻기 위해서 사워를 사용하는데, 많은 양의 사워를 사용하면 별도의 이스트 첨가 없이도 팽창효과를 낼 수 있다.

(5) 적은 양의 사워를 사용하게 될 경우에는 본 반죽에서 이스트를 첨가해야 한다.

(6) 사워를 발효시켜 빵의 풍미에 영향을 주는 미생물로는 젖산균이 있다.

(7) 사워도우에는 젖산균과 함께 이스트도 존재하기 때문에 사워도우의 발효온도와 수분 양에 의하여 풍미가 크게 달라진다.

02. 반죽의 결과온도

1 스트레이트법 온도계산

반죽 온도는 발효에 영향을 주는 것과 동시에 품질관리의 지표가 된다. 반죽 온도가 낮으면 발효 활동이나 효소의 활성이 느려져 반죽의 적정한 숙성이 이루어지지 않는다. 보통 빵은 24~30℃의 범위로 반죽하여, 발효가 진행됨에 따라 반죽 온도는 높아져 오븐에 구울 때 이스트의 최적 온도인 32~35℃가 된다. 반죽 온도는 마지막 온도에서부터 발효까지 걸리는 시간을 역산하여 구해진다.

일반적으로 반죽 온도는 30℃의 환경일 경우 발효공정에서 1시간에 1℃씩 올라가며, 2차 발효의 단계에서는 저배합 반죽의 경우엔 32~33℃의 경우 3~4℃, 소프트계의 경우엔 35℃의 정도에서 5~6℃ 상승한다.

1) 반죽 온도 조절

반죽 온도는 반죽의 흡수율, 발효 속도 및 제품의 품질에 크게 영향을 미치므로 물 온도를 조절하여 반죽의 온도를 조절 할 필요가 있다. 제빵재료 중 가장 반죽 온도에 영향을 미칠 수 있는 재료는 밀가루와 물이며 그 외에 재료는 소량이므로 온도계산에 포함하지 않는다. 그 외에 작업장의 실내 온도 및 믹싱 중에 반죽과 볼의 마찰에 의해 발생하는 마찰계수를 포함시켜 온도계산의 공식을 유도해낼 수 있다.

(1) 마찰계수의 계산

마찰계수 = 반죽의 결과 온도 × 3 − (실내온도 + 밀가루 온도 + 사용할 물의 온도)

반죽의 결과 온도는 마찰계수를 고려하지 않은 상태에서의 반죽 혼합 후 측정한 온도를 나타낸다.

(2) 직접 반죽법에 사용할 물 온도 계산

사용할 물의 온도 = 반죽 희망온도 × 3 − (실내온도 + 밀가루 온도 + 마찰계수)

(3) 얼음 사용량 계산

얼음사용량을 계산한 후, 전체 사용할 물의 무게는 물 무게에서 얼음 무게를 바꾼 후 계산하여 사용한다.

얼음 사용량 = 물 사용량 × (수돗물온도 − 계산된 물의 온도) / 80 + 수돗물 온도

2) 스폰지법의 물 온도 계산

사용할 물의 온도 = 희망 온도 × 4 − (실내 온도 + 밀가루 온도 + 마찰계수 + 스폰지 온도)

03. 반죽의 비중

1 비중의 정의

비중은 일정한 온도에서 물의 무게를 반죽의 무게로 나눈 값이며, 같은 부피의 물 무게에 대한 반죽의 무게이다. 반죽의 비중은 제품의 균일성을 조절하는데 중요한 요인으로서 반죽 내에 포집된 공기의 비율이 많고 적음에 따라 제품의 볼륨에 큰 영향을 주게 된다. 따라서 비중을 일정하게 유지해야 제품별 최적의 반죽을 만들 수 있다. 비중은 반죽의 공기 혼입과 관련이 깊은데, 공기를 많이 혼합할수록 비중은 낮아지고 적게 혼합할수록 비중은 높아진다.

2 반죽의 비중에 영향을 주는 중요한 요소
① 반죽의 점도, 반죽의 산도
② 온도
③ 혼합시간
④ 쇼트닝의 형태와 함량과 팽창제 양

3 같은 무게의 반죽을 구울 때
① 비중의 수치가 낮으면 : 비중이 낮음을 의미 하고, 반죽에 공기가 많이 포집되어 기공이 열려 큰 기포가 형성되어 거친 조직이 형성되며 부피는 커진다.
② 비중의 수치가 높으면 : 기공이 조밀하고 조직이 치밀해 무겁고 부피가 작아진다.

- 물의 비중은 1.00이고, 공기의 비중은 0이다.
  예를 들어, 0.7이라는 비중 값은 어떤 물질이 단순히 체적을 나타내는 물의 무게의 80% 또는 0.8배의 무게를 갖고 있다는 것을 의미한다.

4 비중의 측정

$$비중 = \frac{(용기의\ 무게 + 반죽의\ 무게) - 용기의\ 무게}{(용기의\ 무게 + 물의\ 무게) - 용기의\ 무게}$$

① 비중컵을 저울에 올려 영점조정을 한 뒤 물을 넣고 물의 무게를 측정한다.
② 동일한 비중컵을 저울에 올려 영점조정을 한 뒤 반죽을 담고 반죽의 무게를 측정한다.
③ 반죽의 무게를 물의 무게로 나누어 비중을 계산한다.

| 제3절 | 충전물 · 토핑물 제조

01. 재료의 특성 및 전처리

충전물 · 토핑물은 빵류의 굽기 공정 후에 추가적으로 제품 사이에 추가하는 식품을 말하며, 크림류, 앙금류, 잼류(jam), 버터류, 견과류(호두, 캐슈넛, 땅콩, 은행, 잣, 헤이즐넛, 피칸) 등이 있다.

1 재료의 전처리

1) 밀가루는 체를 친다.

밀가루를 체를 치면 이물질 제거와 동시에 공기가 함유되어 처음 부피에 비해 15% 정도 부피가 증가한다. 또한 흡수량도 증가한다.

① 가루 재료는 잘 혼합되지 않기 때문에 밀가루, 탈지분유와 제빵개량제 등 가루 재료는 먼저 혼합 후 체를 친다.

② 설탕이나 소금은 가루 재료와 혼합하지 않는다.

③ 체를 칠 때는 작업대 위로 30cm 높이에서 친다.

④ 체 친 가루는 바로 사용한다.

2) 탈지분유는 흡수성이 있어 쉽게 덩어리가 진다.

탈지분유의 유당은 흡수성이 있어 계량 그릇에 잘 붙고 덩어리가 지며, 용해도 쉽지 않다. 따라서 계량 직후 밀가루나 설탕에 섞어 놓거나 물에 풀어 놓는다.

3) 유지(쇼트닝, 버터, 마가린 등 고체 유지)는 사용하기 몇 시간 전에 냉장고나 냉동고에서 꺼내어 실온상태에서 유연성을 준다.

반죽에 사용하는 유지는 고체 유지를 사용한다. 그러나 너무 고체 상태이면 반죽에 혼합하지 못하므로 사용하기 전에 유연하게 해야 한다. 너무 높은 온도에 장시간 꺼내 놓아 녹으면 쇼트닝성이 떨어진다.

① 유지는 냉장고에서 사용하기 몇 시간 전에 실온상태에 꺼내 놓는다.

② 냉동고에 있던 유지는 사용하기 하루 전에 실온상태에 꺼내 놓는다. 손가락으로 눌러 들어갈 정도이면 유연하게 된 것이다.

4) 이스트는 물에 풀어 녹여서 사용한다.

이스트를 녹일 물의 온도는 28℃~32℃가 적당하며 너무 차거(15℃ 이하)나 뜨거워서(45℃ 이상)는 안 된다. 물의 분량은 이스트 중량의 5배가 적당하나, 반죽에 사용할 물에 녹이는 것으로 사용할 물의 양을 초과할 수는 없다.

① 사용할 물 일부에 이스트를 넣는다.

② 5분 후에 섞는다.

③ 이스트를 혼합한 물은 30분 이내 사용한다.

5) 건포도는 물에 불려서 사용한다.

자연 상태에서 포도의 수분은 약 70%이다. 건포도는 포도를 말려서 수분을 약 14% 내외로 낮춘 것이다. 일반적인 반죽의 수분함량은 백분율로 했을 때 약 36% 내외이다. 이러한 반죽에 건포도를 그대로 넣으면 겉돌 수 있으며 반죽으로부터 수분을 빼앗아 글루텐 형성을 방해하기도 하고 전분의 호화를 방해하여 식감이 좋지 않은 제품이 생산된다.

① 건포도 중량의 12% 물(27℃)을 건포도에 버무려서 4시간 동안 꺼내 놓아 사용하기도 한다.
② 건포도를 27℃ 물에 담근 후 5분간 두었다가 체에 받쳐서 수분을 충분히 제거한다.
③ 물에 불린 건포도의 수분함량은 약 28% 내외이지만, 시간이 부족할 경우 15~30분 정도 물에 담근 후 꺼내어 물기를 제거하고 사용하기도 한다. 이때 건포도의 수분함량은 약 26% 내외이다. (수분이 더 증발하지 않도록 밀폐된 용기에 넣는다.)

6) 커피 가루는 섞어서 사용한다.

커피 가루는 설탕에 혼합하거나 밀가루에 혼합한다.

7) 액체 재료는 반죽 온도에 맞춰 온도를 조절한다.

사용할 물의 온도는 반죽 희망 온도에 맞게 조절한다. 여름철에는 물의 온도를 수돗물 온도보다 낮게, 겨울철에는 온도를 높게 한다. 달걀이나 우유의 사용량이 많을 때도 반죽 희망 온도에 따라서 재료의 온도를 조절해야 한다.

02. 충전물 · 토핑물 제조 방법 및 특징

1) 충전물

(1) 크림류

크림류는 빵의 제조 공정 중간에 들어가는 경우도 있으며 굽기를 마친 후에 마무리 작업 중 충전제와 토핑제로 많이 사용되는 재료이다. 크림은 기본적으로 지방과 공기를 이용해서 빵에 부드러움과 고소한 식감을 더해주며 다른 재료와 혼합하여 널리 사용된다.

① 생크림

생크림은 우유지방을 원심분리에 의하여 농축한 것으로, 순수한 유지방만으로 되어 있는 생크림은 풍미는 뛰어나지만 지방구가 응집되어 구조가 붕괴되어 버리고 생크림은 원래 상태로 돌아가지 않는 경우가 있으므로, 생크림에 유화제나 안정제를 첨가한 컴파운드 크림이 널리 사용되고 있다.

② 커스터드 크림

증점제인 전분의 성질로 주로 옥수수전분, 밀가루 또는 변성 전분 등이 사용된다. 커스터드 크림의 기본 배합은 우유 100%에 대하여 설탕 30~35%, 밀가루와 옥수수 전분 6.5~14%,

난황 3.5%를 기본으로 하는데 난황은 전란으로 대체할 수 있고 옥수수가루나 밀가루 단독으로 사용할 수도 있는데 혼합으로 사용하면 깊은 맛을 낼 수 있다. 설탕을 50% 이상 넣게 되면 전분이 호화가 어려워 끈적이는 상태가 된다.

③ 버터크림

버터크림은 풍미가 좋아야 하며 입안에 잘 녹고 공기가 충분히 함유되어 가벼운 것이 좋다. 그리고 오랫동안 형태를 유지하며 분리되지 않아야 하고 오래 두면 조직이 굳어지지만 이것을 다시 혼합했을 때 원래의 부드러운 크림으로 복원되어야 한다. 수직형 혼합기에 버터와 쇼트닝을 50 : 50으로 넣고 교반하면서 유지 중에 공기를 분산시키고 당액과 설탕을 가한다.

④ 요거트 생크림

요거트 생크림은 생크림, 플레인 요구르트와 요구르트 페이스트를 각각 1 : 1 : 1로 넣어서 휘핑을 해서 만든다.

(2) 앙금류

앙금의 제조 원료로 사용하는 두류는 콩, 땅콩을 제외한 팥, 흰팥, 잠두, 완두콩 등이 있고 앙금제조 후에 나타나는 색깔에 따라 붉은색의 적앙금과 흰색의 백앙금으로 나눈다. 적앙금에 사용되는 원료는 팥이 대표적이고 백앙금의 원료콩은 강낭콩이 사용된다. 단팥빵에 사용되는 조림앙금(단팥)은 보통 배합 조림 앙금으로 생앙금 100(수분 60% 기준)에 대해서 설탕은 65~75 정도 넣고 반죽하여 마무리한 것이다.

(3) 잼류

과일류 또는 채소류를 당류 등과 함께 젤리화 또는 시럽화한 저장성이 높은 가공식품으로 잼, 마멀레이드, 기타 잼류 등이 있다. 잼류의 가공에는 과일 중에 있는 펙틴, 산, 당분의 세 가지 성분이 일정한 농도로 들어 있어야 적당하게 응고가 된다.

① 펙틴

펙틴은 과일이나 야채류의 세포막이나 세포막 사이의 세포벽을 구성하는 중요한 물질로 식물 조직의 유연조직에 많이 존재하는 다당류이다. 젤리 형성에 필요한 펙틴의 함량은 1.0~1.5%가 적당하며 젤리의 강도는 펙틴의 농도에 비례한다.

② 산

젤리 형성에 관여하는 산은 과일 속에 존재하는 유기산들로 젤리형성에 직접 관계가 있을 뿐 아니라, 맛을 좋게 하는 요소이므로 적당한 양이 있어야 한다. 따라서 과일 중에 산이 부족할 때는 유기산을 넣어 0.27~0.5%(pH 3.2~3.5)가 되도록 맞추어 주어야 한다.

③ 당분

젤리 형성에 필요한 당의 함유량은 60~65%가 적당한데 과일에는 8~15% 정도의 당이 함유되어 있으므로, 젤리 형성에 필요한 당도가 되게 하려면 설탕, 포도당, 물엿 등의 당을 더 넣는다.

Chapter 1 빵류제품 재료혼합

 • 펙틴, 산, 당분의 상호작용 : 산과 펙틴의 양이 많으면 당분이 적게 하여도 젤리화가 일어난다.

(4) 시럽류
시럽은 설탕과 물을 1:1 비율로 섞고 중불에서 끓여주면서 약간 졸인 제품으로 단맛을 가미할 때 사용한다.

(5) 버터류
샌드위치를 만들 때 버터는 중요한 역할을 하는데 빵에 기름막을 형성하여 수분 흡수를 막고 맛을 지키고 빵과 속재료를 연결하는 접착제로써의 기능적인 역할 뿐만 아니라 맛을 위해서 버터를 사용한다.

① 가염버터와 무염버터
  ㉠ 가염버터: 버터를 제조할 때 소금을 넣은 것(빵에 바를 때 사용)
  ㉡ 무염버터: 소금을 첨가하지 않은 버터(빵과자, 요리에 사용)

② 발효버터와 무발효버터
  ㉠ 발효버터 : 원료인 크림을 젖산발효시켜서 만든 것이므로 특유의 풍미와 신맛, 감칠맛이 있다. (유럽에서 많이 사용)
  ㉡ 무발효버터 : 향이 순하다.

③ 버터의 사용방법
  버터를 상온에 두어서 부드러워지면 빵에 바른다. 부드러운 빵에 차갑고 단단한 버터를 바르면 빵의 표면이 손상되므로 주의한다. 또한 버터는 30℃ 전후에서 녹기 시작하는데, 버터가 녹으면 조직이 변해서 풍미가 떨어지므로 기온이 높은 시기에는 냉장고에 보관한다.

(6) 치즈류
치즈는 젖소, 염소, 물소, 양 등의 동물의 젖에 들어있는 단백질을 응고시켜서 만든 제품으로, 단백질로 숙성 중에 미세하게 분해되기 때문에 소화 흡수가 잘 된다. 또한 비타민과 미네랄(Ca) 등의 영양소가 들어있다.

① 자연치즈
  자연치즈는 소, 산양, 양, 물소 등의 젖을 원료로 하며, 단백질을 효소나 그 밖의 응고제로 응고시키고, 유청의 일부를 제거한 것 또는 그것을 숙성시킨 것이다.

② 가공치즈
  가공 치즈는 자연 치즈를 분쇄하고 가열 용해하여 유화한 제품으로 숙성에 따른 깊은 맛은 없지만, 품질과 영양면에서 모두 안정적이다. 견과류와 향신료, 허브 등을 섞어서 만든 것도 있다. 자연치즈의 원료는 생우유인데 반해 가공치즈의 원료는 자연치즈를 가공한 것이다.

(7) 채소류
샌드위치에 많이 사용하며 양상추, 양배추, 치커리, 로메인 상추, 샐러리, 토마토, 양파, 파프리카, 오이, 당근 등이 있다.

(8) 허브 : 로즈마리, 바질, 오레가노(Oregano), 파슬리, 월계수잎 외에 다양하다.

(9) 어류 : 샌드위치에 많이 사용하며 연어, 새우, 참치 등이 있다.

(10) 견과류

호두, 아몬드, 밤, 땅콩, 캐슈넛이 사용되고 있으며 아몬드의 경우 슬라이스나 가루의 형태로 사용되고 땅콩은 그대로 사용되거나 작은 알갱이인 분태로 충전물과 토핑물로 사용된다.

(11) 냉동 건과일

급속 동결 과일 제품은 신선한 과일이나 냉동과일을 동결건조 시킨 것으로 영양성분 파괴가 거의 없고 색과 맛이 그대로 유지된다.

2) 토핑물

(1) 분당(슈가 파우더, powdered sugar)

입상형의 설탕을 분쇄하여 미세한 분말로 만든 다음 고운 눈금을 가진 체를 통과시켜서 만든다. 이렇게 만들어진 분당은 입자가 미세하기 때문에 표면적이 넓어져서 수분을 흡수하여 덩어리가 져서 단단하게 되는 성질이 있기 때문에 이것을 방지하기 위해 3% 정도의 전분을 추가하여 만들게 된다.

(2) 계피 설탕

설탕에 계피가루를 3~5% 정도 넣고 섞어서 만들며, 주로 도넛류에 사용된다.

(3) 도넛 설탕

도넛 설탕은 포도당(분말), 쇼트닝(분말), 소금, 녹말가루와 향(분말)을 더하여 섞어서 만든 것으로 도넛의 토핑물로 널리 사용되고 있다.

(4) 폰당(fondant)

식힌 시럽을 섞어서 설탕을 일부분 결정화하여 만든 제품으로 주로 제과의 아이싱(빵 과자의 표면을 당으로 피복하는 것) 재료로 사용되지만 경우에 따라서는 빵류에 사용하기도 한다. 혼당이라고 불리기도 한다.

3) 초콜릿

초콜릿은 코코아 콩을 발효 등의 예비 가공을 처리한 후 볶기, 파쇄, 선별, 마쇄, 압착과 같은 물리적인 처리를 거치고 난 뒤에 설탕, 분유, 레시틴 등의 재료를 일정한 비율에 따라 혼합하고 믹싱 및 성형을 통하여 만들게 되는 제품이다. 초콜릿은 제과뿐만 아니라 제빵류의 토핑류로 널리 사용되는데 그 이유로는 특유의 단맛과 쓴맛 그리고 향이 있을 뿐만 아니라 온도를 높이게 되면 액체 상태로 존재하고 온도가 낮아지면 다시 고체 상태로 돌아가는 특징이 있어서 제품의 모양을 만들기에 매우 좋다.

Chapter ❷ 빵류제품 반죽발효

| 제1절 | 반죽 발효 관리(발효 조건 및 상태 관리)

01. 발효조건

빵은 반죽에 있는 이스트(Yeast)가 발효성 당인 탄수화물을 분해하여 알코올과 이산화탄소를 생산하도록 제품별로 주어진 시간 동안 발효시켜야 한다. 발효는 제조한 반죽을 발효 용기로 옮겨 일정한 조건을 갖춘 발효실에서 발효시킨다. 빵 제조공정에서 1차 발효는 발효 중 발생하는 이산화탄소와 알코올 그리고 효소의 작용에 의해서 반죽의 물리·화학적 변화를 통하여 최종 빵 품질에 영향을 준다.

1 이스트

1) 이스트의 기능

이스트는 살아있는 미생물로 최적의 조건(온도, 습도, pH, 영양원)이 갖추어질 때 최상의 발효가 이루어진다. 이스트 내에 함유되어있는 효소들에 의해 탄수화물은 당으로 분해되어 이스트의 먹이로 이용하고, 단백질은 아미노산으로 분해된 질소성분이 영양원으로 작용하며, 반죽의 팽창에 중요한 역할을 하는 이산화탄소를 생성함과 동시에 풍미와 맛에 관여하는 알코올, 유기산, 에스테르의 생성, 이로 인한 반죽의 pH 저하의 영향으로 글루텐의 연화 작용이 일어나 반죽이 부드럽게 된다.

2) 이스트의 증식

반죽 발효 중 이스트는 발효성 당을 생화학적으로 분해하여 이산화탄소와 알코올로 전환한다. 이스트는 조건에 따라 증식과 발효를 하게 되는데, 호기성 상태에서는 증식이 이루어져 생균 수가 증가하고, 혐기성 상태에서는 생균수가 증가하지 않고 발효를 진행하여 알코올과 이산화탄소를 생성한다. 그러나 반죽 발효 중 완전한 혐기성 상태를 유지하기 어려워 생균수도 다소 증가한다. 베이커스%(Bakers %)로 밀가루에 이스트를 1.7% 사용하여 제조한 반죽을 27℃에서 발효하면 발효 2시간 동안 이스트 생균수의 증가는 미미하지만 발효 2~4시간에서는 이스트 증식이 급격하여 생균수가 증가한다.

3) 이스트의 발효 준비

스트레이트법이나 스펀지 반죽에 이스트를 사용하면 처음에는 휴면 상태로 존재하기 때문에 초기부터 활발한 발효가 진행되지 않는다. 발효 초기부터 이산화탄소나 알코올을 생성하지 못하여 그 양은 매우 적고, 발효가 잘 되도록 준비 시간이 필요한데 이스트가 좋아하는 환경을 제공해야 한다.

4) 이스트와 당

① 단당류인 포도당, 과당 등과 이당류인 설탕, 맥아당 등은 쉽게 분해하나 우유에 있는 유당은 분해하지 못한다.

② 밀가루에는 자당과 적은 양의 포도당, 과당, 맥아당 등이 함유되어있어 반죽에 당을 첨가하지 않아도 이를 이용하여 발효하기에 충분하다.

③ 밀가루에 있는 손상 전분(damaged starch)을 알파, 베타 아밀라아제(α-, β-amylase)가 단당류, 이당류, 소당류, 덱스트린 등으로 분해하는데, 발효에 이용할 수 있는 당은 단당류와 이당류이다.

- 손상 전분 : 전분 입자가 깨진 것으로 효소가 분해하기 쉬운데, 밀가루 제분 시에 생성되며 연질밀 보다는 경질밀에서 양이 많다. 반죽 발효 초기에는 효소가 손상 전분을 분해하여 맥아당이 증가하지만 단당류인 포도당과 과당이 먼저 분해되고, 다음에 맥아당이 발효에 이용된다.

5) 이스트와 pH

이스트는 강한 산성과 강한 알칼리성에서는 활성이 정지된다. 반죽의 pH가 4.5~5.8일 때 이스트는 일정한 활성을 유지할 수 있기 때문에 최적의 발효 조건을 갖는다.

6) 이스트와 온도

① 이스트가 최대의 생육을 발휘할 수 있는 온도는 35-40℃이며, 이 온도에서 최적의 발효 상태를 유지한다.

② 40℃ 이상에서는 이스트가 가지고 있거나 밀가루에 있는 효소 활성이 저해를 받아 발효력이 저하된다.

③ 발효 초기에 이스트는 반죽에 있는 단당류를 분해하여 이산화탄소를 생성하며, 발효 시간이 경과 하여 단당류가 소모되면 발효력이 저하된다.

④ 정상적인 발효가 진행되기 위해서는 손상 전분이 맥아당으로 전환되어 이스트가 발효성 당을 이용하여야 한다.

7) 이스트와 영양원

이스트에 의해 반죽을 발효시키기 위해서는 발효성 당인 탄수화물 이외에 질소나 인 화합물, 비타민, 미네랄 등이 이스트의 먹이로 이용되어져야 한다.

① 이스트의 생육을 돕기 위한 질소나 인 화합물을 제공하기 위하여 반죽 제조 시 이스트푸드나 제빵 개량제를 사용한다.

② 이스트푸드 : 이스트 조절제(영양원), 물 조절제, 증량제로 구성되어 있다.

③ 이스트 조절제인 영양원 : 암모늄염이나 인산염의 질소나 인 성분으로 이스트 발효에 필요한 영양소를 공급한다.
④ 사용량 : 밀가루 중량 대비 0.1-0.5%를 사용한다.
⑤ 탈지분유의 단백질은 반죽 발효에 완충제로 작용하여 발효를 지연시킨다.

8) 이스트와 삼투압

① 반죽에 첨가하는 설탕이나 소금의 농도가 높아지면 삼투압 작용에 의해 이스트 생육을 저해한다.
② 설탕의 당 농도가 5% 이상이면 삼투압 작용으로 이스트의 생육을 저해하고, 설탕, 포도당, 과당 등은 발효 시 이스트에 삼투압 효과가 크나 맥아당은 상대적으로 적다.
③ 소금도 이스트 생육에 영향을 미치는데, 1.5% 이상 사용하면 삼투압 작용으로 이스트 활성을 저해하여 발효가 지연된다.

9) 이스트와 반죽 산성화(Acidification)

반죽을 발효하는 동안 이스트내의 효소는 탄수화물이나 설탕을 단당류인 포도당으로 분해시키고 포도당은 찌마아제(zymase)에 의해 이산화탄소와 알코올을 생성한다. 이외에 양은 적으나 유기산으로 젖산, 초산, 호박산, 프로피온산, 푸말산, 피루빅산 등도 생성된다.

① 발효 동안 생성되는 여러 가지 유기산 때문에 반죽의 pH는 낮아지고 총산도(TTA ; Total Titratable Acidity)는 증가한다.
② 반죽의 pH는 발효 진행 정도를 예측할 수 있는 척도로 pH가 낮으면 발효가 활발하여 많은 알코올과 유기산이 생성되는 것을 의미하며, 이러한 반죽으로 빵을 제조하였을 때 맛, 향, 노화방지 등에 영향을 준다.
③ 반죽 혼합이 최적인 것을 발효하면 이스트가 생성하는 이산화탄소가 탄산(carbonic acid)으로 전환되어 반죽으로 확산되기 때문에 반죽의 pH가 낮아지고 발효를 통해 반죽은 신전성이 증가하고 탄력성은 감소하며 반죽의 숙성이 이루어진다.
④ 이스트푸드에 질소 영양원으로 함유되어있는 암모늄염도 반죽의 pH에 영향을 준다. 황산암모늄이나 염화암모늄과 같은 암모늄염은 이스트에 의하여 분해되어 강산인 황산이나 염산으로 전환되어 반죽의 pH를 낮추는데, 이스트나 유산균에 의하여 생성되는 여러 가지 유기산에 의한 반죽 pH 저하 효과에 비하여 아주 적다.

10) 기타

(1) 제빵 개량제 : 밀가루에 있는 효소나 이스트 푸드 혹은 제빵 개량제 형태로 첨가되는 효소들은 반죽 발효 중 전분, 단백질, 지방 등을 분해하는데 촉매 역할을 한다.
발효 중 물리적 변화로 반죽의 연화 및 숙성이 일어나 최적의 탄력성과 신전성을 갖는 반죽이 되고 이러한 반죽을 구웠을 때 양질의 빵이 된다.

(2) 생성된 알코올은 반죽에 액체 상태로 축척되나 이스트 발효에 저해를 주지 않으며 반죽을 오븐에서 구우면 대부분 휘발된다.

(3) 이산화탄소는 가스 상태로 존재하지 못하고 물과 결합하여 탄산이 되고, 용해된 가스는 오븐에서 굽기 중 증발하여 반죽을 부풀게 한다.

(4) 오븐에서 반죽을 구울 때 빵 부피의 1/3~1/4이 형성되는데, 이러한 현상을 오븐 스프링(oven spring)이라 한다.

- 반죽 분해에 관여하는 효소
  아밀라아제(amylase), 프로테아제(protease), 리파제(lipase), 리폭시다아제(lipoxidase), 펜토사나아제(pentosanase) 등

(5) 탄수화물, 단백질, 지방 등의 효소에 의한 가수분해는 반죽 혼합부터 굽기까지 지속되는데, 영양원, 반죽의 pH, 온도 등에 영향을 받는다.

02. 발효 목적

1) 반죽의 팽창
발효는 최적의 제품을 생산하기 위해 최적의 이산화탄소의 발생력과 가스포집력이 일치하도록 하는 과정이다. 이스트가 혐기성 상태에서 다당류 및 이당류를 단당류인 포도당으로 분해하여 이산화탄소를 생성하고 생성된 이산화탄소를 글루텐이 포집하여 반죽이 팽창한다.

2) 반죽의 숙성
발효 중 생성된 여러 가지 유기산과 알코올은 글루텐을 연하게 하여 부드럽고 유연한 신전성이 좋은 상태로 변화시키기 때문에 가스 포집력이 향상된다. 발효 시간이 짧고 숙성이 부족하면 반죽에서 밀가루와 이스트 냄새가 나며 최종 제품에도 부정적인 영향을 끼친다.

3) 향기 물질의 생성
발효 동안 이스트와 여러 종의 유산균은 당을 분해하여 알코올, 저급 유기산, 에스테르, 알데히드 같은 방향성 물질을 생성하여 빵의 맛과 향을 좋게 하고 노화를 연장시킨다.

03. 발효 영향 인자

1) 이스트

최적의 발효 시간은 공장의 설비, 밀가루의 양과 질, 이스트 사용량, 반죽 온도, 배합률, 산화 정도 등에 따라 달라진다. 빵을 짧은 시간에 만들기 위해서는 이스트양이나 반죽 온도, 발효 온도를 변화시켜야 하는데, 공정을 변화시키면 품질이 저하되는 현상이 발생한다. 이스트 사용량이 많을 때 생성되는 이산화탄소 양이 증가하기 때문에 반죽의 부피가 빨리 커져 발효가 촉진된다.

(1) 이스트의 가스 발생력(gassing power)

주어진 시간에 이산화탄소를 생성하는 능력을 말하며, 이스트가 이용 가능한 발효성 당이 충분할 때 이스트 양과 발효 시간의 관계는 반비례한다. 즉, 이스트 양을 줄이면 발효 시간이 길어지고 이스트 양을 증가시키면 짧아진다. 이스트 사용량이 많아 발효 시간이 짧은 반죽은 적은 이스트 양으로 길게 발효한 반죽에 비해 글루텐 숙성이 덜되고 이스트 냄새가 나며, 완제품에서 발효 향이 적고 맛이 좋지 않게 된다.

(2) 발효 시간을 변경할 때 이스트 사용량 공식

정상 이스트 양 × 정상 발효시간 = 변경할 이스트 양 × 변경할 발효시간

2) 발효성 당

발효 가능한 당의 농도가 5%까지는 이스트에 의한 이산화탄소 발생량이 증가하나 그 이상이 되면 삼투압 작용으로 활성에 저해를 받는다. 따라서 5% 이상 사용하면 이스트 양을 증가시켜야 한다.

3) 소금

소금은 이스트에 삼투압 작용으로 발효에 저해를 주므로 1% 이상은 이스트 발효를 지연시킨다.

4) 분유

분유에는 단백질이 함유되어 있어 발효 시 완충 작용으로 발효를 지연시킨다.

5) 밀가루

밀가루 단백질은 완충 작용으로 발효를 지연시키는데, 밀가루 단백질 함량이 높으면 발효는 더욱 지연된다.

6) 이스트푸드

이스트푸드는 물 조절제, 이스트 조절제, 증량제 등으로 구성되어 있고 필요에 따라 효소, 계면활성제, 반죽 강화제 등을 첨가하는 경우가 있어 발효를 조절할 수 있다.

7) 반죽 온도

이스트는 냉장 온도(0~4℃)에서는 휴면 상태로 존재하여 활성이 거의 없으나 온도가 상승하면 활성이 증가하여 35℃에서 최대가 되고 그 이상에서는 활성이 감소하여 60℃가 되면 사멸한다.

8) 반죽의 산도

이스트 발효에 최적 pH는 4.5–5.8 이나 pH 2.0 이하나 8.5 이상에서는 활성이 현저히 떨어진다. 스펀지 반죽의 pH는 5.5이나 4시간 발효가 되면 pH가 4.7–4.8로 이스트에 최적인 상태가 된다. 스트레이트법이나 비상 스트레이트법에서 반죽에 약산을 소량 첨가하여 pH를 낮추면 발효가 빨라져 제조 시간을 단축할 수 있다.

9) 발효 관리

① 발효 관리를 잘하기 위해서는 우선 혼합이 적절하여 완전히 수화가 이루어지고 균일한 반죽이어야 한다.
② 이스트가 생성하는 이산화탄소를 반죽이 최대한 보유하도록 하여 반죽 팽창이 최대가 되도록 하는 것이다. 반죽이 잘되면 글루텐 형성이 최적인 상태로 되어 이스트가 생성하는 이산화탄소 보유력이 좋아 반죽 표면이 둥근 형태로 잘 부풀어 오른다.
③ 혼합이 부족하여 재료가 골고루 혼합되지 않은 반죽을 발효하면 표면이 둥글게 부풀지 않고 평평한 형태로 부푼다.
④ 가스 생성과 가스 보유가 최대가 되면 구웠을 때 부피가 가장 크고 최상의 기공, 조직, 껍질 색, 맛과 향 등의 특징을 갖는 빵이 된다.
⑤ 이산화탄소 생산은 발효 가능한 당을 이스트가 분해하기 때문이고, 가스 보유는 혼합 동안 반죽의 기계적 변형으로 밀가루 단백질 중 불용성인 글루테닌과 글리아딘이 물과 결합하여 만들어진 변성 단백질인 글루텐 때문이다.

10) 발효 손실

반죽을 발효하는 동안 수분 증발이나 이스트에 의한 당 분해로 생성된 이산화탄소가 공기 중으로 방출되어 발효 전 반죽 무게에 비하여 발효 후 반죽 무게가 줄어드는 비율을 발효 손실이라 한다.

① 혼합전의 배합률 무게와 스펀지와 도우 발효 후 무게를 측정하여 계산한다.
② 발효된 반죽의 발효 손실로 인한 중량 감소는 보통 1% 정도이다.
③ 스펀지 발효 중 발효 손실로 건조해진 반죽은 도우 혼합 시 흡수율을 조절하여 수정이 가능하다.
④ 스펀지 발효손실을 줄이기 위하여 1차 발효실 상대 습도 관리에 주의 하여야한다.
⑤ 발효 손실을 줄이기 위한 다른 방법

스펀지 발효 시간을 줄이고 온도를 낮추거나 스펀지 밀가루 %를 줄이는 것이다. 또한 아밀라아제 활성이 적은 밀가루도 발효 손실을 줄이는 좋은 방법으로 발효 손실이 적으면 빵 수율이 증가하여 경제적으로 이익이 생긴다.

Chapter ❷ 빵류제품 반죽발효

04. 상태 관리

1 발효 중 물리·화학적 변화하기

1) 반죽은 팽창하고, pH는 내려가고, 총 산도는 증가하고, 발효 중 생성되는 열에 의해 반죽 온도는 약간 상승한다. 반죽 온도가 상승하지 않으면 발효가 적절하게 진행되지 않는 것을 의미한다.
2) 반죽의 pH가 낮아지는 것은 발효 중 이스트나 유산균에 의한 여러 가지 유기산의 생성 때문이며 반죽의 신전성과 탄력성 변화에 영향을 준다.
3) 반죽을 잡아 늘이면 찢어지고 글루텐은 연해져서 생물학적 숙성이 이루어져 부드러운 반죽이 된다.
4) 스트레이트법 혼합 후 반죽의 pH는 5.5~5.8이나 발효가 완료되었을 때의 pH는 5.0~5.2로 낮아진다. 시간별 pH 변화를 측정하는 것으로 발효 상태를 점검할 수 있는데, pH가 내려가지 않으면 정상적인 발효가 이루어지고 있지 않는 것이다. pH가 내려가지 않으면 총 산도는 증가하지 않는다.
5) 발효가 잘된 반죽은 취급성이 좋아 반죽을 손이나 기계로 정형하기에 알맞다.
6) 발효 손실은 발효 중 수분 증발과 생성되는 이산화탄소 때문으로 약 1% 정도이다. 발효 중 생성되는 이산화탄소 이외에 알코올과 휘발성 산은 빵의 향과 맛을 좋게 한다.
7) 발효가 잘된 반죽으로 구운 빵은 노화(shelf life) 지연에 효과가 크다.

2 발효를 빨리하기 위한 조치하기

1) 발효를 빠르게 하기 위하여 발효실 온도와 습도를 높인다.
2) 이스트 사용량을 늘린다.
3) 반죽에 젖산이나 초산 같은 약산을 사용하여 pH를 약산성으로 조절한다.

3 발효 후 관리하기

1) 발효가 종료되면 발효실을 끄고 내부의 습기를 제거하여 세균이나 곰팡이가 발생하지 않도록 한다.
2) 주기적으로 각종 스위치와 가동 상태를 점검하고 청소를 실시한다.

4 반죽의 pH와 총 산도 측정하기

1) **반죽의 pH 측정**

반죽의 pH 측정은 반죽 발효가 정상적으로 진행되는지 확인할 수 있는 지표 중의 하나로 반죽의 pH는 5.35에서 발효가 완료되면 pH는 4.9로 내려간다.

2) **반죽의 총 산도 측정**

총 산도는 이스트 발효 중 생성된 총 측정 가능한 산의 양으로 pH와는 다소 차이가 있어 동일한 pH에서도 총 산도 값은 달라질 수 있다.

| 제2절 | 1차 발효와 2차 발효

01. 1차 발효

1 **1차 발효를 준비한다.**
① 빵 종류, 빵 제조 방법, 발효 목적 등에 따라 혼합이 최적인 반죽으로 발효를 준비한다.
② 반죽을 이형유를 가볍게 바르거나 덧가루를 살짝 뿌린 발효 용기에 넣는다.
③ 발효 용기를 발효실에 넣는다.

2 **발효실 사전 점검하기**
① 발효실의 전원을 확인한다. 안전 및 누전, 감전 사고에 이상이 있는지 확인한다.
② 발효실의 상대 습도 조절을 위하여 연결된 물공급 장치에 이상이 있는지 확인한다.
③ 발효실의 전원을 켠다.
④ 발효실 내부의 균일한 온도와 상대 습도 조절을 위한 팬 스위치를 켠다.
⑤ 빵 종류별로 적절한 1차 발효 온도와 상대 습도를 맞춘다.

3 **1차 발효하기**
(1) 글루텐이 최적으로 형성된 27℃의 반죽을 이형유를 바르거나 덧가루를 살짝 뿌린 용기에 넣어 빵 종류나 발효 목적에 따라 설정된 온도와 상대 습도가 맞는 발효실에 넣는다. 일반적으로 1차 발효실 온도는 27℃, 상대 습도는 75-80%로 조절한다. 발효 용기 내부에 이형유를 바르거나 덧가루를 뿌리는 목적은 발효가 끝난 후 반죽이 발효 용기로부터 이탈이 잘되도록 하기 위함이다.
이탈이 잘 되지 않으면 작업 시간이 지체되고, 반죽 손실이 발생하여 수율이 저하되므로 제품 수량이 적어진다.
(2) 발효실 온도가 27℃보다 낮으면 발효가 지연되고, 27℃보다 높으면 이스트 이외에 여러 종의 미생물로 젖산균, 초산균, 곰팡이, 로프균 등이 발효에 관여하게 된다.
(3) 상대 습도가 70%보다 낮으면 발효가 지연되고, 반죽 표면이 건조해져 표피가 형성되고 이러한 반죽으로 만든 빵은 내부에 줄무늬가 생기거나 균일하지 못하게 된다. 발효실 상대 습도는 반죽의 수분 함량과 유사하거나 약간 높게 유지하는 것이 바람직하다.
(4) 상대 습도를 조절하는 수증기가 반죽 표면에 응축하지 않는 발효실이어야 한다. 상대 습도를 조절하는 수증기가 반죽 표면에 응축하는 것을 방지하기 위하여 반죽 표면을 비닐로 덮는다. 이때 발효가 끝나고 비닐을 제거할 때 반죽이 묻어 손실이 발생하지 않도록 비닐에 이형유를 가볍게 바르거나 비닐이 반죽 표면에 달라붙지 않도록 덮는다.

Chapter ② 빵류제품 반죽발효

⑤ 반죽을 발효실에 많이 넣을 경우는 온도가 내려가 발효가 늦어지므로 발효실 크기에 맞게 반죽이 발효되도록 관리를 잘하여야 한다. 발효실에 들어가는 반죽 순서대로, 즉 먼저 들어간 반죽을 먼저 꺼내기 쉽도록 발효실에 넣는다.

⑥ 발효시키는 동안 발효실 문을 자주 여닫지 않는다. 문을 열면 내부 더운 공기가 외부로 유출되어 온도와 상대 습도가 내려가 발효가 지연된다. 특히 추운 겨울에 주의 하여야 한다.

⑦ 발효실에 들어가는 반죽 단위별로 다른 반죽과 혼돈되지 않도록 발효실에 들어가는 반죽 종류, 빵 품목, 입고 시간, 출고 시간 등을 관리표에 기록하여 놓고 발효 용기에 반죽 번호, 반죽 명, 입고 시간, 출고 시간 등을 기입한 꼬리표를 붙인다.

⑧ 빵의 종류, 발효 목적에 따라 발효 시간을 설정한다. 스트레이트법 1차 발효 시간은 일반적으로 1.5~3시간(평균 2시간) 소요되고, 부피 팽창은 처음 부피의 3~3.5배 정도이다.

⑨ 반죽 1차 발효는 사업장의 환경, 빵의 종류, 발효 목적 등에 따라 달라질 수 있다.

⑩ 혼합이 끝난 반죽은 27℃로 맞추는데 반죽 온도에 따라 1차 발효 시간이 달라진다. 보통의 조건에서 반죽 온도가 27℃에서 0.5℃ 낮으면 발효 시간이 15분 길어지고, 0.5℃ 높으면 발효 시간은 15분 짧아진다.

4 가스 빼기

(1) 방법

발효 용기 가장자리 반죽을 잡아 부드럽게 중앙으로 뒤집어 놓는다.

(2) 목적

① 반죽에 산소 공급
② 이스트 활성 증가
③ 반죽 온도를 일정하게 유지하여 균일한 발효
④ 반죽 내에 과량의 이산화탄소가 축적되는 것을 제거하여 발효 촉진
⑤ 글루텐 형성으로 이산화탄소 포집력 증가 등

(3) 시기

① 발효된 반죽의 표면을 손가락으로 찔러보아 찔린 모양이 원상태로 회복되지 않고 그대로 있으면 1차 가스 빼기를 할 준비가 된 것이다.

② 1차 가스 빼기는 전체 발효 시간 100% 중 발효 60%가 경과한 시간이고 2차 가스 빼기는 나머지 40% 중 30% 경과하였을 때 실시한다.

③ 이론적으로 계산하여 가스 빼기를 하기 보다는 경험적으로 실제 현장에 맞게 가스 빼기를 실시하는 것이 좋고, 숙성이 잘된 밀가루는 숙성이 덜 된 밀가루에 비하여 가스 빼기를 적게 한다.

5 발효 완료점 결정하기

(1) 반죽의 발효 완료점은 빵의 종류, 반죽의 특성 등에 따라 결정한다.
(2) 스트레이트법 1차 발효는 일반적으로 2~3시간(평균 2시간) 준다. 반죽의 부피는 처음 부피의 3~3.5배 부풀며, 내부는 잘 발달된 망상 구조를 이룬다. 반죽의 온도, 발효실 조건, 베이커리 등에 따라 달라질 수 있다.
(3) 발효 완료점은 손가락 테스트로도 판단할 수 있다. 발효가 완료된 것은 반죽을 손가락으로 찔렀을 때 모양이 그대로 남아 있다.
(4) 반죽의 온도, pH, 총산도 등을 측정하여 판단할 수도 있다.

02. 2차 발효

중간 발효 이후 밀기·말기·봉하기 과정으로 정형한 반죽은 거친 취급으로 반죽 내의 큰 가스가 제거되어 부피가 작은 탄력이 없는 글루텐 조직을 갖는다. 이러한 반죽을 그대로 구우면 작은 부피의 기공이 없고 부드럽지 못한 단단한 조직의 빵이 된다. 빵 종류별로 원하는 부피를 얻기 위하여 신전성이 좋고 이산화탄소가 많이 함유되도록 하여야 하는데, 마지막 발효 단계로 반죽이 잘 부풀도록 조치하는 과정을 2차 발효(final proofing, second fermentation)라고 한다. 반죽 덩이가 들어 있는 팬을 랙에 넣고 2차 발효실에서 발효한다. 2차 발효실은 단열이 잘 되어 있고 온도와 상대 습도를 조절할 수 있는 냉난방 장치가 설비되어 있어 제품별로 원하는 내부 온도와 상대 습도를 조절할 수 있어야 한다.

1 2차 발효기 종류

(1) **캐비넷식 발효기**(Cabinet proofer)
소형공장, 개인 베이커리, 제빵 실험실 등에서 주로 사용하는 발효실로 규모가 작은 발효실 안에 철판을 한 장씩 넣고 꺼낼 수 있도록 선반 걸이가 설치되어 있다. 발효실 맨 윗칸과 아랫칸은 가능하면 사용하지 않고 발효실에 너무 꽉 차게 넣지 않는다. 용량의 2/3~3/4정도 넣는다.

(2) **선반식 발효기**(Tray proofer)
대량 생산 공장에서 사용하는 발효 방법으로 팬이 선반에 놓여 자동 컨베이어 벨트를 타고 일정 시간 이동하면서 발효가 되는 방법이다. 발효가 된 반죽은 오븐으로 들어가 굽게 된다.

(3) **랙식 발효기**(Rack proofer)
패닝된 철판을 랙에 넣고 랙을 발효실에서 발효하는 방법으로 수동과 자동이 있다. 오븐의 종류(데크 오븐, 컨벡션 오븐, 로터리 오븐 등)에 따라 발효를 조절한다.

(4) 터널식 발효기(Tunnel proofer)

발효실이 터널과 같이 만들어 졌으며 내부에 이송 컨베이어 벨트가 있어 패닝한 철판이 유입구로 들어오고 반대편으로 나가 오븐으로 들어가 구워진다. 대량 생산 공장에서 사용하는 방법으로 설치비가 비싸고 많은 면적을 필요로 한다.

(5) 스파이럴식 발효기(Spiral proofer)

패닝된 철판이 이송되는 것은 터널식과 유사하나 컨베이어 벨트가 나선형으로 움직여 면적을 적게 차지하는 장점이 있다. 대량 생산 공장에서 사용하는 방법이다.

2 2차 발효실 조건

(1) 2차 발효와 온도

2차 발효실 온도는 밀가루의 질과 단백질 함량, 배합률, 산화제나 환원제 사용량, 빵의 제조 방법, 1차 발효 정도, 정형 시 반죽 처리 정도, 빵의 종류나 형태 등에 따라 달라진다.

① 효소나 이스트의 최적 활성 온도보다 높으면 효소의 활성이 현저히 줄어 반응속도가 느리고, 이스트는 사멸하여 맛과 향이 저하된 부피가 작은 빵이 된다.

② 35~54℃의 넓은 범위에서 발효하며 발효실 온도는 최소한 반죽 온도와 같거나 높게 유지한다.

③ 효소나 이스트의 최적 활성 온도보다 2차 발효실 온도가 높으면 빵의 부피가 작아지고 내부 특성이 저하된다.

④ 2차 발효실 온도가 너무 낮으면 발효가 길어져 생산에 차질이 생기고 빵 속의 조직이 거칠어지게 된다. 2차 발효실 온도, 발효 시간, 빵의 부피 관계는 40℃의 발효실에서 50분 발효하였을 때 부피가 가장 큰 것을 알 수 있다.

(2) 2차 발효와 상대 습도

2차 발효실에 맞추어어야 할 조건 중 중요한 요소는 발효실 내의 상대 습도로 75~90%로 조절한다.

① 상대 습도가 75%보다 낮으면 반죽 표면에 껍질이 형성되어 구울 때 표피가 갈라지고 팽창이 적어지며, 껍질색이 고르지 않고 바람직하게 착색되지 않는다.

② 과량의 상대 습도는 반죽 표면에 응축수가 생겨 껍질이 질겨지고 완제품에서 빵 껍질에 물집이 형성된다.

3 빵의 종류에 따라 상대 습도 조절의 차이

(1) **식빵류, 과자빵류, 햄버거** : 85~90% 정도의 높은 습도를 유지한다.

(2) **프랑스빵이나 하스 브레드류** : 75%의 낮은 상대 습도를 유지하여 건 발효 시킨다. 베이커리에서는 프랑스빵 제조 시 둥근 형태의 전용 철판을 사용하기 때문에 팬 플로우를 방지할 수 있어 상대 습도를 다소 높게 조절한다.

(3) **튀김류인 도넛 반죽** : 60-70% 정도를 유지 하고, 상대 습도가 높으면 반죽 표면에 응축된 수분 때문에 기름에 튀길 때 껍질이 고르지 못하고 흡유율이 높아진다.

4 2차 발효와 시간
(1) 발효 시간이 지연되면 이스트 사용량이 적거나 발효실 조건이 잘못된 것이다.
(2) 발효가 지나치면 엷은 껍질 색, 조잡한 기공, 빈약한 조직감, 산취, 품질 저하, 좋지 않은 저장성 등의 문제가 발생한다.
(3) 발효가 부족하면 빵의 부피가 작고, 황금 갈색이 나지 않으며 측면이 부서지는 현상이 나타난다.
(4) 밀가루의 질이 좋지 않을 경우에는 오븐에서 구울 때 주저앉기가 쉽고, 팽창이 부족하여 빵의 부피가 작아진다.
(5) 상대 습도가 낮은 발효실에서 발효한 빵의 껍질색은 밝고 표면에 반점이 생긴다.
(6) 상대 습도가 높은 발효실에서 발효한 빵의 껍질색은 진하고 어둡다.
(7) 상대 습도가 낮으면 발효 시간이 길어지는데, 최적의 발효를 위한 상대 습도는 80~90%의 범위이다.

5 제품별 2차 발효 파악
2차 발효 시간 : 빵의 종류 및 특성, 배합률, 발효실의 종류, 발효실 온도 및 상대 습도 등에 따라 달라진다.
(1) **식빵류나 과자빵류** : 2차 발효 온도는 40℃, 상대 습도는 85%, 발효 시간은 50-60분이다. 산형식빵은 팬보다 1cm 정도 올라오도록 발효시킨다. 풀먼 식빵은 팬의 85-90%까지 발효시킨다.
(2) **데니시 페이스트리류** : 식빵류보다 낮은 온도에서 발효시킨다. 처음 부피의 2-2.5배 팽창하도록 발효시킨다.
(3) **도넛류와 하스 브레드** : 다소 낮은 온도에서 발효시키는데, 도넛의 2차 발효 시간은 식빵류보다 약 10-15분 정도 짧게 하고, 하스 브레드는 길게 한다.
(4) 2차 발효 완료점은 발효 시간, 반죽의 처음 부피에 대한 팽창한 부피 등으로 판단한다.

03. 상태 관리

2차 발효에 다른 식빵의 결점
1) 부피가 작음
(1) 중간 발효와 2차 발효 부족하다.
(2) 2차 발효실 온도가 너무 낮거나 높다.
(3) 2차 발효실 상대 습도가 부족하다.

Chapter ❷ 빵류제품 반죽발효

2) **너무 진한 껍질 색** : 지나친 2차 발효
3) **껍질이 너무 두꺼움** : 2차 발효실 온도와 상대 습도가 낮다.
4) **껍질에 수포 형성** : 2차 발효실 상대 습도가 높다.
5) **브레이크 & 슈레드 부족**
   (1) 2차 발효가 짧거나 길다.
   (2) 2차 발효실 상대 습도가 부족하거나 많다.
   (3) 2차 발효실 온도가 너무 높다.
6) **껍질이 갈라짐** : 2차 발효실 상대 습도가 너무 낮거나 높다.
7) **옆면이 들어감** : 2차 발효가 지나치다.
8) **밑면이 움푹 들어감** : 2차 발효실 상대 습도가 너무 높다.
9) **껍질색이 균일하지 못함** : 발효가 지나친 반죽, 2차 발효실 온도가 너무 높다.
10) **껍질에 반점이 생김** : 2차 발효실 상대 습도가 높아 표면에 수분 응축
11) **빵의 속 색이 어두움** : 너무 긴 2차 발효
12) **질긴 껍질** : 너무 긴 2차 발효, 2차 발효실 상대 습도가 낮거나 높음
13) **빵 내부에 줄무늬** : 2차 발효실 상대 습도가 부족하거나 많음
14) **표면이 터짐** : 2차 발효가 짧음
15) **표면이 납작하고 모서리가 예리함** : 2차 발효실의 높은 상대 습도
16) **기공이 균일하지 않고 내상이 나쁨**
   (1) 너무 긴 2차 발효
   (2) 2차 발효실 상대 습도가 너무 높거나 낮다.
17) **빵 내부에 공간 형성**
   (1) 발효실 상대 습도 부족하다.
   (2) 발효 용기에 기름칠 과다
   (3) 발효가 부족하거나 지나치다.
   (4) 2차 발효실 온도와 상대 습도가 너무 높다.
18) **빵의 향과 맛이 미흡** : 발효가 짧거나 지나친 반죽
19) **제품 보존성이 나쁨**
   (1) 발효 온도·습도·시간관리 불량
   (2) 발효실 상대 습도 및 온도가 너무 높거나 낮다.
   (3) 너무 짧거나 긴 2차 발효

Chapter ❸ 빵류제품 반죽정형

| 제1절 | 분할하기

분할이란 정형 과정의 맨 처음의 과정으로 만들고자 하는 빵의 크기에 맞추어 가장 빠른 시간 내에 반죽을 정확하게 나누는 것이다. 분할시간이 길면 반죽의 온도가 저하되거나 발효가 과다해진다. 손으로 분할할 때는 15~20분 이내에 분할이 완료될 수 있도록 반죽의 양을 제한한다.
소규모업장에서는 저울을 이용한 손 분할 방식을 이용하고 있으며 대량생산을 하는 대규모 빵집에서는 자동분할기를 사용한다.

1) 저울
저울은 정확한 무게를 계량하기 위하여 사용하며, 지시저울과 전자저울이 가장 많이 사용되고 있다. 지시저울은 수평을 잘 맞추고 눈금이 정확하게 0의 위치에 놓일 때 사용한다. 오른쪽으로 지시표가 움직이며 무게를 표시한다.

2) 분할기
  (1) 자동 분할기
  분할과 둥글리기를 동시에 하는 기계 분할기는 반죽 허용량이 있어 허용치보다 작으면 둥글게 되기 전에 나오고 허용치보다 클 경우는 반죽 손상이 커지게 된다.
  (2) 손 분할하기(분할 중량이 100g 이상인 것)
  꺼낸 반죽의 거친 부분은 바닥으로 오게 하고, 반죽 윗면을 손바닥으로 가볍게 두드려 겉 표면의 큰 가스를 뺀후, 반죽을 스크레이퍼를 사용하여 분할하기 쉽게 자른다.
  (3) 손 분할하기(분할 중량이 100g 이하인 것)
  반죽의 윗면을 손바닥으로 쳐서 가스를 뺀후, 반죽을 폭 5~7 cm로 길게 자른 후 반죽을 일정한 두께로 만들고, 둥글리기를 할 크기로 미리 가분할하여 삭게 자른다.

Chapter ❸ 빵류제품 반죽정형

| 제2절 | 둥글리기

둥글리기는 분할 할 때 생기는 반죽의 잘려진 면을 정리하기 위하여 반죽을 공 모양이나 타원형 등으로 만드는 작업을 말한다. 이 과정은 이완된 글루텐 조직에 긴장력(緊張力)을 되찾게 하고 항장력(抗張力)을 강화시켜 반죽의 표면을 매끄럽게 하고 탄력을 되찾아준다.

1 덧가루의 사용

분할 시 반죽의 끈적임을 없애기 위하여 사용하는데 과량의 덧가루가 사용되면 제품에 줄무늬를 형성하거나 반죽의 봉합을 방해하여 발효하는 동안에 반죽의 이음매가 벌어지는 현상이 생겨 외형이 좋지 않고 품질이 나쁜 제품이 된다.

2 둥글리기 작업 시 작업장의 온도와 습도

① 작업장의 온도는 25℃ 내외가 적합하며, 낮으면 발효 억제 효과가 나타나서 중간 발효가 길어진다.
② 작업장의 습도는 60%가 적합하며, 낮다면 반죽의 표면이 마르므로 비닐이나 젖은 면포로 덮어 적절한 습도를 유지하여야 한다.

3 100g 이상인 반죽의 둥글리기

양손을 이용하여 둥글리기 한다. 식빵은 덩어리의 크기에 따라 공 모양으로 둥글리기를 하는 방법과 원 로프(one loaf)형 처럼 길게 밀어 펼 것을 예상하여 타원형으로 둥글리기 하는 방법이 있다.
⑴ 분할한 반죽의 표면이 일정하고 매끄러워지도록 양손으로 원을 그리듯 한쪽으로 돌리면서 둥글리기를 한다.
⑵ 중간발효 후에 밀어 펼 것을 예상하여 약간 타원형으로 둥글리기를 하면 좋다.
⑶ 반죽표면을 손가락 끝으로 눌렀을 때 탄력이 있고 자국이 남아있지 않도록 한다.
⑷ 순서대로 나무판에 열을 맞추어 정렬한다.

4 100g 이하인 반죽의 둥글리기

한 손을 이용하여 둥글리기 한다.
⑴ 덧가루의 사용을 최소화하고 분할한 반죽을 손바닥 위에 올린다.
⑵ 표면이 팽팽하고 매끄러워지도록 한 손으로 반죽을 감싸듯이 하여 둥글리기를 한다.
⑶ 반죽표면을 손가락 끝으로 눌렀을 때 탄력이 있고 자국이 남아있지 않도록 한다.
⑷ 순서대로 나무판에 열을 맞추어 정렬한다.

| 제3절 | 중간발효

01. 발효 조건 및 상태 관리

1 중간발효 목적

중간발효과정으로 둥글리기를 마친 반죽을 휴식시키고 약간의 발효과정을 거쳐 다음 단계에서 반죽이 손상되는 일이 없도록 하는 작업이다. 둥글리기를 한 반죽을 성형하기 전에 반죽의 글루텐을 다시 회복시켜 성형과정에서 늘이거나 밀거나 펴는 작업 중에 표면이 찢어지지 않도록 하기 위한 휴식시간이다. 온도조절이 매우 중요하여 27~29℃의 온도유지와 상대습도를 70%로 실온을 조절할 수 있도록 한다.

2 반죽량에 따른 중간발효 시간관리

중간발효는 완제품의 모양에 따라 공 모양으로 둥글리기를 하는 방법과 원 로프(one loaf)형처럼 길게 밀어 펼 것을 예상하여 타원형으로 둥글리기 하여 중간발효를 실시하는데 반죽의 크기, 반죽량, 만드는 갯수에 따라 중간발효의 시간이 조절되어진다.

(1) 반죽량이 많다면 성형하는 시간이 오래 걸리므로 중간발효시간을 짧게 해야 한다.
(2) 반죽량이 적다면 그 반대로 중간발효시간을 길게 잡아야 한다.
(3) 분할중량이 작으면 5~15분으로 짧게, 식빵처럼 중량이 크면 약 20분 정도로 길게 준다.
(4) 똑같은 반죽이라 해도 반죽의 크기가 큰 반죽일수록 중간발효를 길게 한다.
(5) 반죽의 크기가 작은 반죽은 중간발효가 짧게 한다. 이유는 둥글리기 후에 회복이 빠른 이유도 있고, 만드는 숫자가 많으면 성형에 걸리는 시간이 길어지므로 중간발효의 시간을 조절한다.

3 중간발효 관리

중간발효는 반죽의 수량과 크기에 따라 적절하고 일정한 간격을 유지하여 고르게 발효가 될 수 있도록 해주어야 한다. 중간발효시간은 기본적으로 1차 발효시켰던 환경이 좋다. 실온이 25℃ 정도라면 발효실에 넣지 않고 실온에서 중간발효를 할 수 있다. 보통 중간발효는 작업대 위에 놓고 표면이 마르지 않도록 비닐이나 젖은 면포로 덮어주고, 실내온도에 따라서 중간발효 완료 시간이 좌우되므로 실내온도가 높으면 짧게, 낮으면 길게 주도록 한다. 만약 실내온도가 너무 낮은 겨울철의 경우에는 1차 발효실을 이용하여 온도와 습도를 유지한다.

> ● **데니쉬 페스트리류의 중간발효의 관리**
> 페스트리류의 중간발효는 제품을 만드는 특수성에 따라서 온도가 중요하다. 특히 반죽사이에 들어가는 롤인 버터의 특성으로 인하여 중간발효의 역할을 냉장고에 넣어 반죽의 신장성을 늘리도록 유도한다. 충전용 유지는 쉽게 얼거나 녹지 않도록 가소성이 높은 유지를 써야 하며 보통 3절 3회를 접을 때마다 밀어 펴기를 한다. 한번 접은 후에 반죽 표면이 마르지 않도록 비닐을 이용하여 잘 싸서 30분 이상씩 냉장고에서 휴지를 시켜야 다음에 원하는 넓이로 밀어 펴기가 쉬워진다.

Chapter ❸ 빵류제품 반죽정형

4 중간발효하기

1) 분할량이 큰 식빵류 중간발효
① 실내를 27~29℃의 온도 유지와 상대습도를 75~80%를 유지하기 위하여 냉, 난방기를 조절한다.
② 둥글리기가 완료된 반죽의 크기에 따라 적절한 간격을 유지하여 나무판에 열을 맞추어 정렬한다.
③ 정렬된 반죽에 비닐이나 젖은 면포를 덮어 중간발효를 시킨다.
④ 중간발효가 되는 시간 동안 적절한 온도와 습도를 유지하도록 하며 비교적 안전한 곳에 두어 작업장 공간을 확보할 수 있도록 한다.
⑤ 반죽을 손가락 끝으로 가볍게 눌렀을 때 자국이 남을 정도까지 중간발효를 시킨다.
⑥ 길게 밀어 펴기를 하여 길이를 늘여 만드는 빵들은 중간발효를 할 때 미리 타원형으로 만들어 발효시킨다.

2) 분할량이 작은 단과자빵류 중간발효
① 둥글리기가 완료된 반죽의 크기에 따라 적절한 간격을 유지하여 나무판에 열을 맞추어 정렬하여 분할량이 큰 식빵류와 같이 중간 발효 한다.
② 길게 밀어 펴 만들어지는 빵이라면 미리 막대형을 만들어 중간발효를 시킨다.

| 제4절 | 성형

1 성형하기
성형은 제품의 길이와 형태를 원하는 모양으로 만드는 과정을 말한다.

1) 성형시 유의 사항
① 반죽의 힘, 성형에 걸리는 시간을 감안하여 성형의 강약을 조절해야 한다.
② 반죽 상태에 따라 성형을 너무 세게 하면 빵 반죽에 무리가 가서 반죽이 찢어지거나 끊어지는 현상이 일어나며 신장성이 부족하여 빵이 파열되기도 한다.
③ 성형이 약하게 되면 반죽의 힘이 부족해 원하는 크기가 부족한 빵이 되기도 하여 반죽의 힘에 따라 적절한 힘 조절이 필요하며 제품특성에 따라 모양을 내는 과정도 다양하다.

2) 형태에 따른 성형법의 종류
① 원형
② 막대형
③ 내용물을 충전하는 방법

3) 기구 사용 여부에 따른 성형법의 종류

(1) 손으로 하는 성형
밀대를 사용하여 위아래로 밀어 펴줌으로서 가스를 균일하게 빼고 반죽의 손상이 없이 성형을 하기까지는 많은 숙련이 필요하다.

(2) 기구를 사용하는 기계성형
스피드, 균일성, 형태가 좋은점이 있으나, 적합한 룰러 속도, 벨트 속도, 커링 체인(Curling Chain)의 길이와 무게, 높이와 압력, 가이드 간격에 세심한 주의가 필요하다.

2 밀어 펴기

1) 중간발효를 마친 반죽을 밀대나 기계로 밀어 펴서 원하는 크기와 두께로 만드는 공정이다.
2) 주로 중간발효까지의 과정에서 생긴 가스로 불규칙적이고 큰 공기들을 빼내 균일한 기공과 원하는 두께로 만드는 과정을 말한다.
3) 수작업의 경우 단과자빵과 같이 분할중량이 작으면 손이나 밀대를 이용하여 가스빼기와 누르기를 함께 하여 비교적 큰 공기만을 빼내어 원하는 모양으로 만들 준비를 하며, 식빵을 만들 때에는 적절한 덧가루를 사용하여 밀대로 골고루 밀어 펴 큰 공기를 빼내고 균일한 두께가 되도록 한 뒤 팬의 크기에 맞게 성형을 한다.
4) 기계를 사용할 때에는 과도한 덧가루가 사용되어지지 않도록 해야 일정한 기공을 가진 제품이 나올 수 있다.
5) 밀어 펴기 과정에서 과도한 덧가루의 사용은 제품의 줄무늬를 형성하거나 2차 발효과정에서 이음매가 벌어지게 되어 외형적으로 좋지 않고 품질이 나쁜 제품이 되는 원인이 되므로 적절하게 사용하도록 주의해야 한다.
6) 제품 : 햄버거 빵, 잉글리시 머핀, 난, 피자 등

3 말기

1) 제품의 형태를 만드는 공정
2) 수작업의 경우에는 밀대나 손으로 반죽의 가스를 빼고 돌돌 말아 스틱형이나 봉형 또는 트위스트형의 모양으로 꼬아서 만든다.
3) 오픈 톱 식빵은 산형빵이라고 부르는 것으로서 삼봉형, 원 로프 형이 있다.
4) 제품 : 꽈배기, 크림빵류, 호밀빵, 바게트, 더치빵, 모카빵, 베이글류 등

4 봉하기

1) 밀대나 손으로 반죽의 가스를 빼고 앙금이나 야채 등의 다양한 충전물을 넣어 이음매가 벌어지지 않도록 하고 바닥에 오도록 한다.
2) 둥근 형태로 하여 빵 위에 다른 견과류나 다른 종류의 반죽들을 올려 맛을 내기도 하며 원 로프 형으로 말아 길쭉한 모양 등 다양한 모양으로 변형하여 만들기도 한다.
3) 식빵이나 앙금빵, 햄버거, 소보로빵 등의 이음매를 봉하여 만든다.

| 제5절 | 팬닝

1 팬닝 방법

팬닝은 독특한 모양의 제품을 만들기 위해서 다양한 방법들을 통해 만들고, 여러 종류의 반죽들을 평철판이나 일정한 모양의 팬에 넣는 과정이다.

1) 평철판에 팬닝 할 때는 2차 발효와 굽기 후에도 제품들이 서로 달라붙지 않도록 간격을 최대한으로 배열하는 것이 좋으며, 일정한 틀에 팬닝을 하는 반죽들은 굽고 난 후에 제품들이 틀에 붙는 것을 방지하기 위하여 미리 기름칠을 해야 한다.
2) 말거나 접어서 봉한 부분이 있는 이음매는 꼭 잘 여미고 바닥으로 오도록 해야 굽는 과정에서 터지거나 모양이 나빠지는 것을 막을 수 있다.
3) 굽고 난 후에 제품이 위생적으로 잘 떨어지도록 실리콘 코팅을 한 것과 식빵팬은 바닥에 조그만 구멍을 뚫어 열과 가스가 그곳으로 배출되어 옆면이 덜 구워지는 것을 방지하는 틀도 있다.
4) 사용하는 팬의 온도를 미리 높여준다면 2차 발효에서 걸리는 시간을 단축시킬 수도 있어 팬의 온도를 미리 32℃를 유지하는 것이 좋다. 이보다 높으면 반죽의 처짐 현상이 나타나고, 이보다 낮으면 발효가 지연된다.

- **이형유**
  실리콘으로 코팅된 팬은 따로 이형유(팬오일)를 사용하지 않아 사용이 간편하지만 이형유를 발라야 하는 경우에는 발연점이 높은 식용유나, 쇼트닝을 그대로 사용하기도 한다. 과도한 오일의 사용은 굽기 중 옆면이 튀겨지는 현상이 나타나 제품의 옆면이 약해져서 찌그러지게 된다. (반죽무게의 0.1~0.2% 정도를 사용)

2 팬닝 시 반죽량의 계산

1) 반죽의 무게 = 틀의 부피 ÷ 비용적

비용적 : 1g의 반죽을 굽는데 필요한 틀의 부피(cc/g)를 나타내는 관계를 말한다.

틀의 부피와 비교하여 반죽의 양이 적으면 부피(volume)가 좋지 않고, 팬에 비하여 반죽의 양이 많으면 윗면이 터지거나 흘러넘치게 되어 제품의 가치가 떨어지게 된다. 그러므로 정확한 반죽의 양을 미리 계산하여 팬닝하여 굽기를 해야 한다.

2) 사각 틀(식빵팬)의 틀 부피를 구하는 공식

* 틀 부피(cc/g) = 평균 가로 길이 평균 세로 길이 × 높이
* 평균 가로 = (윗면 가로 + 아랫면 가로) ÷ 2
* 평균 세로 = (윗면 세로 + 아랫면 세로) ÷ 2

제품에 따른 비용적

제품의 종류	비용적(cc/g)
풀먼식빵	3.8~4.0
식빵	3.4
스폰지케익	5.08

Chapter ④ 빵류제품 반죽익힘

반죽 익히기

01. 반죽 익히기 방법의 종류 및 특징

1 굽기
굽기 과정을 통하여 반죽 중의 전분은 호화되어 소화가 용이한 상태로 변화된다.

1) 굽기의 목적
(1) 발효에 의해 생긴 탄산가스의 발생에 의해 빵의 부피가 커진다.
(2) 전분을 호화시켜 가볍고 소화되기 쉬운 제품으로 바꾼다.
(3) 껍질의 구운 색을 내어 맛과 향을 향상 시킨다.

2) 굽기의 방법
반죽의 배합정도, 무게, 정형방법, 원하는 맛과 속결에 따라 굽는 방법(오븐의 사용법)이 다르다.

(1) 전반 저온-후반 고온
오븐 안에 많은 반죽을 한꺼번에 구워 내거나 높은 온도가 필요하지 않은 제품의 경우 초기에 낮은 열로 모양을 형성하고 후반에 고온으로 색을 내는 방법이다.

(2) 전반 고온-후반 저온
일반적으로 많이 사용되며 초기의 고온으로 반죽 표피의 가스팽창으로 빵모양을 형성하고 색이 나기 시작하면 온도를 낮추어 수분을 증발시키고 단백질 응고와 전분의 호화작용으로 구워 내는 방법이다.

(3) 고온 단시간
과다한 수분증발을 막아 촉촉한 제품을 생산하거나, 크기가 작고 밀가루의 비율이 부재료(버터, 달걀, 설탕 등)에 비해 적어 호화시간이 짧은 제품을 구워내는 방법이다.

(4) 저온 장시간
반죽의 비용적이 크고 수분을 증발시켜 말리듯이 굽는 방법인데 장식용 빵을 굽거나 육류를 싸서 굽는 빠테 도우(Pate dough)를 구울 때 사용하는 방법이다.

3) 굽기 조건 및 관리
(1) 오븐의 온도
오븐의 온도가 180℃에서 220℃ 정도에서 굽는다. 초기에는 강한 열로 반죽의 표피의 팽창을 유도하여 반죽을 위로 부풀게 한 후 어느 정도 팽창이 끝난 뒤 약한 열로 수분을 제거하며 굽는다.

(2) 오븐 습도

하드계열 빵(저율배합 빵)은 유지나 설탕의 함량이 적기 때문에 오븐스프링이 잘 일어나지 않으므로, 오븐 안의 습도를 증가시켜 표피가 마르는 것을 방지해 오븐스프링을 유도한다.

(3) 굽는 시간

① 크기가 작은 빵은 짧게 굽고, 고율배합 빵이나 크기가 큰 빵은 낮은 온도에서 긴 시간 동안 굽는다.
② 당 함량이 높은 과자빵이나 4~6%의 분유가 첨가된 식빵은 낮은 온도에서 굽는다.
③ 풀먼 브레드는 산형 식빵보다 오래 굽는다.

4) 스팀 사용

(1) 스팀 사용의 목적

① 스팀사용은 반죽을 구울 때 오븐 내에 수증기를 공급하여 반죽의 오븐스프링을 돕는 역할을 한다.
② 또한 빵의 볼륨을 크게 하고 크러스트(겉 부분)가 얇아지면서 윤기가 나는 가벼운 느낌의 빵이 만들어진다.

(2) 스팀 작용

① 호밀빵, 프랑스빵, 베이글, 하드롤 등의 하스 브레드(저율배합)에서 스팀이 많이 사용된다.
② 반죽 내에 유동성을 증가시킬 수 있는 설탕, 유지, 달걀 등의 재료의 비율이 낮은 제품에 사용된다.
③ 오븐 내에서 급격한 팽창을 일으키기에는 반죽의 유동성이 부족하기 때문에 반죽을 오븐에 넣고 난 직후에 수분을 공급하여 표면이 마르는 시간을 늦춰 오븐스프링을 유도하는 기능을 수행한다.
④ 하스 브레드와 하드롤은 이들 형태의 제품에 전형적인 겉껍질의 특성을 주기 위해 스팀과 높은 오븐 온도를 필요로 한다.
⑤ 처음 약 5분 동안은 외부의 수원으로부터 오븐 챔버 안으로 스팀을 분사한 다음에 나머지 굽는 동안에는 스팀을 분사하지 않는다.
⑥ 설탕 함량이 많은 단과자빵이나 우유가 많이 들어간 빵은 유당에 의한 캐러멜화와 겉껍질의 탄화 현상이 있으므로 비교적 낮은 온도에서 구워야 한다.
⑦ 모든 오븐들이 스팀 분사 능력과 굽는 열의 관점에서 동일하지 않다.
⑧ 배합률이 낮을수록 더 높은 온도에서 굽고 배합률이 높을수록 더 낮은 온도에서 굽는다.
⑨ 작은 제품일수록 더 높은 온도에서 구워 수분손실을 최소화한다.
⑩ 굽는 온도에 어떤 변화가 있으면 굽는 시간도 그에 따라서 적절하게 조정되어야 한다.
즉, 오븐 온도가 높을수록 굽는 시간은 더 짧아져야 한다.

(3) 스팀 사용 조절하기

① 스팀은 외부에서 유입되는 물을 끓여 놓았다가 뜨거운 수증기를 오븐 내에 분사하여 사용한다.
② 스팀을 사용할 때는 오븐예열과 동시에 스팀스위치를 켬으로써 반죽을 오븐에 넣고 바로 사용할 수 있게 준비해야 한다.
③ 스팀은 오븐 외부의 물을 파이프를 통해 오븐 안으로 연결해서 사용하기 때문에 수원 공급장치의 개폐여부를 미리 확인해야 한다.
④ 스팀의 분출 원리는 크게 파이프형과 가열판형의 두가지가 있다.

5) 굽기 제품별 특징

(1) 식빵류

- **삼봉형 식빵**

① 가장 대표적인 식빵으로 오븐에 넣기 전에 반죽의 양과 오븐의 용량을 먼저 고려해야 한다.
② 같은 크기의 오븐에 너무 많은 양의 반죽이 구워지면 오븐의 상태는 실제로는 온도가 낮아지게 된다. 따라서 오븐에 들어가는 팬들은 일정한 간격을 가져야만 열이 골고루 전달되어 옆면이 찌그러지거나 주저앉는 일이 없게 된다.
③ 보통 식빵은 팬의 간격을 최소한 2.5cm를 유지해야 하며, 크기가 큰 샌드위치 식빵의 경우 간격은 3.5cm 정도를 유지해야 한다.
④ 오븐의 굽기 온도가 200℃가 넘을지라도 빵 제품의 내부온도는 속으로부터 수분과 알코올의 증발로 인해서 100℃를 넘을 수 없다. 따라서 오븐 안에 너무 많은 양의 반죽을 넣게 되면 내부온도의 상승이 느려지며 오븐팽창이 불규칙해져서 일정한 볼륨을 얻을 수 없다.
⑤ 식빵 반죽을 오븐에 넣을 때는 충격을 받지 않게 주의한다. 충격을 주게 되면 반죽 내의 공기층이 주저앉아 반죽의 오븐스프링을 방해하고 조직이 뭉쳐 식감이 나빠지며 잘 익지 않는다.
⑥ 오븐에 넣은 식빵은 처음 급격한 팽창이 일어나는 동안에는 오븐 문을 열지 않도록 한다. 오븐 문을 열면 외부의 차가운 공기가 반죽안의 공기팽창을 방해하고, 오븐 내의 입구 쪽과 안쪽의 급격한 온도차가 발생하여 올바른 제품이 생산되기 어렵다.
⑦ 굽기 공정이 진행되면 부피가 최대에 이르고 윗면에 캐러멜 반응이 시작되는데 이때 오븐내의 팬 위치를 바꿔준다.
⑧ 식빵이 완전히 익었는지 확인하는 방법은 식빵을 틀에서 꺼내 바닥과 옆면이 충분히 호화되고 색이 골고루 났는지를 확인한 후 오븐에서 꺼낸다.
⑨ 식빵과 같이 높이가 높은 제품은 처음에는 높은 열로 굽다가, 나중에는 낮은 열로 약간 말리듯이 구우면 찌그러지는 것을 방지할 수 있다.
⑩ 오븐에서 꺼낸 식빵은 바닥에 가볍게 친 후 틀에서 바로 꺼낸다. 이는 식빵 안의 높은 수증

기를 빠르게 밖으로 배출시키고 틀과 빵 사이의 수증기로 인해 찌그러지거나 주저앉는 것을 방지하기 위함이다.

⑪ 완성된 식빵은 완전히 식을 때까지 간격을 두고 냉각한다.

- **풀먼 식빵**

① 팬은 오픈 톱 식빵과는 달리 뚜껑을 덮어 굽는다. 2차 발효가 완료되는 시점은 풀먼 식빵은 뚜껑을 덮어서 굽기 때문에 반죽이 틀 위로 올라오기 전에 뚜껑을 덮어 굽는다. 팬은 일반적으로 대부분의 개방형 팬에 비교하여 측면 모서리의 각이 적다. 이는 측면의 각이 거의 직각으로 이루어져 있으므로 오픈 톱 식빵보다 틀에서 꺼내기가 쉽지 않다. 따라서 2차 발효가 완료되는 시점을 정확히 파악하여 뚜껑을 덮어 굽는 것이 중요하다.

② 오픈 톱 식빵과 풀먼 식빵 사이에는 본질적으로 배합의 차이는 없으나, 2차 발효가 알맞게 도와 주기 위해서는 이스트를 0.25% 정도 감소시켜 사용한다. 이것은 2차 발효시간을 증가시키지만 풀먼 식빵의 과발효를 조절할 수 있는 여지를 주게 된다.

③ 설탕은 1~2% 정도 증가시켜 주는데 이는 빠르게 구워지고 제품의 껍질 색상이 진해진다. 뚜껑은 제품이 구워지기 전에 먼저 열을 받기 때문에 굽기 시간을 연장시키고 껍질 색상형성이 느리기 때문이다.

④ 뚜껑의 무게와 팬 무게의 증가는 열을 더 많이 필요하게 하고 반죽에 열의 전달을 느리게 한다. 실제적으로 풀먼 식빵의 크기는 대부분의 오픈 톱 식빵의 크기보다 더 큰 경향이 있고 충분히 굽기 위해서는 더 많은 에너지가 요구된다.

⑤ 2차 발효가 부족한 풀먼 식빵의 경우 대칭성(양끝이 낮고 중간이 높다)과 껍질 색상이 나쁘며 기공이 너무 촘촘해 식감이 떨어진다.

⑥ 과발효된 경우 대칭성이 나쁘고 체적이 지나치게 커져 팬의 모서리에 붙으며 제품 윗면에 립(lips) 현상이 발생한다. 립 현상은 뚜껑이 있는 식빵에 나타나는 현상으로 과다한 2차 발효가 제품팽창을 억제하지 못해 뚜껑 부분으로 터져 나오는 것을 말한다. 이런 제품은 제품의 속은 탄력이 없고 껍질이 질기고 뻣뻣한 제품이 됨으로 주의해야 한다.

(2) 단과자빵류

단과자빵은 설탕, 유지, 계란 등의 부재료가 식빵류보다 높은 제품을 말한다. 모양, 충전물, 토핑 재료에 따라 명칭이 달라진다. 제품의 크기, 형태 및 사용되는 반죽의 배합 정도에 따라서 다양하며, 앙금빵, 크림빵, 스위트롤, 브리오슈 등이 있다.

① 설탕 함량이 많은 단과자빵은 일반적으로 윗불은 210~200℃, 아랫불은 140~150℃ 정도에서 굽는데 초기에 강한 열로 굽다가 색이나기 시작하면 윗불의 온도를 180℃ 정도로 낮추어 굽는다. 이는 단과자빵의 특성상 윗면의 색은 진한 황금갈색을 띠고 바닥색은 약하게 내기 때문이다.

Chapter 4 빵류제품 반죽익힘

② 내용물이 들어있는 제품의 경우에는 내용물의 수분함량, 호화여부 등에 따라서 달라지므로 제품의 특성을 고려하여 굽는다.
③ 구울 때는 표면에 과자반죽이 토핑되는 제품을 제외하고 대부분의 제품 표면에 달걀물을 칠해 굽는데 이는 반죽의 캐러멜화를 돕고 반죽표면에 수분을 공급 함으로써 오븐팽창을 돕기 위해서다.
④ 달걀물은 달걀에 물이나 우유, 연유, 설탕 등을 첨가하여 체에 걸러 사용하는 것이 일반적인데 제품의 특성에 따라 맞게 사용하면 된다.
⑤ 또한 구워진 제품의 표면에 광택제(glaze)를 칠하는 경우도 있다. 보통은 달걀물을 그대로 사용하는데 오븐에서 나오자마자 제품이 뜨거운 상태에서 광택제를 발라주면 수분은 증발하고 나머지 성분이 표면에 남아 광이 나고 제품이 마르는 것을 방지한다.
⑥ 광택제는 달걀물외에도 설탕과 물, 꿀, 고체유지 등을 끓여서 사용하기도 한다.

(3) 하스(hearth) 브레드

하스란 오븐 바닥이란 뜻으로 하스 브레드란 반죽을 철판이나 틀을 사용하지 않고 오븐의 바닥에 직접 얹어 구운 빵을 말한다. 하스 브레드는 배합의 대부분이 필수재료인 밀가루, 물, 이스트, 소금으로 만들어지고 부재료인 달걀, 유지, 설탕의 비율이 낮다. 따라서 유동성이 적고 색이 잘 나지 않는 이유로 높은 온도로 오븐 바닥에 직접 굽는다.

- **프랑스빵**
  ① 프랑스빵은 바게트라고도 하고 긴 막대기 모양의 빵을 말한다. 가장 대표적인 저율배합 제품으로 빵의 필수재료인 밀가루, 물, 소금, 이스트를 주재료로 만든다.
  ② 캐러멜화 할 수 있는 재료가 거의 첨가되지 않으므로 높은 온도로 굽는다.

- **호밀빵**
  ① 호밀은 냉대성 기후에 알맞고 척박한 땅에서도 잘 자란다. 주로 동유럽국가와 러시아, 캐나다 등에서 재배된다.
  ② 호밀은 글루텐의 함량이 일반 밀가루에 비해 현저히 낮고 친수성 단백질인 펜토산이 많아 끈적한 반죽이 만들어진다. 따라서 호밀과 일반 밀가루를 섞어 사용한다.
  ③ 정통 독일식 호밀빵(로겐 브로트)의 경우 밀가루에 90%의 호밀가루를 배합해 만들지만 미국식은 20~30%, 독일식은 30~50%, 러시아식은 50~60%를 섞어 만들지만 보통은 10~30%를 섞어 만든다.

- **원 로프 브레드**
  원 로프 브레드(one loaf bread)란 한 덩어리 빵이란 뜻으로 100g 이상의 빵을 말하며, 식빵과 같이 틀에 굽지 않고 철판에 굽는 빵을 통칭한다. 원 로프 식빵과 성형하는 방법은 거의 같으며 보통 럭비공 모양으로 성형한 후 발효시켜 굽는다.

6) 오븐 조작

굽기 과정에서는 여러 가지 반응들이 일어나기 때문에 한 가지 제품을 굽기 위해서는 특정한 온도와 시간이 표준화되지 못하지만 대략적인 오븐의 온도는 140~270℃ 정도의 범위에서 구워지게 된다. 오븐의 조작을 위해서는 오븐에 부착되어 있는 컨트롤러를 사용할 줄 알아야 한다.

컨트롤러는 오븐의 온도와 스팀사용, 예열모드, 타이머 등으로 구성되어 있고 때에 따라서는 열센서의 출력을 조절하여 사용하는 경우도 있다.

(1) 전원 연결하기
① 오븐의 전원은 가정용의 경우 단상 220V를 사용하지만 업소용의 경우 삼상 220V, 또는 삼상 380V를 사용하는 경우가 많다.
② 빵을 굽기 위해서는 매우 강한 복사열이 필요한데 전기를 복잡한 구조의 필라멘트를 통과시키면 열이 발생하는데 이를 이용하여 반죽을 굽게 된다.
③ 전원은 주전원과 오븐 전원으로 구분하며 먼저 주전원을 켜고 각각 오븐에 독립적으로 부착되어 있는 스위치를 켠다.

(2) 오븐 예열하기
오븐 예열은 성형이 끝나고 2차 발효가 시작할 때 켜는 것이 좋다.(굽기 30분 전)

(3) 온도 조절하기
오븐의 조작에서 가장 중요한 부분으로 제품에 맞는 온도를 세팅하여 반죽이 호화되어 좋은 품질의 빵을 굽기 위해서는 최적의 온도로 굽는 것이 제품의 품질을 좌우한다. 일반적으로 처음에는 높은 온도로 반죽의 팽창을 유도하고 나중에는 수분을 증발시켜 제품의 형태를 유지한다.

❶ 상하의 온도를 따로 조절하는 경우
① 데크오븐의 경우 윗불과, 아랫불의 온도를 각각 조절할 수 있게 되어있다.
② 일반적인 빵의 경우 윗불을 조금 높게 맞추고 아랫불은 조금 낮게 맞춘다.
③ 다품종 소량생산에 적합한 방식이다.
④ 컨트롤러의 숫자가 원하는 온도가 되도록 하고 셋팅 버튼을 눌러 조절하거나 시간이 지나면 저절로 세팅된다.

❷ 오븐내의 온도가 하나로 통합되어 있는 경우
① 컨벡션 오븐이나 로터리 랙 오븐의 경우 오븐 내의 온도가 한가지로 세팅하게 되어있다.
② 소품종 대량생산에 적합한 방식이다.
③ 데크 오븐의 경우 반죽의 윗부분과 아랫불의 열을 인위적으로 조절할 수 있으나 컨벡션 오븐이나 로터리 랙 오븐의 경우는 열풍을 바람개비(Blaster)로 대류 시키는 방식으로 오븐 상하의 온도를 따로 조절할 필요가 없다.

(4) 시간 조절하기

컨트롤러에는 굽는 제품이 여러 가지이고 여러 대의 오븐을 사용하는 경우 반죽이 타거나 마르는 경우를 방지하기 위하여 타이머 기능이 있다.

❶ **오버 베이킹**
  ① 낮은 온도에서 장시간 굽기를 하는 공정
  ② 고율 배합, 반죽량이 많은 것
  ③ 발효가 많이 될 수록, 반죽이 되직할수록
  ④ 결과 : 윗면이 평평, 조직이 부드럽고, 수분손실이 크고, 빵의 부피가 크다.

❷ **언더 베이킹**
  ① 높은 온도에서 단시간 굽기를 하는 공정
  ② 결과 : 중심 부분이 갈라지고, 조직이 거칠며, 설익어 주저앉기 쉽다.
  ③ 윗면이 뾰족하고, 빵의 부피가 작고, 껍질 색이 짙으며, 옆면이 약해지기 쉽다.

❸ **굽기 단계**
  ① 1단계 : 팽창시킨다(오븐 스프링).
  ② 2단계 : 굽는다(수분 증발, 캐러멜화와 갈변반응, 전분질 응고, α화 등).
  ③ 3단계 : 색깔을 낸다.
  ④ 4단계 : 제품을 건조시키는 단계이다.

❹ **생화학적 반응**
  ① 반죽 온도 60℃ 이전에는 효소작용이 활발해지고 휘발성 물질이 증가하며, 반죽의 팽창 용이하다.(글루텐을 프로테아제가 연화, 전분을 아밀라아제가 분해하여 반죽 전체가 부드러워 진다.)
  ② 반죽 온도가 60℃에 도달하면 이스트가 사멸하기 시작한다.(전분의 호화).
  ③ 글루텐은 74℃부터 굳기 시작한다.(단백질변성)
  ④ 표피 부분이 160~170℃를 넘어서면 당과 아미노산이 메일라드 반응을 일으켜 멜라노이드를 만든다.(캐러멜화)

❺ **오븐 라이즈(oven rise)** : 반죽의 내부 온도가 아직 60℃에 이르지 않은 상태이다. 반죽 온도가 조금씩 오르고, 부피도 조금씩 증가하는 과정이다.(이스트가 활동하여 반죽 속에 가스가 만들어지는 단계)

2 튀기기

튀김은 튀김용 기름을 열전달의 매체로 가열하는 것으로 고온으로 가열된 식용유지의 대류작용으로 기름의 온도가 상승되고 이때의 기름온도가 식품에 전도되어 열을 전달하는 조리법이다.

1) 튀김의 원리

(1) 기름의 온도는 150~200℃ 정도로 물보다 월등히 높아 가열되는 속도가 빠르며 가열 중 식품의 수분은 증발하고 대신 기름이 식품에 흡수되어 물과 기름의 교환이 일어난다.

(2) 기름의 비열은 물보다 작아서(기름 0.47, 물 1) 온도가 빨리 상승하는 대신 열을 제거하면 빨리 식는다.

(3) 기름과 식품간의 열의 이동은 전도에 의하며 이동열량은 식품재료의 표면적에 비례한다.

(4) 튀길 때 한꺼번에 다량의 튀김 재료를 넣으면 기름의 온도가 크게 떨어져서 튀김 결과가 좋지 못하며 식품 중에 수분함량이 많으면 증발시 기화열로 열을 빼앗겨 온도가 크게 떨어지므로 화력을 세게 조절해야 한다.

2) 튀김 시 유지 흡유율에 미치는 요인

(1) **흡수한 기름 중량** : 반죽중량에 대해 흡수한 기름 중량이 10%를 초과하면 기름이 과다하게 느껴진다. 튀김옷이나 반죽표면이 기름을 많이 흡수하면 제품의 질이 떨어지고 맛이 없어진다.

(2) **기름상태** : 오래된 기름일수록 쉽게 흡수된다.

(3) **반죽상태** : 덜 된 반죽이나 반죽이 지나치게 가벼운 경우 흡유율이 높아진다.

(4) **반죽안의 수분량** : 부족할 때 겉껍질의 조직이 물러져 발효 중에 생기는 탄산가스를 보존하고 유지하는 힘이 저하된다. 따라서 반죽이 충분한 볼륨을 얻을 수 없게 되며 튀길 때 반죽의 열전달이 나쁘게 되어 튀김 시간이 길어진다.

(5) **반죽의 유지 함량** : 반죽에 유지의 양이 많을수록 빨리 흡수된다.

(6) 반죽의 믹싱이 부족하면 반죽의 글루텐 조직이 약해진다. 따라서 반죽이 가스를 보존하고 유지하는 힘이 저하돼 알맞은 볼륨을 얻을 수 없다.

(7) 반죽의 발효가 부족하거나 과다한 경우에도 도넛이 유지를 과다하게 흡수한다.

(8) **배합상태** : 고율배합의 제품이나 유화제가 많이 첨가될수록 흡유율은 증가한다.

(9) **자른 상태** : 거칠게 자른 면이 많을수록 흡유율이 증가한다.

(10) **반죽온도** : 온도가 높을수록 흡유율이 증가한다.

(11) 튀김 대기 시간이 오래될수록 튀기는 시간이 길어질 때, 흡유율이 증가한다.

3) 튀김용 유지의 종류와 특징

(1) **식용유의 종류**

발연점 : 기름을 가열하였을 때 연기가 나기 시작하는 온도

① 압착유 : 참기름, 들기름, 올리브유 압착유는 기계적 압착방식으로 만든 것으로, 발연점이 낮아 샐러드나 무침, 가벼운 볶음요리에 적합하다.

② 정제유 : 콩기름, 옥수수유, 포도씨유, 카놀라유

　　　　　정제유는 향, 색상을 제거하는 정제공정을 거쳐서 만들어지는 것으로, 발연점이 높아 부침, 튀김, 구이, 볶음 등에 적합하다.

(2) 튀김용 유지의 종류

① 정제 식용유

　㉠ 일반적으로 맑고, 침전물이 없으며 색깔은 엷은 황색으로 점도가 낮은 것이 좋다.

　㉡ 색이 검게 변하거나 이취가 발생하는 것은 정제과정에서 불순물이 남아있거나 지방의 일부가 분해되어 사용하지 않는 것이 좋다.

　㉢ 기름을 가열시켜 식품재료를 넣으면 작은 기포가 둥글게 발생하는데 그 기포가 크면 클수록 변질이 많이 된 기름이다.

　㉣ 튀길 때 생기는 기포가 표면에서 잘 없어지지 않는 경우에도 변질이 많이 된 기름이다.

　㉤ 정제 식용유는 직사광선을 피하고 색이 연하며 투명도가 높은 것이 좋다.

> ● **정제 식용유의 사용방법**
> - 튀김용기는 둥글고 표면적이 작은 것을 사용하여 산화되는 것을 방지한다.
> - 기름의 양은 튀김용기의 30~40% 이상 되게 하여 갑작스런 온도상승을 방지하는 것이 좋다.
> - 과열로 인한 예기치 못한 화재를 대비하여 물에 적신 헝겊과 소화기를 가까이 비치한다.
> - 튀김기름의 온도는 180~190℃ 전후가 좋은데 온도계로 정확한 온도를 유지하고 온도계가 없을 경우 소금을 약간 떨어뜨려 중간쯤 내려가다 다시 올라오면 180℃ 전후의 온도가 된다.

② 쇼트닝

　정제 식용유 대신에 바삭한 식감 때문에 고체유인 쇼트닝을 튀김유로 사용하는 경우가 있는데 쇼트닝에는 유화제로 모노/디글리세라이드가 첨가되어 있다. 이들은 열에 의하여 쉽게 분해되어 발연점을 낮추므로 튀김용으로는 적합하지 않다. 또한 튀기고 난 뒤 바삭한 맛과 풍미가 높지만 제품이 식은 뒤 다시 고체화하므로 제품 특성에 맞게 사용해야 한다.

(3) 튀김용 유지의 조건

① 가열시 튀김물이 기름에 튀겨지는 동안 구조 형성에 필요한 열전달을 할 수 있어야 한다.

② 튀김중이나 튀김 후에 불쾌한 냄새가 나지 않아야 한다.

③ 설탕이 탈색되거나 지방 침투가 되지 않도록 제품이 냉각되는 동안 충분히 응결되어야 한다.

④ 기름의 대치에 있어서 그 성분과 기능이 바뀌어서는 안 된다.

⑤ 엷은 색을 띠며 발연점이 높은 것이 좋다.

⑥ 특유의 향이나 착색이 없어야 한다.

⑦ 튀김기름의 유리지방산 함량은 보통 0.35~0.5%가 적당하다. 0.1% 이상이 되면 발연현상이 나타난다.

⑧ 수분함량이 0.15% 이하로 유지해야 한다.

(4) 튀김용 유지의 보관

① 소창을 이용해 기름을 거른 뒤 입구가 좁은 용기에 담아 직사광선을 피하고 냉암소에 보관한다.

② 사용한 튀김유지 및 용기는 처리하여 밀폐 보관한다.

③ 유지에 물이나 음식 찌꺼기가 떨어지지 않도록 한다.

3 삶기, 데치기, 찌기

1) 삶기, 데치기

식품을 물 속에서 익히는 습식 조리방법으로 주로 데친 건더기를 건져 이용하고 데친 물은 버리는 경우가 많다. 삶으면 재료의 텍스쳐는 부드럽게 되고, 육류는 단백질이 응고되며, 건조식품은 수분 흡수가 촉진되며, 재료의 좋지 않은 맛이 제거되고, 색깔이 좋아진다.

데치기의 목적

① 조직의 연화로 맛있는 성분증가

② 단백질응고(난류)

③ 색을 고정시키거나 아름답게 함

④ 불미성분 제거

⑤ 지방제거

⑥ 전분의 호화

2) 찌기

⑴ 찌기는 수증기를 이용하는 조리법으로 100℃의 수증기 속에서 물의 기화열을 이용하여 가열하는 조리법으로 물로 변할 때에 방출되는 잠열(539Kcal/g)을 이용하여 식품을 가열한다.

⑵ 식품에 수증기가 닿으면 기화열이 식품에 흡수되고 수증기는 냉각되어 액화되는데 다시 수증기가 되고 액화되는 과정이 반복되면서 식품이 가열된다.

⑶ 한번 호화된 제품을 다시 찌면 액화된 수증기의 일부가 식품에 흡수되어 입안 느낌이 좋지 않으므로 지나친 수분이 흡수되지 않도록 주의한다.

⑷ 찌기는 식품의 맛과 모양을 그대로 유지할 수 있고 수용성 성분의 손실이 적은 조리법이다.

① 찌는 온도

찌는 온도는 100℃이지만 푸딩과 같이 조직이 부드러운 제품은 100℃보다 낮은 온도에서 쪄야 기포가 생기지 않고 부드럽다. 찌는 온도를 100℃보다 낮은 온도로 조절하려면 물이 조금 끓도록 불을 약하게 하고 뚜껑을 조금 열어 수증기가 달아나도록 해두면 되는데 이 경우

80℃ 정도까지 낮출 수 있다.
② 찌는 요령
　㉠ 용기의 80%를 넘지 않는 양의 물을 넣는다. 너무 많은 물을 사용하면 물을 끓이는데 필요 이상의 연료와 시간이 낭비되기 때문이다.
　㉡ 찜 용기의 물이 끓을 때까지는 불을 강하게 하고 물이 끓은 후에 찌기 시작한다. 불을 계속 강하게 유지하다가 수증기가 뚜껑에서 새어나오면 약하게 한다.
　㉢ 물이 끓기 전에 식품을 넣으면 식품표면에 수증기 응축이 일어나 식품이 수분을 흡수하므로 텍스처가 좋지 않다.
　㉣ 찌는 도중 뚜껑을 열거나 불을 끄면 온도가 내려가 수증기가 식품 속에서 액화되고 결국 수증기가 잘 이동하지 못하게 되어 잘 쪄지지 않는다.

02. 익히기 중 성분 변화의 특징

1 굽기 중 반죽의 변화

1) 굽기 단계

(1) 1단계 : 부피가 급격히 커지는 단계이다. 반죽의 수분에 녹아 있던 탄산가스가 열을 받아 팽창하여 반죽 전체로 퍼짐으로써 반죽의 부피가 커지는 단계를 말한다.

(2) 2단계 : 껍질 색이 나기 시작하는 단계로 수분의 증발과 함께 캐러멜화와 갈변 반응이 일어난다. 오븐 안의 온도가 일정하지 않기 때문에 철판의 위치를 바꾸어 줌으로써 열의 전달을 일정하게 한다.

(3) 3단계 : 반죽의 중심까지 열이 전달되어 전분의 호화와 단백질의 응고가 끝나고 수분이 일부 증발하면서 제품의 옆면이 단단해지고 껍질색도 진해진다.

2) 굽기 반응

(1) 물리적 반응
① 오븐에 들어간 반죽은 열에 의하여 표면에 얇은 막을 형성한다.
② 반죽 속에 수분에 녹아있던 이산화탄소가 증발하기 시작한다.
③ 휘발성 물질이 증발하고 가스가 팽창하며 수분이 증발한다.

(2) 생화학적 반응
① 반죽 온도가 60℃로 오르기까지 효소의 작용이 활발해지고 휘발성 물질이 증가한다. 프로테아제가 글루텐을 연화시키고 아밀라아제는 전분을 분해하여 부드러운 반죽을 만든다. 이런 작용이 반죽의 팽창을 쉽게 한다.
② 이스트의 활동은 53~60℃에 이르면 저하되기 시작하여 사멸하고 전분의 호화가 시작된다.

③ 글루텐의 응고는 74℃ 전후로 시작되며, 반죽이 완전히 익을 때까지 지속된다. 이스트가 사멸되기 전까지 반죽 온도가 오름에 따라 발효 속도가 빨라져 반죽이 부푼다. 더욱이 이스트가 사멸된 후에도 79℃까지 알파·베타 아밀라아제에 의해 활성을 나타내 발효가 지속된다.
④ 반죽의 표면은 지속적인 열을 받아 당과 아미노산이 메일라드 반응을 일으켜 멜라노이드를 만들고 당의 캐러멜화 반응이 일어나고 전분이 덱스트린으로 분해되어 향과 껍질색이 완성된다.

3) 굽기 중 반죽 변화

(1) 오븐 팽창

반죽 온도가 49℃에 달하면 반죽이 짧은 시간동안 급격하게 부풀어 처음 크기의 1/3 정도 부피가 팽창되는데 이를 오븐 스프링이라고 한다. 발효가 완료될 시점에서 반죽은 2차 발효실의 대략적인 온도인 약 35℃ 정도가 되고 잘 부풀어 있으며 겉껍질이 형성되어 있지 않아야 한다. 반죽이 오븐에 들어간 후에 열은 표면에 고루 퍼지고 내부로 이동한다.

(2) 전분의 호화

반죽온도 54℃부터 밀가루 전분이 호화하기 시작한다. 전분 입자는 40℃에서 팽윤하기 시작하고 50~65℃에서 유동성이 크게 떨어진다. 전분 입자는 70℃ 전후에서 반죽 속의 유리수와 단백질과 결합하고 있는 물을 흡수하여 호화를 완성한다.

(3) 단백질 변성

반죽 온도 75℃를 넘으면 단백질이 열변성을 일으켜 골격을 만들고 굽기 마지막 단계까지 천천히 지속된다. 글루텐 단백질은 반죽 중 수분의 약 30% 정도를 흡수하여 전분의 입자를 함유한 글루텐조직을 형성하여 반죽의 구조형성에 관여한다. 글루텐 단백질은 굽기 과정 중 빵 속의 온도가 60~70℃에 도달하게 되면 단백질이 변성을 일으키기 시작하며 이때 수분과의 결합능력이 상실되면서 단백질의 수분은 전분으로 이동하여 전분의 호화를 돕게 된다.

(4) 효소 작용

아밀라아제가 전분을 분해하여 반죽 전체를 부드럽게 하고 반죽의 팽창이 쉬워진다. 효소의 활동은 전분이 호화하기 시작하면서 활동한다. 온도가 오름에 따라 아밀라아제의 활성화는 가속되는데 알파 아밀라아제의 활성은 68~95℃, 가장 빠르게 불활성화되는 온도 범위와 시간은 68~83℃에서 4분 정도, 베타 아밀라아제의 변성은 52~72℃에서 2~5분 정도에 일어난다.

(5) 향의 생성

향은 주로 빵의 껍질부분에서 생성되어 빵 속으로 침투되고 흡수되어 형성되며, 알코올, 유기산, 에스테르, 알데히드, 케톤류가 발생하는 냄새 등이 향에 관계된다. 빵의 풍미는 사용되는 재료들, 이스트와 세균의 발효 산물인 초산, 젖산, 프로피온산 등의 수용성 유기산, 기계적 그리고 생화학적인 변화 및 오븐 열에 의하여 빵 껍질 부분에서 형성되는 아세톤, 케톤과 같은 카보닐 화합물들이 빵 속으로 침투되고 흡수되어 생성된다. 이중에도 빵의 향을 결정하는 기본적인 요소는 빵을 굽는 동안에 형성되는 방향성 물질이라 할 수 있다.

(6) 껍질의 갈색 변화

① 식품을 가열하면 겉이 갈색으로 구워지는 현상은 주로 아미노-카르보닐(메일라아드) 반응이라고 불리는 화학반응에 의한 것이다.
② 식품에 함유된 단백질(아미노산이 많이 결합한 것)이나 아미노산과 환원당을 약 160℃ 이상의 고온으로 가열하면 갈색으로 색을 입히는 물질과 고소한 향이 되는 물질을 생성한다.
③ 설탕은 주성분인 자당이 환원당이 아니고 단백질과 아미노산을 함유하고 있지 않지만 자당은 열과 산에 의해 포도당과 과당으로 분해되기 때문에 설탕이 단백질이나 아미노산이 함유된 다른 재료와 함께 가열되면 아미노-카르보닐 반응이 촉진된다.
④ 캐러멜화와 메일라아드 반응에 의하여 껍질이 진한 갈색으로 나타난다.
⑤ 캐러멜화 반응은 당류 단독으로 가열할 때 발생하며, 메일라아드 반응은 환원당과 아미노산이 동시에 존재할 때 일어나는 것이 차이점이다.

(7) 메일라아드 반응에 영향을 주는 요인들

① 온도의 영향

메일라아드 반응에 가장 큰 영향을 미치는 요소는 온도이다. 온도가 높으면 반응 속도가 빨라진다.

② 수분의 영향

수용액 형태로 존재하는 경우뿐만 아니라 고체 식품의 경우에서도 그 속에 존재하는 수분함량은 메일라아드 갈색화 반응에 큰 영향을 준다. 일반적으로 수분활성도 0.6~0.8에서 최대치를 가진 후 다시 감소하는 경향이 있다. 이와 같은 갈색화 반응속도의 감소는 수분증가에 의한 반응물질의 희석효과에 따른 것이라고 본다.

③ pH의 영향

pH는 갈색화 반응 속도뿐만 아니라 그 반응과정에도 영향을 미친다. 일반적으로 pH 1~3 사이의 산성에서 속도가 가장 느리며, pH가 알칼리성 쪽으로 기울수록 그 속도는 증가한다.

④ 당의 종류

일반적으로 설탕보다는 환원성 단당류(헥소오스류, 펜토오스류)의 경우 그 갈색화 속도가 크며, 헥소오스류보다는 펜토오스류의 갈색화 속도가 월등하게 크다.

2 튀김용 유지의 조리변화

1) 가수분해

유지는 가열하면 지방산과 글리세롤로 분해된다. 이것을 계속해서 가열하면 글리세롤은 다시 분해되어 아크롤레인을 생성하게 되는데 이 물질 때문에 기름에 거품이 생기고 색이 진해지며 강한 냄새가 난다.

2) 중합

유지의 분자가 농축되어 더욱 큰 지방 분자를 형성하는 현상이다. 중합이 계속해서 일어나면 유지의 점성은 높아지고 영양가는 손실된다.

3) 산화

산패의 원인이 되는 산화반응은 온도가 높은 조건에서 촉진된다. 이와 같은 변화를 막기 위해서는 보통 튀김유지의 온도를 180~190℃로 하고 튀김시간과 유지의 가열시간을 짧게 한다.

4) 냄새의 흡착

버터나 우유 등의 유지식품은 흡착성이 강하여 뚜껑을 덮지 않고 보관하면 여러 음식 냄새를 잘 흡착하므로 밀폐된 용기나 랩 등을 덮어서 보관한다.

5) 가열에 의한 변화

(1) 유지를 고온에서 장시간 가열하면 산화와 분해반응이 일어나고 분해된 유지분자들은 서로 결합하여 중합체를 형성함으로써 점도가 높아지고 발연점이 낮아져서 풍미손실, 영양가 감소, 독성물질 형성 등으로 품질이 매우 저하된다.

(2) 유지를 계속 가열하면 연기가 발생하고 자극적인 냄새가 나고 점도가 높아진다.
이는 콩기름, 아마인유와 같이 리놀레산과 리놀렌산 등의 불포화도가 높은 식물성 기름에서 자주 발생한다.

03. 관련 기계 및 도구

1 오븐의 종류와 특성

1) 오븐의 종류

(1) 형태에 따른 분류

① 데크 오븐

데크 오븐은 하나의 선반으로 되어 있으며, 선반마다 독자적으로 온도를 조절하는 장치가 달려 있다. 데크 오븐은 사용하는 에너지원에 따라 전기오븐과 가스오븐이 있다. 상자와 같이 생긴 내부구조를 지녔으며 윗부분과 아랫부분에 열원이 있고 온도조절을 따로 할 수 있다.
일반적으로 칸별로 문이 따로 여닫을 수 있게 설계되어 있는데 바닥이 금속으로 된 일반 데크 오븐과 바닥이 돌이나 세라믹으로 되어 있는 유로(Euro)데크 오븐으로 구분된다.

② 컨벡션 오븐

보통 5개의 철판이 한꺼번에 삽입되는 구조로 오븐 뒷면에 열풍을 불어넣을 수 있는 바람개비가 장착되어 열을 대류시켜 굽는 오븐이다. 강제로 열을 순환하는 방식으로 굽는 시간이 단축된다.

③ 로터리 랙 오븐

컨벡션 오븐과 같이 대량의 열풍을 바람개비에 의해 대류 시키는 방식이다. 발효실의 용량과 오븐의 용량을 같이 제작하여 발효된 반죽을 랙(rack) 그대로 오븐에 밀어 넣어 굽는 방식이다. 오븐 중앙에 모테에 의해 랙이 회전하면서 구워지기 때문에 열이 골고루 전달되고 굽는 시간이 단축되는 형태의 오븐이다.

④ 터널 오븐

대량생산에 적합한 공장설비용 오븐으로 컨베이어 벨트에 따라 다양한 사이즈를 생산할 수 있다. 제품특성에 따라 굽기 단계별로 윗불, 아랫불 조절 등 오븐온도를 세밀하게 조절할 수 있다. 반죽이 통과하는 공간에 위아래 열원을 장착하고 운영하며 발효실과 연동하여 운영되는 것이 보통이다.

⑤ 릴 오븐

트레이가 위에서 아래로 회전하면서 구워지는 오븐으로 열원은 아래에 있고 열이 대류하며 구워지나 위와 아래쪽의 온도차가 발생할 수 있다.

(2) 열원에 따른 분류

① 전기 오븐

오븐의 열원을 전기를 이용하여 발생하며 일반적으로 중소형 오븐에 해당하며 많이 사용되는 오븐이다. 식빵류, 과자빵류, 페이스트리류 등 다양한 제품을 구워낼 수 있다.

② 가스 오븐

가스의 열을 이용하는 오븐으로 금속이나 돌로 이루어진 아랫면과 윗면 안에 가스관을 삽입하여 가열하는 방식이다.

(3) 가열 방법에 따른 분류

반죽을 가열하는 방법에 따라 간접열을 사용하는 간접 가열식과 반죽에 직접열을 가하거나 화덕에 반죽을 붙여 직접 굽는 직접 가열식으로 나눌 수 있다.

2 튀김기

튀기기에 사용되는 튀김기는 작은 가스레인지나 인덕션 레인지 위에 튀김그릇을 올려 소규모로 튀기는 방식과 튀김기를 사용하는 방식으로 나눌 수 있다.

1) 가스 레인지를 사용하여 튀기는 방법

① 튀기기를 위한 도구(가스레인지, 튀김그릇, 나무젓가락, 튀김기름, 건지개, 종이, 글래이징용 설탕, 온도계)를 준비한다.
② 가스레인지 위에 튀김그릇을 올리고 튀김기름을 붓는다.
③ 튀김그릇 옆에 소도구를 준비하고 가스 레인지를 켜고 제품에 맞는 온도로 기름을 가열한다.

④ 한꺼번에 너무 많은 양의 내용물을 넣지 말고 나무젓가락으로 뒤집어가며 튀긴다.
⑤ 다 튀겨진 제품은 종이위에 건져 기름을 뺀다.
⑥ 충분히 식힌 후 설탕 등 다양한 글레이징을 한다.

2) 튀김기를 사용하는 방법
튀김기는 열을 튀김유지로 전달하는 방식과 열원의 종류 및 조절특징에 따라 구분할 수 있다.

(1) 바닥히터 방식
튀김기 바닥에 가스관을 연결하여 직접 가열하여 열을 공급한다. 이러한 형태는 비교적 적은 양의 튀김유지를 사용하고 빠르게 유지를 교체할 수 있게 깊이가 얕은 것이 특징이다.

(2) 관형히터 방식
튀김기 기름통의 좌우로 설치되어있는 튜브를 통과하는 고온의 가스로부터 열을 공급받아 작동한다.

(3) 전기 관형히터 방식
전기 관형히터는 가스 직화 관형히터와 같이 기름통 바닥 위로 튀김기름 속에 잠겨있는 스테인레스 스틸관 속에 내장되어 있는 열 발생 장치를 통해서 가열하는 데 이용된다. 튀김기 안에 최소한의 유지를 가지고 도넛을 튀길 수 있으며 온도 조절이 기름통 안의 센서에 의해 자동으로 조절된다.

Chapter ❺ 빵류제품 마무리

Chapter ❺ 빵류제품 마무리

| 제1절 | 빵류 제품의 냉각 및 포장

01. 빵류 제품의 냉각 방법 및 특징

1 냉각의 정의
오븐에서 바로 꺼낸 빵류 제품의 온도는 약 100℃ 근처인데, 이것을 상온에 방치하면 온도가 점점 내려가게 되고 35~40℃정도가 되었을 때를 냉각이라 말한다. 수분 함량은 굽기 직후 껍질이 12~15%, 빵 속에 40~45%를 유지하는데, 이를 식혀 빵 속의 온도는 수분 함량은 껍질에 27%, 빵 속에는 38%로 낮춰지게 된다. 냉각하는 동안 수분 증발로 인해서 평균 2%의 무게가 감소하게 된다.

2 냉각의 목적
① 제품의 온도가 높을 경우에는 썰기가 어려워 형태가 변하기 쉬우므로, 냉각 시 빵의 절단(슬라이스) 및 포장을 용이하게 한다.
② 수분이 많은 빵은 곰팡이가 발생하기 쉽고, 냉각한 빵은 저장성을 증대시키나, 제품의 온도가 너무 낮은 경우에는 제품이 건조해지고 노화가 빨리 진행된다.

3 냉각 방법
1) 자연냉각
　제품을 렉카에 얹어 실온에 두고 냉각하는 것으로 3~4시간이 소요되며, 자연 냉각 시에는 지나치게 높은 실내온도나 습도를 피해야 한다.
2) 냉각기 이용한 냉각
　① 냉장고 : 0~5℃온도에서 보관
　② 냉동고 : 완만 냉동고는 -18℃ 정도이며 급속 냉동고는 -40℃ 이하에서 냉동
　③ 터널식 냉각 : 공기 배출기를 이용한 냉각으로 소요시간은 2시간 정도
　④ 공기 조절식 냉각(에어컨디션식 냉각)
　　온도 20~25℃, 습도 85%의 공기에 통과시켜 약 90분 정도 냉각하는 방법

02. 장식 재료의 특성 및 제조방법

1 제품 포장의 목적

포장은 제품의 유통 과정에서 취급상 안전 할뿐더러 외부 환경으로부터 제품의 가치 및 상태를 보호하고 다루기 쉽도록 적합한 재료 또는 용기에 넣는 것을 말한다. 시각적인 요소가 상품 구입시 큰 영향을 미치므로 포장이 중요하다.

1) 위생적 안전성

포장재는 유해, 유독 성분이 없고 무미, 무취여야 한다. 포장재의 유해한 성분은 식품의 수분, 산, 지방 등에 의해 용출되어 직접 접촉하고 있는 식품에 위생상의 문제를 일으킬 수 있다. 플라스틱 필름 제조시 가소제 및 안정제로 사용되는 스틸렌 모노머(stylene monomer)와 스틸렌 다이머(stylene dimer)는 환경 호르몬으로 알려져 있으며, 인쇄 잉크로 인한 카드뮴과 납 등의 오염, 열 경화성 페놀 용기에서 검출되는 포름 알데히드 등의 유해물질에 주의해야 한다.

2) 보호성(안정성)

식품을 제조, 유통, 판매, 구입하는 과정에서 포장재가 손상되어 내용물이 파손되지 않도록 포장재는 물리적 강도가 커야 한다. 또한 빛, 산소, 수분 등으로부터 식품을 보호하기 위해 이들에 대한 차단성이 큰 포장재 즉, 차광성, 방습성, 방수성, 보향성이 우수한 포장재를 사용하여야 한다.

3) 작업성

식품을 포장하는 과정 중에 포장재가 물리적 손상을 입히지 않아야 하고 밀봉이 용이해야 한다. 식품 포장재로 플라스틱 필름을 많이 이용하는 이유는 열 접착성이 좋기 때문이다.

4) 편리성

포장재는 소비자가 사용하기 편리하도록 개봉이 쉬워야 한다.

5) 효율성

소비자가 장식품에서 청결감을 느끼고, 구입 충동을 느낄 수 있도록 포장지를 잘 디자인 하여 저렴한 비용으로 큰 광고효과를 얻을 수 있는 판매촉진 기능도 한다.

6) 경제성

포장 재료는 저렴한 가격에 대량 생산할 수 있어야 한다. 또한 가볍고 부피가 작아 운반이나 보관이 편리해야 한다.

7) 환경 친화성

포장재의 폐기는 환경오염, 자원 낭비 등의 문제를 일으키므로 포장재를 재사용하거나 재활용하도록 해야 한다. 플라스틱 용기나 금속 캔에는 알맞은 재활용 마크를 부착하여 용기를 사용하고 재활용할 수 있도록 해야 한다.

Chapter 5 빵류제품 마무리

2 단위 포장, 내부 포장, 외부 포장

1) 단위 포장(낱포장)
제품 개개의 포장을 말하며, 물리적 · 화학적 · 생물적 · 인위적 요인들로부터 물품을 보호하고 상품 가치를 높이기 위하여 제품의 특징에 따라 그에 알맞은 재료나 용기 등으로 포장하는 것이다.

2) 내부 포장(속포장)
낱 포장된 제품을 분배 단위로 묶는 포장으로, 수분, 습기, 광열 및 충격 등과 같은 외부 환경으로부터 제품을 보호하기 위하여 그에 알맞은 재료나 용기 등으로 포장하는 것이다.

3) 외부 포장(겉포장)
속 포장된 제품의 물류(포장, 보관, 적재, 수송, 하역, 정보)를 위하여 봉지, 포대, 상자와 같은 용기에 넣어 포장하거나 묶거나 유통용 표시 사항을 표시한 상태를 말한다. 물류 시 내부 내용물의 손상을 방지하여 최종 소비자에게까지 안전하게 전달하는 목적이다.

3 1차 포장과 2차 포장

1) 1차 포장(primary packaging)
내용물에 포장재가 직접 접촉하는 경우의 포장으로, 소비자 포장이라고도 한다. 내용물을 직접 보호하는 비닐, 금속 캔, 유리병, 플라스틱, 플라스틱병, 종이 용기 등을 사용한다.

2) 2차 포장(secondary packaging)
1차 포장된 제품을 보호하고 보관이나 수송하기 위하여 하는 경우의 포장으로, 2차 포장 재료에는 골판지나 나무 상자 등이 있다.

03. 포장재별 특성과 포장 방법

1 종이 · 종이 제품, 지기
종이는 가볍고 가격이 저렴하며 인쇄 적성이 좋으나, 기체 투과성이 크고 방습성이 없으며 열 접착성이 없다.

1) 종이
종이는 크라프트지와 가공지(황산지, 글라신지, 왁스지 등)로 나누어진다. 크라프트지는 80% 이상의 크라프트 펄프로 만들어진다. 빵과 과자류 등의 포장에 사용되는 크라프트지는 강도가 강하지 않으나 종이에 적절한 처리를 하여 특성을 개선한 것을 가공지라고 하며 대부분의 식품 포장에 사용된다.

(1) 황산지
종이를 황산에 담가서 만드는 가공지로, 내수성과 내유성이 좋고 물리적 강도가 크며, 탄력성과 신축성이 비교적 좋아 속포장지로 널리 사용되고 있다.

(2) 글라신지 : 내유성이 있으며 유리와 같이 매끄러운 표면을 가지고 있으며 투명도가 매우 높다.

(3) 왁스지는 글라신지에 왁스를 입힌 것으로 접은 부분에 금이 가서 방습성이 나쁘고, 열 접착성도 좋지 못하다. 항습성과 열접착성을 향상시키기 위해 왁스지를 만들 때 폴리에틸렌, 폴리프로필렌, 천연고무, 합성고무 등을 첨가한다.

2) 셀로판

셀로판은 펄프로 만든 비스코스를 압출한 후 유연제(글리세롤, 에틸렌 글리콜, 솔비톨 등)로 처리, 건조시켜 부드럽게 만든다. 셀로판은 광택이 있고, 인쇄가 잘되며, 가스 투과성이 낮고, 먼지가 잘 묻지 않는다. 그러나 수분 및 산소 투과성이 크고 열 접착성이 없으며 한 면이나 양면에 니트로 셀룰로스나 폴리 염화 비닐리덴을 코팅하여 사용한다. 코팅한 셀로판은 강도, 투명도, 열접착성이 우수하며, 수분 및 산소 차단성, 인쇄성이 좋다. 가격이 비싼편이며 시각 효과가 우수하여 모든 용도로 사용한다.

3) 판지

판지는 식품의 외포장재로 가장 많이 사용되는 것으로 일반적으로 여러 겹의 종이 층으로 만들어지는 다층 판지이므로 두껍고 단단하다. 다층 판지는 플라스틱 필름이나 다른 종이와 결합하여 사용한다.

4) 플라스틱과 포장 용기

플라스틱은 유리와 같은 다른 포장재에 비해 가볍고 가소성이 있으며, 산, 알칼리, 염 등의 화학물질에 대해 매우 안정하다. 또한 인쇄성, 열접착성이 좋고 가격이 저렴하여 대량 생산이 가능하다.

2 플라스틱 포장재

1) 폴리에틸렌 (polyethylene, PE)

폴리에틸렌은 에틸렌을 중합하여 만든 고분자 중합체인데, 가격이 저렴하고 방습성, 방수성이 좋으나 기체 투과성이 크다. 폴리에틸렌 필름은 유연 포장에 다양하게 이용되고 있다.

(1) 저밀도 폴리에틸렌(low density polyethylene, LDPE)

낮은 온도의 활용성이 있고, 내한성이 커서 냉동식품 포장에 이용된다. 유연성이 좋고 가격이 저렴하여 단과자빵 봉투, 백, 겉포장 등에 사용되며, 열 접착성이 좋아 열 접착성 포장재로 사용한다.

(2) 중간 밀도 폴리에틸렌

시각적 효과가 좋으며 봉투 및 식빵 겉포장에 많이 사용한다. 폴리에틸렌 포장의 겉면에는 특수한 잉크를 사용해서 제품에 대한 정보를 나타내는 경우가 많으며 이런 경우에는 중간 밀도의 폴리에틸렌으로 다시 한번 접착 시킨다.

(3) 고밀도 폴리에틸렌(high density polyethylene, HDPE)

LDPE에 비해 유연성은 좋지 않지만 기체 차단성이 좋고 120℃ 정도에서 연화하므로 가열 살균 포장용기로 사용된다. 투명하여 소비자가 직접보고 구매하기 쉽다. 그러나 프랑스빵과 같이 겉이 딱딱한 제품의 포장과 전자 오븐을 이용할 때의 포장에는 적합하지 않다.

2) 폴리 프로필렌 (polyprophylene, PP)

폴리 프로필렌은 가장 가벼운 플라스틱 필름 중 하나로 프로필렌을 저온에서 중합하여 제조한다. 폴리 프로필렌은 뛰어난 표면광택과 투명성을 가지며 내유성, 내한성, 방습성이 좋고, 두껍고 강하며 겉포장에 많이 사용한다.

3) 폴리 염화 비닐 (polyvinyl chloride, PVC)

폴리 염화 비닐은 단단하고 부서지기 쉬우며 열에는 불안정하지만 내유성, 내산성, 내알칼리성이 크다. 가소제의 양이 많을수록 유연성이 커지고 기체 투과도가 높아진다.

4) 폴리 에스터 (polyester, PET)

폴리 에스터는 에틸렌 글리콜과 테리프탄산을 축중합한 화합물로 가소제를 배합하지 않아 위생적으로 안정하다. 폴리에스터는 기존의 유리병에 비해 가볍고 질기며 깨지지 않고, 유리병처럼 폭발 위험성이 없어 이용이 급증하였다. 매우 질기고 광택이 있으며 기체 및 수증기 차단성이 매우 우수하며 인쇄성, 내열성, 내한성이 좋다. 사용온도 범위가 넓은데 특히 용융점이 높아 레토르트 파우치에서부터 거의 대부분의 식품포장재로 사용된다.

04. 제품관리

1 노화에 영향을 주는 조건

① 저장 시간 : 오븐에서 꺼내면서부터 노화는 시작된다.
② 온도 : 냉장온도 (10℃)에서 빨리 노화된다.
③ 계면 활성제, 펜토산 : 수분 보유량을 높여 제품을 부드럽게 한다.
　　　　　　　　　　반죽에 알파 아밀라아제를 첨가 하거나 모노- 디 글리세라이드 계통의 유화제를 첨가하면 노화 지연된다.
④ 단백질 : 밀가루 단백질이 많고 질이 높을수록 노화가 지연된다.
　　　　　 탈지분유와 달걀의 사용으로 단백질을 증가시켜 노화 지연한다.
⑤ 수분 : 물의 사용량을 늘려 수분이 38% 이상이면 노화가 지연된다.
⑥ 당류: 당류 첨가하여 수분 보유력을 높여주면 노화가 지연된다.
⑦ 포장: 방습 포장 재료로 포장하여 노화를 지연한다.

2 제품의 평가

1) 제품 평가의 기준

평가 항목		세부 사항
외부 평가	외형의 균형성	좌·우·앞·뒤가 대칭인 것이 좋다
	부피	분할무게에 대한 완제품의 부피가 적당해야 한다
	터진정도	옆면에 적당한 터진 정도, 찢어진 정도가 적당해야 한다
	껍질색	황금 갈색이 좋다
	굽기의 균일성	전체가 균일하게 구워진 것이 좋다
	껍질 형성	두께가 일정하고, 너무 질기지 않고, 딱딱하지 않아야 좋다

평가항목		세부 사항
내부 평가	조직	탄력성 있으며, 부드러운 느낌이 있어야 좋다
	기공	작고 균일한 기공과 얇은 기공벽으로 이루어진 것이 좋다
	속결, 색상	크림색을 띠고 있는 흰색이 좋다
	냄새, 향	고소하고 빵 특유의 향이 있다
	맛, 식감	제품 고유의 맛과 만족스러운 식감이 있어야 좋다

2) 어린 반죽과 지친 반죽으로 만든 제품의 비교

항목	어린 반죽 (발효와 반죽이 덜된 것)	지친 반죽 (발효와 반죽이 많이 된 것)
기공	거칠고 두꺼운 기공	얇은 세포벽
조직	거칠다	거칠다
브레이크	찢어짐과 터짐이 아주 적다	거칠다가 적어진다
부피	작다	크다가 적어진다
껍질 특성	두껍고 질기고 기포가 있을수 있다	두껍고 단단해서 잘 부서지기 쉽다
껍질 색	어두운 적갈색	밝은 색
속 색	무겁고 어둡다 (숙성 부족)	색이 희고 윤기가 부족하다
외형의 균형	예리한 모서리, 옆면이 유 리처럼 매끄러움	둥근 모서리, 옆면이 움푹 들어감
구운 상태	위, 옆, 아랫부분이 모두 검다	연하다
맛	덜 발효된 맛	발효된 맛
향, 냄새	생 밀가루 냄새	신 냄새

3) 각 재료의 분량에 따른 제품의 결과

(1) 밀가루

항목	정량 보다 많이 사용한 경우	정량 보다 적게 사용한 경우
기공	세포가 좋다	얇은 껍질이 되고 세포가 파괴된다
부피	커진다	작아진다
껍질 색	진하다	연하다
속 색	황갈색	흰색
외형의 균형	예리한 모서리, 브레이크가 적다	둥근 모서리, 브레이크가 크다
맛	좋다	좋지 않다
향, 냄새	밀 고유의 향이 좋다	향이 약하다

Chapter 5 빵류제품 마무리

(2) 설탕

항목	정량 보다 많이 사용한 경우	정량 보다 적게 사용한 경우
기공	세포는 좋아진다	가스 생성이 잘 안되어 세포가 파괴된다
부피	작다	작다
껍질 색	어두운 적갈색	연한 색
속 색	발효가 잘되면 속색은 좋다	회색 또는 황갈색
외형의 균형	모서리각이 지고 찢어짐이적다	모서리가 둥글다
맛	달다	발효에 의한 맛이 적다
향, 냄새	정상 발효 되면 향이 좋다	향미가 적다

(3) 우유

항목	정량 보다 많이 사용한 경우	정량 보다 적게 사용한 경우
기공	세포가 거칠다	세포가 약하다
부피	커진다	감소한다
껍질 색	진하다	연하다
속 색	황갈색	흰색
외형의 균형	예리한 모서리, 브레이크 적다	둥근 모서리, 브레이크 크다
맛	우유 맛이 강하고 약간 달다	단맛이 적고, 약간 신맛이 난다
향, 냄새	미숙한 발효 냄새, 껍질 탄 듯 한 냄새	지나친 발효로 약한 신 냄새

(4) 소금

항목	정량 보다 많이 사용한 경우	정량 보다 적게 사용한 경우
기공	두꺼운 세포벽, 거친 기공	얇은 세포벽
부피	작다	크다
껍질 색	검고 어두운 붉은 색	흰색
속 색	진한 암갈색	회색
외형의 균형	예리한 모서리, 약간 터지고 윗면이 평평 하다	둥근 모서리 브레이크가 크다
맛	짠맛	부드러운 맛
향, 냄새	향이 없다	향미 있다

(5) 쇼트닝

항목	정량 보다 많이 사용한 경우	정량 보다 적게 사용한 경우
기공	세포가 거칠다	세포가 파괴되어 기공이 열리고 거칠다
부피	작아진다	작아진다
껍질 색	진하고 어둡고 윤기가 난다	색이 연하고, 표면에 윤기가 없다
속 색	황갈색	엷은 황갈색
외형의 균형	각진모서리,브레이크 작다	둥근 모서리, 브레이크 크다
맛	기름기 맛이 강하다	발효가 미숙한 맛
향, 냄새	불쾌한 냄새	발효가 미숙한 냄새

3 빵류 제품의 결함과 원인

1) 껍질

결점	원인
껍질이 질김	약하거나 저질의 밀가루 사용 지나치게 강한 밀가루 사용 저 배합 비율 성형때 거칠게 다루거나 지친 반죽 발효부족 이거나 2차 발효 과다 2차 발효실 습도 높음 낮은 오븐 온도 또는 오븐속 증기 과다
껍질에 반점이 생김	배합 재료가 고루 섞이지 않음 덧가루 과다 사용 분유가 녹지 않거나 설탕의 용출 2차 발효실의 수분 응축
표피에 수포가 발생	반죽이 질거나 성형기 취급 부주의 발효 부족 하거나 2차 발효실 습도 높음 오븐의 윗불 온도가 높음
껍질이 두꺼움	소금, 설탕, 분유, 쇼트닝 과다 사용 질 좋은 단백질 밀가루 과다 / 너무 강한 밀가루 이스트 푸드, 효소제 과다 사용 지친 반죽 또는 2차 발효실 습도 부족 과 온도 낮음 낮은 오븐 온도 / 오븐 스팀량 부족
껍질이 갈라짐	효소제 사용량 부족 / 지치거나 어린 반죽 2차 발효실 습도 부족 높은 윗불 온도 / 급속한 제품 냉각
껍질 색이 옅음	설탕 사용량 부족 / 연수 사용 오래된 밀가루 사용 / 효소제 사용 과다 부적당한 믹싱 1차 발효시간의 초과 / 2차 발효실 습도 낮음 굽기 시간의 부족 오븐속의 습도와 온도가 낮음 / 오븐에서 거칠게 다룸
껍질 색이 짙음	설탕, 분유 사용량 과다 / 지나친 믹싱 / 1차 발효시간 부족 / 2차 발효실 습도 높음 높은 오븐 온도, 높은 윗불 온도, 과도한 굽기

2) 부피

결점	원인
부피가 큼	우유, 분유 사용량 과다 / 소금 사용량 부족 과다한 1차 발효 와 2차 발효 팬의 크기에 비해 많은 반죽 부적합한 성형 / 스펀지의 양이 많을 때 낮은 오븐 온도 / 팬기름을 너무 칠한 경우
부피가 작음	이스트 사용량 부족 / 오래되거나 온도가 높은 이스트 사용 이스트 푸드 사용량 부족 오래되거나 약한 밀가루 사용 / 미성숙 밀가루 사용 소금, 설탕, 쇼트닝, 분유 사용량 과다 / 효소제 사용량 과다 알칼리성 물 사용 / 물 흡수량이 부족 부족한 믹싱 / 반죽 속도가 빠를 때 / 차가운 믹서, 틀의 온도 팬의 크기에 비해 부족한 반죽량 / 반죽이 지나치거나 부족할 때 성형시 주위의 낮은 온도 2차 발효 부족 / 지나친 발효 오븐에서 거칠게 다룸 오븐의 온도가 초기에 높을 때 / 오븐의 증기가 많거나 적을때

Chapter 5 빵류제품 마무리

3) 빵 내부

결점	원인
빵 속 색깔이 어두움	맥아, 이스트 푸드 사용량 과다 / 저질 밀가루 사용 / 과다한 표백제 사용한 밀가루 사용 반죽의 신장성 부족 / 지나친 2차 발효 / 낮은 오븐 온도 / 뜨거운 틀, 철판 사용
빵 속 줄무늬 발생	덧가루 과다 사용 / 밀가루 체질 안함 / 반죽 개량제 사용 과다, 재료 혼합 부족, 된 반죽 표면이 마른 스펀지 사용 / 건조한 중간 발효 / 잘못된 성형기의 롤러 조절 / 과다한 기름 사용
거친 기공과 좋지 않은 조직	약한 밀가루 사용 / 이스트 푸드 사용량 부족 / 경수(알카리성 물) 사용 / 되거나 진 반죽 낮은 오븐 온도 / 오븐에서 거칠게 다룸 / 뜨거운 틀, 철판 사용

4) 빵의 외형

결점	원인
빵의 바닥이 움푹 들어감	믹싱 부족 / 진 반죽 / 팬에 기름칠 하지 않음 / 2차 발효실 습도 높음 초기 굽기의 지나친 온도 / 뜨거운 틀, 철판 사용 팬 바닥에 구멍이 없음 / 팬 바닥에 수분이 있음
윗면이 납작하고 모서리가 날카로움	미숙성한 밀가루 사용 / 소금 사용량 과다 / 지나친 믹싱 / 진 반죽 발효실의 높은 습도
브레이크와 슈레드 부족 (터짐과 찢어짐)	이스트 푸드 사용량 부족, 연수 사용 / 효소제 사용량 과다/ 진반죽 발효 부족 / 지나친 2차 발효 / 2차 발효실 온도 높거나 습도 낮음 / 오븐 증기 부족
빵의 옆면이 터짐	지친 반죽 / 팬보다는 넘치는 반죽량 / 지나친 2차 발효 / 오븐열이 고르지 못함
곰팡이 발생	제품 냉각 부족 / 작업도구 오염 / 굽기 부족 / 취급자나 식품 용기의 비위생적인 취급

4 단과자 빵류의 결함 원인

결점		원인
껍질	껍질에 반점 발생	낮은 반죽 온도 / 숙성 덜된 반죽 사용 / 발효중 반죽이 식음 / 굽기전 찬공기를 오랫동안 접촉
	껍질 색이 옅음	배합 재료 부족 / 지친 반죽 / 발효시간 과다 / 반죽의 수분 증발 / 덧 가루 사용 과다
	껍질색이 짙음	질 낮은 밀가루 사용 / 낮은 반죽온도 / 식은 반죽/ 높은 습도 / 어린 반죽
	껍질이 두껍고 탄력이 적음	박력 밀가루 사용 / 설탕 유지의 사용량 부족 / 반죽 정도 부족 / 가수율 부족 보관중 바깥 공기와 접촉
내부	빵속이 건조함	설탕 사용량 부족 / 지나친 스펀지 발효 시간 / 된 반죽 / 낮은 오븐 온도
외형	빵 바닥이 거침	이스트 사용량 과다 / 부족한 반죽 정도 / 2차 발효실의 높은 온도
풍미 부족		저율 배합표 사용 / 낮은 반죽 온도 / 과숙성 반죽 사용 / 2차 발효실의 높은 온도 낮은 오븐 온도
노화가 빠름		박력 밀가루 사용/ 설탕, 유지의 사용량 부족/ 반죽 정도 부족/ 가수율 부족 보관중 바깥 공기와 접촉

| 제2절 | 빵류제품의 저장 및 유통

01. 저장방법의 종류 및 특징

1 저장 관리의 목적
철저한 검수 과정을 통해 입고된 재료 및 제품을 품목별, 규격별, 품질 특성별로 분류한 후 적합한 저장방법으로 저장고에 위생적인 상태로 보관하는 것을 가리킨다.
1) 식자재 구입 시 원상태 유지와 손실, 폐기율의 최소화
2) 체계적이고 위생적인 식자재의 분류 및 저장
3) 원활한 입·출고 업무 수행
4) 적정 재고량 유지
5) 식자재의 변질·부패·도난 및 손실 방지

2 저장 관리의 원칙

1) 분류저장 체계화의 원칙
저장물품을 품목별로 분류한 다음 식별이 어렵지 않게 알파벳순, 가나다순, 번호순, 입출고 빈도등의 순으로 분류하여 효율적인 저장 관리가 이루어질 수 있도록 저장한다.

2) 저장 위치 표시의 원칙
빠른 출고를 위해 다양한 재료와 제품의 저장 위치를 물품별 카드에 의거하여 재료와 제품의 위치를 쉽게 파악할 수 있게 한다.

3) 품질보존의 원칙
제품이 최대한 보존될 수 있도록 재료의 성질과 적절한 온도, 습도 등의 특성을 고려하여 저장기준 및 저장기간을 준수하는 원칙으로 재료와 제품의 변질을 최소화시키고 사용 가능한 상태로 보존할 수 있다.

4) 선입선출의 원칙
유통기한을 고려하여 우선 입고된 물품을 먼저 출고한다는 원칙으로 재료가 효율적으로 순환되기 위하여 유효 일자나 입고 일을 꼭 기록하고, 재료의 선도를 최대한 유지하고 낭비의 가능성을 최소화하기 위해 먼저 구입하거나 생산한 것부터 순차적으로 판매 혹은 제조한다.

5) 안전성 확보의 원칙
저장 물품의 부적절한 유출을 방지하기 위해서는 저장고의 방범 관리와 출입 시간 및 절차를 명확히 준수하여야 한다.

Chapter ⑤ 빵류제품 마무리

3 식자재 저장고 관리업무

1) 식자재 저장고의 재고량에 따른 주문수량을 결정·관리한다.
2) 저장된 식자재의 재 주문 시기를 결정한다.
3) 불확실성에 대비해서 안전재고량을 결정한다.
4) 메뉴계획에 따른 저장된 식자재의 적합성 여부를 검토한다.

4 저장방법

식품이 변질되는 것을 방지하기 위한 저장방법으로 미생물 오염을 방지하여 무균상태로 유지하거나 유해 미생물이 증식하지 못하도록 증식환경을 변화시키는 방법이다.

1) 건조저장법

햇볕이나 열풍에 식품을 노출시켜 수분을 15% 이하로 증발하여 제거하거나 냉동 또는 감압상태에서 탈수로 수분함량을 줄여 저장하는 방법으로 주로 채소, 과일, 분유, 커피, 치즈, 곡류 등의 저장에 이용한다.

주요 화학적 위해요소

구분		종류	관련 식물 및 생성원인
자연 건조법	일광 건조법	햇볕에 건조	농산물, 해산물, 건포도, 채소류
인공 건조법	고온 건조법	90℃ 이상의 고온으로 건조	a전분
	열풍 건조법	가열한 공기를 식품 표면에 보내어 수분을 증발시켜 건조	육류, 어류, 알류 등 각종 고체식품
	배건법	직접 불에 가열하거나 불을 쬐어서 건조	보리차, 옥수수, 녹차
	동결 건조법	동결한 재료를 감압하여 승화로 수분을 제거하여 건조	육류, 어류, 과즙, 채소 등의 인스턴트 식품
	분무 건조법	액체 상태의 식품을 건조실 안에서 안개처럼 분무하면서 건조	분유, 치즈, 아이스크림 믹서 등
	감압 건조법	감압·저온으로 건조	물엿, 맥아 엑기스, 토마토 퓌레 등
	탈수 건조법	식품 중의 수분을 탈수하여 건조	육류, 어류, 달걀 등
	증발법	식품 중의 수분을 가열 증발하여 건조	연유, 과즙 엑기스, 엿 등

2) 냉장저장법

미생물의 번식 조건 중 하나인 온도를 낮춤으로서 번식을 억제하는 방법으로 냉장고를 이용한다.
일반세균이나 대장균은 10~15℃, 부패세균은 5℃, 곰팡이류는 0℃ 이상에서 증식하므로 이보다 온도를 낮추어 저장한다.

식품별 저장온도

식품	저장온도(℃)	식품	저장온도(℃)
우유	3~4	양파, 당근, 양배추	0
달걀	0~3	소고기	0~1
조리식품	4~7	오이, 토마토, 가지	7~10

3) 냉동저장법

유통이나 저장을 목적으로 하는 냉동방법으로 보통 -15~-30℃에서 행하며, 우리나라 냉동식품의 표준저장온도는 -15℃로 규정하고 있다.

4) 가열 살균에 의한 저장법

뜨거운 열로 가열하여 식품에 들어 있는 미생물을 사멸시킴으로써 저장기간을 연장하는 방법이다. 영양소 파괴가 우려되나 보존성이 좋다는 장점이 있다.

(1) 저온장시간살균(LTLT): Low temperature long time(60~65℃, 30분)

① 우유의 저온살균 : 62.5~65℃ 30분, 68.3℃ 20분

② 우유, 술, 쥬스, 소스, 간장 등

(2) 고온단시간살균(HTST): High temperature short time(72~85℃, 15초이상)

① 우유 HTST : 71.1℃ 또는 75℃에서 15초

② 우유, 과즙 : 70~95℃에서 20초

③ 열의 효율적 사용으로 처리노력이 적어 경제적이다.

④ 기계의 설치면적이 적고 작업처리 용량을 증가시키기 쉽다.

⑤ 살균처리과정 중 우유가 외기에 노출되지 않아 세균 오염의 기회가 없어 위생적이다.

(3) 고온장시간살균(HTLT): High temperature long time(95~120℃, 30~60분)

- 통조림 살균

(4) 초고온순간살균(UHT): Ultra high temperature(120~130℃, 2~3초)

- 우유, 과즙 살균

① 간접가열방식

　　예열(85℃) ⋯→ 균질 ⋯→ 가열(135℃) ⋯→ 온도유지(1~2초) ⋯→ 냉각 ⋯→ 충전·포장

② 직접가열방식

5) 방사선 조사 저장법

방사선 살균법은 강력한 투과력을 가지고 있어 방사능 물질에서 나오는 이온화된 방사선 에너지를 식품에 이용하는 것으로 포장된 채로 처리할 수 있고, 식품자체의 온도 상승을 일으키지 않는다는 장점과 식품재료에 따라 향미변화, 색깔의 변화와 퇴색, 조직의 파괴 및 연화 등이 일어나며 유해물질이 생성되기도 한다.

Chapter 5 빵류제품 마무리

식품 조사용 방사선 Co_{60}(코발트 60)의 장단점

사용방법	장점	단점
Co_{60}(코발트 60) 방사선으로 살균하는 방법	침투력이 좋고 균일하게 조사된다.	반감기가 5.27년으로 짧다.
	이용이 쉽다.	식품 가공속도가 느리다.
	환경에 유해한 위험도가 적다.	
	식품조사에서 80% 이상 이용한다.	
	포장이나 밀봉된 식품을 그대로 조사할 수 있다.	

6) 화학적 처리에 의한 보존법

(1) 염장법

소금을 좋아하는 호염균을 제외한 보통 미생물을 소금농도 10% 정도면 부패를 일으키는 미생물의 증식이 억제되지만 직접 미생물을 살균하는 효과는 없다.

저장법	방법	식품
건염법	10~15% 소금을 뿌려 저장하는 방법	굴비, 자반, 햄 등
침염법	20~25% 소금물에 절여 저장하는 방법	젓갈류

(2) 당장법

높은 농도의 당용액에서는 삼투압 때문에 세균번식이 억제되는 것으로 50% 정도의 설탕 농도에 절이는 방법으로 농축유, 잼, 젤리, 주스, 정과류 등에 이용된다.

(3) 산 저장법

pH는 미생물 생육에 중요한 요소로 산 첨가로 pH를 낮추어 저장하는 방법을 말한다. 부패세균은 약알칼리성에서 잘 자라고 pH4.5 이하에서는 증식이 억제되며 pH3~4에서는 단백질의 변성으로 미생물이 사멸된다. 초산, 구연산, 젖산에 절이는 방법으로 피클, 장아찌 등 채소의 단기 저장에 이용한다.

(4) 훈연법

연기 속의 페놀성 물질과 포름알데히드 같은 휘발성 물질의 살균성과 활엽수를 불완전 연소시켜 그 연기로 그을려 살균 물질을 침투시켜 저장하는 방법으로 살균이외에 맛이 연해지고 향기 물질이 생성되어 햄, 소시지, 베이컨 등의 육류저장에 이용한다.

(5) 가스 저장법

과일이나 채소를 저장할 때 공기 중의 이산화탄소농도를 2~10%, 산소농도를 1~5%로 감소시켜 냉장상태를 유지하면서 저장하는 방법으로 CA저장(controlled atmosphere storage)이라 한다. 과일의 착색을 방지하고 후숙 중에 일어나는 여러 가지 화학변화를 적게 함으로써 저장과일 및 채소의 신선도 유지에 효과가 크다.

(6) 밀봉가공 저장법

용기에 식품을 넣고 높은 온도에서 가열로 멸균하여 저장하는 방법으로 수분 증발, 흡수, 해충

의 침범, 공기(산소)의 통과를 막아준다. 통조림, 병조림, 레토르트 파우치 등에 이용하고 있으며 탈기 밀봉저장법이라고도 한다.

(7) 진공저장법

포장지 내부의 공기를 제거하여 식품 속의 효소가 산소와 접촉하지 못하여 효소작용이 억제되는 원리를 이용한 저장법으로 과채류, 육류 등 일회용 식품의 포장에 이용한다.

(8) 보존료 이용 저장법

식품위생법에 의하여 규정되어 있는 보존료인 데히드로초산 및 그 염, 안식향산 및 그 염, 소르빈산 및 그 염, 프로피온산 및 그 염 등을 사용한다.

02. 빵류 제품의 유통, 보관 방법

1 실온 및 냉장저장 온도와 습도 관리

1) 실온저장 관리

건조 식자재를 저장·보관하는 건조 저장고는 적합한 공간과 사용 현장과의 위치, 저장 식재료의 안전성을 고려하여야 한다. 또한 방충, 방서시설, 통풍 및 환기시설의 구비하며, 품질유지를 위해 관리기준에 따른 온도와 습도로 저장 관리해야 한다.

(1) 저장온도는 보통 10~24℃(보통 10℃적합), 습도 50~60%를 유지한다.
(2) 환풍성이 좋아야 하며, 창문은 직사광선을 차단하여 내부온도에 영향을 미치지 않게 한다.
(3) 온도계와 습도계를 부착하고 주기적으로 확인한다.

2) 냉장저장 관리

냉장저장은 일시적인 보관을 위해 사용하며, 품질유지를 위해 관리기준에 따른 온도와 습도로 저장 관리해야 한다.

(1) **냉장 저장 온도는 0~10℃로 보통 5℃ 이하로 유지하는 것이 좋으며, 습도는 75~95%에서 저장 관리한다.**
(2) 온도계와 습도계를 부착하고 주기적으로 확인한다.
(3) 내부온도가 유지되는가를 확인·기록하며, 이상이 있을 시에는 정상적인 냉장고로 내용물을 옮기고 바로 수리를 의뢰한다.

2 유통기한

유통기한(Shelf life, Sell by date)은 식품의 제조일로부터 소비자에게 판매가 허용되는 기한을 말하며, 식품공전에서 정하는 식품의 기준 및 규격에 적합하여야 한다.

Chapter 5 빵류제품 마무리

1) 유통기한 설정에 관한 현황

(1) 식품 유통기한 표시제도

식품위생법 제 10조 규정에 의거하여 식품을 제조·판매하는 자는 식품위생법 시행 규칙 제5조에 의하여 식품의 유통기간을 표시하도록 하고 있다.

(2) 식품 유통기한 연장 제도

식품의 유통기간을 연장하여 표시하고자 하는 제품은 보건복지부장관의 승인을 받아 연장 표시하도록 하고 있다.

(3) 외국의 식품 유통기한 관리 현황

선진 외국의 경우 식품의 유통기간 설정을 생산업체 스스로 자율화하여 표시하며, 그에 관한 책임과 의무를 지도록 하고 있다.

2) 유통기한의 종류

(1) Best before

관능적으로 문제가 없다고 인정되는 기간으로 미개봉 식품이 바람직한 보존 조건에서 보존된 경우 본래 가지는 맛, 냄새, 색, 식감, 영양소 등의 특성을 충분히 유지하고 있다고 인정되는 기간을 말한다.

(2) Sell by date

소비자에게 판매를 위해 제공될 수 있는 최종일자를 말하며 그 이후에도 통상적인 기간 동안 가정에서 보관할 수 있다.

(3) Use by date

바람직한 보존 조건으로 보존된 미개봉 식품이 부패에 의해 식품으로 제공할 수 없게 될 때까지의 기간을 말한다.

3) 유통기한 설정방법

유통기간을 결정하기 위해서는 조건이 갖춰진 보존실에서 저장성실습을 통해 포장 용기 및 포장 재료의 변화 등을 조사하여 보존기간을 예측하며, 시험결과 얻어진 보존기간은 안전성 등을 고려하여 축소 결정되어 유통기간으로 설정된다.

(1) 근거

① 유통기한 자율화에 따른 관리대책으로 유통기한 설정요령을 제정하여 그 절차에 따라 진행한다.

② 제조자 혹은 수입자는 설정 요령에 따라 합리적, 과학적인 근거를 바탕으로 식품별 유통기간을 설정한다.

(2) 예측실험방법

① 1단계 : 관능적, 이화학적, 미생물학적, 영양학적 실험을 통해 유사 식품의 유통기한과 비교 검토한다.

② 2단계 : 품질보장 기한을 예측한다.
③ 3단계 : 유통현실, 안전성, 소비기간 등을 고려한다.
④ 4단계 : 유통기한을 설정한다.

4) 유통기한 설정에 영향을 주는 요인들

적절한 유통기간의 설정은 제조업체가 생산한 제품의 품질이 저하되어 판매할 수 없게 되기까지의 기간을 파악하기 위해서이며 제품의 유통기간을 설정하기 위해서는 각 제품에 영향을 미치는 구체적인 요인들을 정확하게 식별하는 것이 중요하다. 이러한 요인들은 일반적으로 내부적 요인과 외부적 요인으로 나눌 수 있다. 내부적 요인과 외부적 요인들은 서로 상호 작용하며 그 결과는 유통기간을 연장 또는 단축시킬 수 있다.

5) 유통기한 설정에 따른 표시기준

(1) 유통기한 표시기준

식품은 다음 구분에 따라 그 유통기간을 정하여 표시하여야 한다. 다만, 설탕, 아이스크림류, 빙과류, 식용얼음, 과자류 중 껌류(소포장제품에 한한다)와 세제, 가공소금 및 주류(탁주 및 약주를 제외한다)는 유통기간 표시를 생략할 수 있다.

❶ 유통기한의 표시

"○○년 ○○월 ○○일까지", "○○○○년 ○○월 ○○일까지", "○○○○. ○○. ○○까지", 유통기간 1년 이상이면 "제조일로부터 ○○년까지"로 표시하여야 하고, 유통기간을 일괄표시 장소에 표시하기가 곤란한 경우에는 당해 위치에 유통기간의 표시위치를 명시하여야 한다.

❷ 수입되는 식품 등에 있어서 단순히 수출국의 연, 월, 일의 표시순서가 전단의 표시 순서와 다를 경우 소비자가 알아보기 쉽도록 연, 월, 일의 표시순서를 예시하여야 한다.

  – 수입업체 및 성분 등의 표시가 없는 품목은 불법 식자재로 의심해야 한다.

❸ 제조일 표시

자체 생산한 식품류(sauce, crem 등)는 유효기간을 사용하지 말고 제조 연월일을 필히 기입해야 한다.

  – "제조일로부터 ○○일까지", "제조일로부터 ○○월까지" 또는 "제조일로부터 ○○년까지"로 표시할 수 있다.

❹ 제품의 제조ㆍ가공ㆍ포장 과정이 자동화 설비로 일괄 처리되어 제조시간까지 자동 표시할 수 있는 경우 "○○월 ○○일 ○○시까지"로 표시할 수 있다.

(2) 냉동 또는 냉장 보관하여 유통해야 하는 제품일 경우 '냉동보관' 또는 '냉장보관'을 표시해야 하고, 제품의 품질유지에 필요한 냉동 또는 냉장 온도를 표시하여야 한다.

Chapter ❺ 빵류제품 마무리

03. 빵류제품의 저장·유통 중의 변질 및 오염원 관리방법

1 위해요소

1) 생물학적 위해요소

생물학적 위해요소는 세균, 바이러스, 기생충, 곰팡이 등이 속하며, 개체가 매우 작아서 육안으로는 볼 수 없고, 현미경으로 식별할 수 있다. 또한 식품과 관계가 깊은 미생물 중에는 식품의 부패, 발효에 관여하거나 식품과 함께 몸 안으로 들어와 질병을 유발하기도 하고, 식품을 오염시켜 중독을 일으키기도 한다.

미생물 발육에 필요한 환경요인에는 영양소, 수분, 온도, 수소이온 농도(PH), 산소 등이 있다. 이러한 조건이 충분히 갖추어지지 않으면 증식하지 않고, 아포를 형성하였다가 환경조건이 좋아지면 생육하는 것도 있다.

(1) 영양소
탄소원, 질소원, 무기염류, 발육소 등

(2) 수분
미생물 몸체를 구성하는 성분이 되며, 생리 기능을 조절하는 데 필요하다. 일반 세균은 60~70%, 곰팡이는 80~85%에서 잘 자라고 일반 세균은 15% 이하, 곰팡이는 13% 이하이면 증식이 억제된다.

(3) 온도
균의 종류에 따라 미생물의 발육 온도는 3가지로 분류한다. 일반적으로 세균은 0℃ 이하와 80℃ 이상에서는 발육하지 못하고 고온보다 저온에서 저항력이 강하다.
① 저온균 발육 가능 온도: 0~25℃(최적 온도 15~20℃) → 수중 세균
② 중온균 발육 가능 온도: 15~55℃(최적 온도 25~37℃) → 병원성 세균이나 식품 부패 세균
③ 고온균 발육 가능 온도: 40~70℃(최적 온도 50~60℃) → 온천수 세균

(4) 산소
① 편성 호기성 세균 : 반드시 산소가 있어야 발육할 수 있다.
② 통성 호기성 세균 : 호기적 조건과 혐기적 조건에서 다 같이 발육이 가능하다.
③ 편성 혐기성 세균 : 산소가 있으면 발육에 장해를 받는다.
④ 통성 혐기성 세균 : 산도가 있어도 이용하지 않는다.

(5) 수소이온 농도(pH)
① 부패 세균은 pH 5.5 이하에서 발육이 저해되지만, 곰팡이는 pH 2.0~8.5, 효모는 pH 4.0~8.5로 산성 영역에서 증식이 잘된다.
② 일반세균은 pH 6.5~7.5에서 잘 발육한다.

2) 화학적 위해요소

화학적 위해요소는 인위적으로 생겨난 것과 자연 독에 의한 것으로 나눌 수 있다.

(1) 인위적인 것

제조·가공·저장·포장·유통 등의 과정에서 외부로부터 유독·유해물이거나 허가된 식품 이외에는 첨가가 금지된 인공감미료, 타르색소, 발색제, 표백제 등을 들 수 있다.

(2) 자연 독

식품 자체에 들어있는 독으로 독버섯, 감자의 솔라닌 등과 재료를 부적절하게 저장했을 때 곰팡이가 만들어 내는 아플라톡신과 같은 곰팡이 독소가 있다.

3) 물리적 위해요소

물리적 위해요소는 외부로부터 들어온 이물질로 유리 조각, 플라스틱 조각, 머리카락, 돌 등을 말하며 발생 요인은 오염된 원료나 오염된 포장 재료, 관리 부주의, 종사자의 부주의 등과 관련이 있다.

2 식품의 변질 및 보존

1) 식품의 변질

식품을 아무런 보호·보존책 없이 장기간 방치하면 식품 중의 산소, 미생물, 일광, 수분, 효소, 온도 등의 요인으로 인하여 성분이 파괴되어 외형이 변화되고 맛과 향이 달라져 그 식품의 특성을 잃게 된다.

(1) 부패

단백질 식품이 미생물에 의해서 분해되어 암모니아나 아민 등이 생성되어 악취가 심하게 나고 인체에 유해한 물질이 생성되는 현상이다.

(2) 변패

단백질 이외의 지방질이나 탄수화물 등의 성분들이 미생물에 의하여 변질되는 현상이다.

(3) 산패

유지가 산화되어 역한 냄새가 나고 점성이 증가할 뿐만아니라 색깔이 변색되어 품질이 저하되는 현상이다.

(4) 발효

탄수화물이 미생물의 분해 작용을 거치면서 유기산, 알코올 등이 생성되어 인체에 이로운 식품이나 물질을 얻는 현상이다.

2) 식품의 부패 형태와 주요 원인

(1) 교차오염의 정의

교차 오염이란 식재료나 기구, 용수 등에 오염되어 있던 미생물이 오염되지 않은 식재료나 기구, 용수 등에 접촉 혹은 혼입되면서 전이되는 현상이다. 오염의 유형은 식재료 접촉, 기구 오염, 미

Chapter 5 빵류제품 마무리

흡한 손씻기가 원인이다. 익히거나 조리된 식재료와 날 것 혹은 조리되지 않은 식재료 간의 접촉이 대표적이며, 기구 보관을 부주의했거나 세척 미흡으로 인해 해당 기구가 그렇지 않은 기구들이나 식자재와 접촉하면서 전이되는 경우도 있다. 그리고 대부분은 손을 대충 씻는다거나 손을 씻지 않고 제조를 하는 경우에 씻겨 나가지 않은 미생물이나 세균이 음식에 전이되는 경우에 발생한다. 이와 같은 교차오염을 줄이기 위해서 종사원이 가장 주의를 요하는 것은 올바른 손씻기 방법으로 손에 부착되는 세균 및 미생물을 제거하는 것이다.

(2) 교차오염 예방 및 관리

① 작업 시작 전, 식사, 휴식, 외출 후 반드시 손을 씻고 알코올 소독을 실시한다.
② 반지 등의 장신구, 휴대폰, 개인 휴대품은 작업장에 반입을 금지한다.
③ 포장을 할 때 교차오염을 방지하기 위하여 위생장갑을 착용한다.
④ 대장균 등 많은 식중독균이 존재할 수 있는 화장실은 작업장에 오염을 주지 않도록 관리하고, 종사자는 이용 후 손에 묻어 있는 균 제거를 위해 반드시 손세척·소독 실시한다.
⑤ 작업 중 흡연, 중씹기, 음식물 섭취 금지한다.
⑥ 싱크대에서 손씻기를 금지한다. 손에 있던 오염물질이 싱크대에 남거나 물이 튀어 조리에 사용되는 식재료나 기구를 오염시킬 수 있기 때문이다.
⑦ 옆사람과 잡담을 금지한다. 작업 중 이야기를 나누면 타액이 음식을 오염시킬 수 있기 때문이다.

교차오염 체크리스트   점검일 :   점검자 :

항목	안전기준	점검결과 (○, △, ×)	위반 및 조치사항
교차오염	일회용장갑은 일회만 사용		
	같은 작업을 지속하더라도 4시간 마다 장갑 교체		
	일회용장갑을 착용 전 올바른 손씻기 방법에 준한 손 세정		
	고무장갑은 작업에 맞게 색깔별로 구분하여 사용 예) 전처리용 : 핑크색 청소용 : 빨강색		
	고무장갑 철저하게 세척 및 살균소독		
	위생화 벗고 외부용(화장실 전용) 신발 이용		
	화장실 사용 후 올바른 손씻기 준수		

Chapter ❻ 빵류 제품 위생 안전 관리

| 제1절 | 식품위생 관련 법규 및 규정

01. 식품위생법 관련법규

1 식품위생법의 목적(식품위생법 제1조)
위생상의 위해를 방지, 식품영양의 질적 향상, 국민 보건의 증진에 이바지한다.

2 용어의 정의(식품위생법 제2조)
1) **식품** : 모든 음식물(의약으로 섭취하는 것은 제외)을 말한다.
2) **식품첨가물** : 식품을 제조·가공 또는 보존하는 과정에서 식품에 넣거나 섞는 물질 또는 식품을 적시는 등에 사용되는 물질을 말한다. 이 경우 기구, 용기, 포장을 살균, 소독하는 데에 사용되어 간접적으로 식품으로 옮아갈 수 있는 물질을 포함한다.
3) **화학적 합성품** : 원소 또는 화합물에 분해반응 외의 화학반응을 일으켜 얻은 물질을 말한다.
4) **기구** : 식품 또는 식품첨가물에 직접 닿는 기계, 기구나 그 밖의 물건
    (농업과 수산업에서 식품을 채취하는 데에 쓰는 기계, 기구나 그 밖의 물건은 제외)
5) **표시** : 문자, 숫자 또는 도형
6) **식품위생 대상** : 식품, 식품첨가물, 기구 또는 용기, 포장을 대상
7) **영업** : 식품 또는 식품첨가물을 채취, 제조, 수입, 가공, 조리, 저장, 소분, 운반 또는 판매하거나 기구 또는 용기, 포장을 제조, 수입, 운반, 판매하는 업(농업과 수산업에 속하는 식품 채취업은 제외)
8) **영업자** : 영업허가를 받은자나 영업신고를 한자 또는 영업등록을 한 자
9) **위해** : 식품, 식품첨가물, 기구, 용기, 포장에 존재하는 위험요소로서 인체 건강을 해치거나 해칠 우려가 있는 것
10) **집단 급식소** : 영리를 목적으로 하지 아니하면서 특정 다수인(50명 이상)에게 계속하여 음식물을 공급하는 다음의 어느 하나에 해당하는 곳의 급식시설로서 대통령 령으로 정하는 시설 (기숙사, 학교, 병원, 사회복지시설, 산업체, 국가 지방자치단체 및 공공기관, 그 밖의 후생기관 등)

11) **식품 이력 추적관리** : 식품을 제조, 수입, 가공 단계부터 판매단계까지 각 단계별로 정보를 기록, 관리하여 그 식품의 안전성 등에 문제가 발생할 경우 그 식품을 추적하여 원인을 규명하고 필요한 조치를 할 수 있도록 관리하는 것

02. HACCP, 제조물책임법 등의 개념 및 의의

1 HACCP(Hazard analysis and Critical control point)

HACCP은 식품 위해 요소 중점 관리 기준이라고 한다. 식품의약품안전처에서 일정한 규모의 사업장은 필히 심사를 통과해야만 영업이 가능하도록 규제를 강화하여 필수사항으로 여겨지고 있다.

식품의 안정성 확보를 위한 시스템으로 원료와 공정에서 발생 가능한 생물학적, 화학적, 물리적 위해 요소를 분석하여 이를 예방, 제거 또는 허용 수준 이하로 감소시킬 수 있는 공정이나 단계를 말한다. 기존에는 최종 제품에 대한 무작위 검사로 위생관리가 이루어졌으나, HACCP은 중요 관리점에 위해 발생 우려를 사전에 제어하여 최종 제품에 잠재적 위해 우려를 제거하는 차이가 있다.

2 HACCP의 12단계 7원칙

1) **1단계 : HACCP팀 구성**

   HACCP을 진행할 팀을 설정하고, 수행 업무와 담당을 기재한다.

2) **2단계 : 제품 설명서 작성**

   생산하는 제품에 대해 설명서를 작성한다. 제품명, 제품 유형 및 성상, 제조 단위, 완제품 규격, 보관 및 유통 방법, 포장 방법, 표시 사항 등이 해당한다.

3) **3단계 : 용도 확인**

   예측 가능한 사용 방법과 범위 그리고 제품에 포함될 잠재성을 가진 위해 물질에 민감한 대상 소비자를 파악하는 단계이다.

4) **4단계 : 공정 흐름도 작성**

   원료 입고에서부터 완제품의 출하까지 모든 공정 단계를 파악하여 흐름을 도식화 한다.

5) **5단계 : 공정 흐름도 현장 확인**

   작성된 공정 흐름도가 현장과 일치하는지를 검증하는 단계이다.

6) **6단계(1원칙) : 위해 요소 분석**

   원료, 제조공정 등에 대해 생물학적, 화학적, 물리적인 위해를 분석하는 단계이다.

7) **7단계(2원칙) : 중요 관리점(CCP) 결정**

   HACCP을 적용하여 식품의 위해를 방지, 제거하거나 안전성을 확보할 수 있는 단계 또는 공정을 결정하는 단계이다.

8) 8단계(3원칙) : 중요 관리점(CCP) 한계 기준 설정

결정된 중요 관리점에서 위해를 방지하기 위해 한계 기준을 설정하는 단계로, 육안 관찰이나 측정으로 현장에서 쉽게 확인할 수 있는 수치 또는 특정 지표로 나타내어야 한다(온도, 시간, 습도).

9) 9단계(4원칙) : 중요 관리점(CCP) 모니터링 체계 확립

중요 관리점에서 해당되는 공정이 한계 기준을 벗어나지 않고 안정적으로 운영 되도록 관리하기 위해 종업원 또는 기계적인 방법으로 수행하는 일련의 관찰 또는 측정할 수 있는 모니터링 방법을 설정한다.

10) 10단계(5원칙) : 검증 절차 및 방법 수립

HACCP 시스템이 적절하게 운영되고 있는지를 확인하기 위한 검증 방법을 설정하는 것으로 현재의 HACCP 시스템이 설정한 안전성 목표를 달성하는 데 효과적인지, 관리가 계획대로 실행되는지, 관리 계획의 변경 필요성이 있는지 등이 해당한다.

11) 11단계(6원칙) : 개선 조치 및 방법 수립

모니터링에서 한계 기준을 벗어날 경우 취해야 할 개선조치를 사전에 설정하여 신속하게 대응할 수 있도록 방안을 수립한다.

12) 12단계(7원칙) : 문서화 및 기록 유지

HACCP 체계를 문서화하는 효율적인 기록 유지 및 문서관리 방법을 설정하는 것으로 이전에 유지 관리하고 있는 기록을 우선 검토하여 현재의 작업 내용을 쉽게 통합한 가장 단순한 것으로 한다.

3 중요 관리점

중요 관리점(critical control points, CCP) 이란 파악된 위해 요소를 예방, 제거 또는 허용 가능한 수준까지 감소시킬 수 있는 최종 단계 또는 공정을 말한다. 중요 관리점 결정도를 이용하며 위해 요소의 위해 평가 결과 중요 위해로 선정된 위해 요소에 대하여 적용한다.

Chapter 6 빵류 제품 위생 안전 관리

[HACCP 적용 절차]

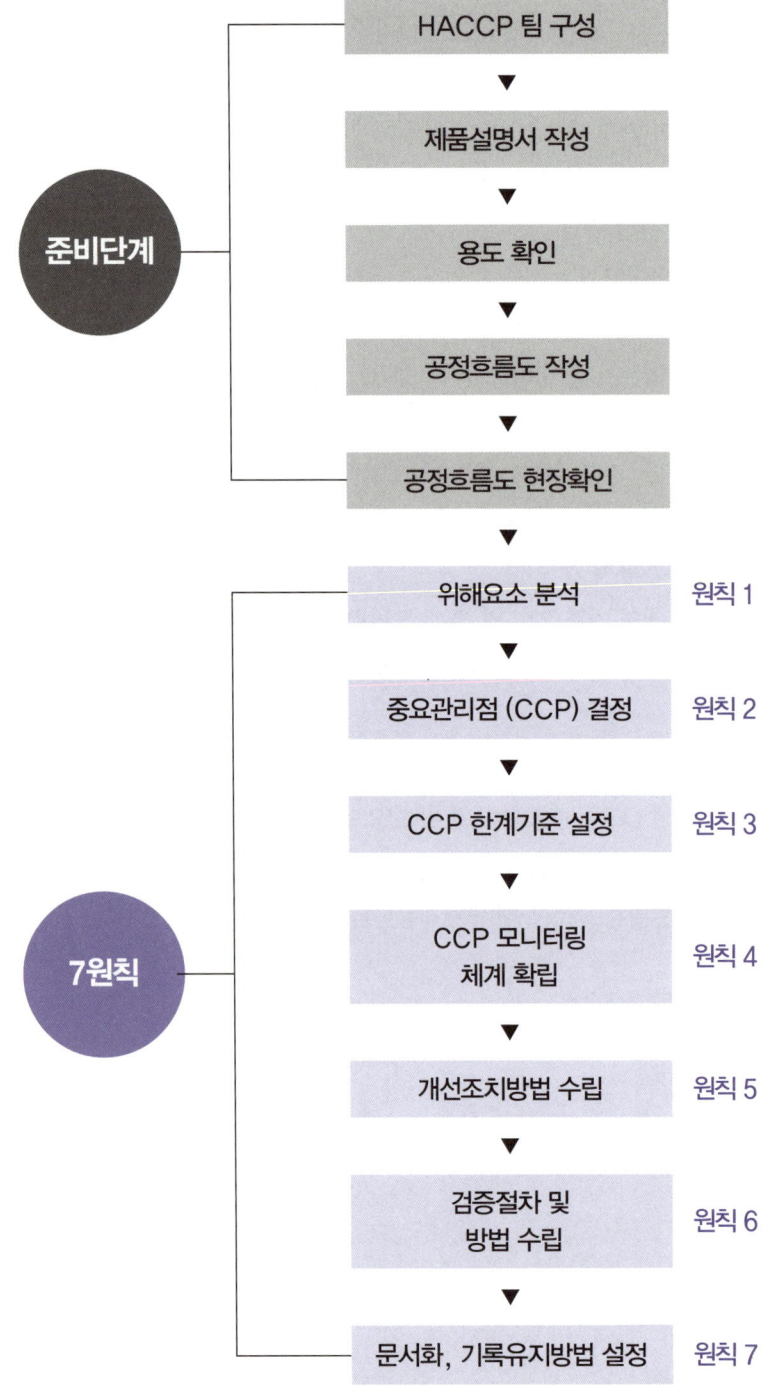

4 제조물 책임법

1) 용어의 정의

(1) 제조물 책임법
제조물의 결함으로 발생한 손해에 대한 피해자 보호를 위해 제정된 법률로, 제조물의 결함으로 인한 생명과 신체적 또는 재산상의 손해에 대하여 제조업자 등이 무과실 책임의 원칙에 따라 손해배상 책임을 지도록 하는 규정

(2) 제조물
제조되거나 가공된 동산(다른 동산이나 부동산의 일부를 구성하는 경우를 포함)

(3) 결함
해당 제조물에 다음 중 어느 하나에 해당되는 제조상, 설계상 또는 표시상의 결함이 있거나 그 밖에 통상적으로 기대할 수 있는 안전성이 결여되어 있는 것

(4) 제조업자
① 제조물의 제조·가공 또는 수입을 업(業)으로 하는 자
② 제조물에 성명·상호·상표 또는 그 밖에 식별(識別) 가능한 기호 등을 사용하여 자신을 제조물의 제조·가공 또는 수입을 업(業)으로 하는 자로 표시한 자

2) 제조물 책임법의 목적
제조물 책임법은 제조업자 등의 손해배상책임을 규정함으로써 피해자 보호를 도모하고 국민생활의 안전 향상과 국민경제의 건전한 발전에 이바지함을 목적으로 한다.

(1) 제조상의 결함
제조업자가 제조물에 대하여 제조상·가공상의 주의의무를 이행하였는지에 관계없이 제조물이 원래 의도한 설계와 다르게 제조·가공됨으로써 안전하지 못하게 된 경우

(2) 설계상의 결함
제조업자가 합리적인 대체설계(代替設計)를 채용하였더라면 피해나 위험을 줄이거나 피할 수 있었음에도 대체설계를 채용하지 아니하여 해당 제조물이 안전하지 못하게 된 경우

(3) 표시상의 결함
제조업자가 합리적인 설명·지시·경고 또는 그 밖의 표시를 하였더라면 해당 제조물에 의하여 발생할 수 있는 피해나 위험을 줄이거나 피할 수 있었음에도 이를 하지 아니한 경우

3) 소멸 시효
① 제조자 책임법에 따른 손해배상의 청구권은 그 법정 대리인이 손해배상 책임을 지는자를 알게 된 날부터 3년간 행사 하지 않으면 시효의 완성으로 소멸 된다.
② 제조자 책임법에 따른 손해배상의 청구권은 제조업자가 손해를 발생 시킨 제조물을 공급한날부터 10년 이내에 행사 하여야 한다.

03. 식품첨가물

식품 첨가물이라 함은 식품을 제조, 가공 또는 보존함에 있어서 식품에 첨가, 혼합, 침윤, 기타의 방법으로 사용되는 물질을 말한다.

1 식품첨가물의 조건
1) 변질 미생물에 대한 증식억제 효과가 클 것
2) 미량으로도 효과가 클 것
3) 특성이 없거나 극히 적을 것
4) 무미, 무취이고 자극성이 없을 것
5) 빛, 공기, 열 등에 안정하고, pH에 대한 영향을 받지 않을 것
6) 사용이 편리하고, 가격이 저렴할 것(경제적)

2 식품 첨가물의 사용 목적
1) 식품 외관을 만족시키고 기호성을 향상
2) 식품의 변질, 부패를 방지
3) 식품의 품질을 개량하여 저장성 향상
4) 식품의 향과 풍미를 개선하고 영양을 강화

3 식품첨가물의 종류
1) 보존성 높이는 첨가물

(1) **방부제(보존료)** : 식품의 변질 및 부패의 원인이 되는 미생물을 증식을 억제

　소르빈산 : 팥앙금류, 잼, 케찹

　피로피온산 : 빵 과자류

　데히드로 초산 : 버터, 마가린

　안식향산 : 청량음료

(2) **살균제** : 식품의 부패 원인균, 전염병의 병원균을 사멸

　차아염소산 나트륨, 표백분(음료수)

(3) **산화방지제(항산화제)** : 식품 중의 산화 변질 현상을 방지

　BHA, BHT, 몰식자산 프로필, 에리솔빈산염

 ● 자연의 산화방지제 : 비타민E(토코페롤), 비타민 C(아스코르빈산)

2) 관능을 만족 시키는 첨가물

(1) **조미료** : 호박산(조개 국물맛)

- 4대 기본 원미(Henning) : 단맛, 짠맛, 신맛, 쓴맛

(2) **감미료** : 사카린

(3) **산미료** : 구연산, 젖산

(4) **착색제** : 타르색소

(5) **발색제** : 색소고정 (아질산염: 햄, 소세지)

(6) **표백제** : 과산화수소, 아황산 나트륨

(7) **착향료**

- 수용성 향료(water type) = 알코올성 향료, 고농도의 제품을 만들기 어렵다.
- 유성 향료(oil type) = 비알코올성 향료
- 유화 향료
  ㉠ 고체성 향료 : 결정성 고체 형태, 분말 형태
  ㉡ 에센스 향료 : 주로 버터크림에 사용

3) 품질 유지 또는 개량을 위한 첨가물

(1) **밀가루 개량제(소맥분 개량제)**

제분된 밀가루의 표백 및 숙성기간을 단축 시키고 제빵효과를 높이는 물질

(과황산암모늄, 브롬산칼륨, 과산화벤조일)

(2) **유화제(계면 활성제)**

서로 혼합이 잘 되지 않는 두 종류의 액체를 유화시키기 위해 사용(대두인지질, 지방산 에스테르)

(3) **호료(증점제)**

식품의 물성, 촉감을 향상시키기 위하여 사용하는 원료(카제인, 메틸셀룰로오스, 알긴산나트륨)

4) 식품의 제조 · 가공 과정에 필요한 첨가물

(1) **소포제** : 거품제거(규소수지)

(2) **팽창제** : 빵이나 카스테라 등을 부풀게 해서 적당한 형체를 갖추게 할 때 사용

(효모, 명반, 탄산수소 나트륨, 탄산 수소 암모늄, 탄산 암모늄)

5) 기타

(1) **이형제** : 유동파라핀(빵 속 최대 잔존허용량 : 0.1% 이하)

이형유는 발연점이 높은 기름을 사용하며 반죽무게의 0.1~0.2%정도 사용한다.
제과제빵의 틀을 실리콘으로 코팅하면 이형유의 사용을 줄일수 있다.

(2) **검류** : 유화제, 안정제, 점착제로 사용되며, 낮은 온도에서 높은 점성을 나타내는 친수성 물질이다.

Chapter 6 빵류 제품 위생 안전 관리

4 유해물질

1) 중금속
① 카드뮴(Cd) : 이타이이타이병(골 연화증)
② 수은(Hg) : 미나마타병(신장독, 전신 경련)
③ 납(Pb) : 유약바른 도자기(구토, 복통, 설사, 소변에서 코프로포르피린 검출)
④ 주석(Sn) : 통조림,(구토 복통, 설사)
⑤ PCB중독(미강유 중독) : 신경 장애 증세
⑥ 불소(F) : 반상치, 공경화증
⑦ 아연 (Zn) : 통조림 관의 도금 재료(구토, 복통, 설사)
⑧ 비소(As) : 농약, 제초제(구토, 뉘통, 신경염)

2) 유해 첨가물
① 착색제 : 아우라민(단무지), 로다민 B(붉은 생강, 어묵)
② 감미료 : 둘신(설탕의 250배 단맛, 혈액독)
　　　　　사이클라메이트(설탕의 40~50배 단맛, 발암성)
　　　　　페릴라틴(설탕의 2000배 단맛)
③ 표백제 : 롱가릿, 형광 표백제
④ 보존료 : 붕산(체내 축적), 포름 알데히드, 불소 화합물, 승홍

3) 조리 가공시 발생하는 유해 물질

메틸알코올(에탄올)	• 에탄올 발효 시 펙틴이 존재할 경우 생성 • 두통, 구토, 설사, 심하면 실명
다환 방향족 탄화수소	• 벤조피렌 • 훈제육이나 태운고기에서 다량 검출되는 발암 작용을 일으키는 유해물질
아크릴 아마이드	• 전분식품 가열 시 아미노산과 당이 열에 의해 결합하는 메일라드 반응을 통해 생성되는 발암물질
N-니트로사민	• 육가공품의 발색제 사용으로 인한 아질산염과 제2급 아민이 반응하여 생성되는 발암물질
멜라민	• 중독 시 방광결석, 신장결석 유발 • 신체 내 반감기는 약 3시간으로 대부분 신장을 통해 뇨로 배설 • 반수치사량(투여한 동물의 50%가 사망하는 것으로 추정하는 양)은 3.2kg 이상으로 독성이 낮음 • 영유아를 대상으로 하는 식품(분유, 이유식)에서는 불검출되어야 함
헤테로고리 아민	• 방향족질소화합물 • 육류의 단백질을 300℃ 이상 온도에서 가열할 때 생성되는 발암물질

| 제2절 | 개인위생관리

01. 개인위생 관리

개인의 청결, 흡연, 위생복, 권장하는 행위, 금지하는 행동이나 습관 등이 포함된 내용을 휴게실, 세면실, 공고란 등에 적당한 모양과 크기로 종사원이 쉽게 볼 수 있는 곳에 부착해두는 것이 도움이 될 것이다.

1) 복장, 건강 관리
① 위생복 · 위생모 · 위생화 등을 항시 착용하여야 한다.
② 앞치마, 고무장갑 등을 구분하여 사용하고, 매 작업 종료 시 세척 · 소독을 실시 하여야 한다.
③ 개인용 장신구 등을 착용하여서는 아니 된다.
④ 영업자 및 종업원에 대한 건강 진단을 실시하여야 한다.
⑤ 전염성 상처나 피부병, 염증, 설사 등의 증상을 가진 식품 매개 질병 보균자는 식품을 직접 제조 · 가공 또는 취급하는 작업을 금지하여야 한다.
⑥ 작업장 내의 지정된 장소 이외에서 식수를 포함한 음식물의 섭취 또는 비위생적인 행위를 금지 하여야 한다.
⑦ 작업 중 오염 가능성이 있는 물품과 접촉하였을 경우 세척 또는 소독 등의 필요한 조치를 취한 후 작업을 실시하여야 한다.

2) 건강 진단
식품위생법에 따라 건강 진단은 위생 분야 종사자 등의 건강 진단 규칙이 정하는 바에 따라 받게 된다.
① 다른 사람에게 위해를 끼칠 염려가 있는 질병이 있으면 영업에 종사하지 않아야 한다.
② 식품 영업에 종사하는 사람은 6개월에 1회씩 정기적으로 식품위생법에서 규정한 검사 항목에 대하여 건강 진단을 받아야 한다.
③ 작업 전 자신의 건강 상태를 파악하여 설사, 발열, 구토 등 이상 증상이 있는 경우에는 즉시 영업 자나 위생관리 책임자에게 보고하여야 한다.
④ 작업 중 손의 피부에 상처, 칼베임, 곪은 상처 등이 생기면 상처 부위에 식중독을 유발할 수 있는 황색포도상구균의 오염 가능성이 있기 때문에 식품위생 책임자의 지시에 따른다.

3) 올바르지 못한 개인행동 습관
① 작업 시 손으로 머리를 긁거나 입을 닦는 것
② 작업 시 시계, 반지, 장신구 등을 착용하는 것
③ 식품 및 식재료 등의 근처에서 재채기를 하거나, 차를 마시고 껌을 씹는 것, 담배를 피우는 것 (흡연은 담배 연기 피해 외에도 흡연 시 손에 묻은 타액이 음식물을 오염시킬 수 있음)

④ 싱크대에서 손 씻기, 장갑을 허리에 차기, 옆 사람과 잡담하기, 면장갑만 착용 후 조리하기, 조리장 바닥에 침 뱉기, 행주로 땀 닦기, 조리 중 껌 씹기 등
⑤ 스푼으로 직접 음식을 맛보는 것 (적당량의 음식물을 개별 접시에 덜어내어 깨끗한 스푼을 이용하여 맛을 봐야 함)
⑥ 손 세척 후 손의 물기를 앞치마나 위생복에 문질러 닦는 것

4) 개인위생, 개인 건강 관리하기

손 위생관리

손과 손톱에 존재하는 식중독균에 따른 교차 오염을 방지하기 위해 종업원은 손을 수시로 씻고 항상 청결히 관리해야 하고, 깨끗한 손톱 솔을 사용하여 손톱 세척을 한다. 43℃의 온수로 깨끗이 헹군 후, 1회용 종이 수건, 온풍 자동 건조기 또는 전기 타올 등으로 손을 건조시킨다.

5) 손 세척을 해야 하는 경우

① 음식물을 만지기 전
② 기구나 설비를 사용하기 전/후
③ 더러워진 작업장의 표면을 접촉한 후, 쓰레기나 청소도구를 만진 경우
④ 원재료 식품의 취급 전/후
⑤ 작업공정이 바뀌거나 손이 비위생적인 곳에 접촉한 후
⑥ 오염작업 구역에서 비오염 작업구역으로 이동하는 경우
⑦ 귀, 코, 입, 머리와 같은 신체 부위를 접촉한 후
⑧ 담배를 피우거나 껌을 씹은 후
⑨ 재채기 · 기침을 한 후, 화장실에 다녀온 후

6) 작업복, 복장 위생관리

(1) 복장(위생복 및 앞치마) 위생관리

종업원들은 깨끗한 위생복, 위생모, 앞치마 착용을 준수해야 하며, 작업장 출입 전 접착 롤러를 사용하고 에어 샤워룸을 통과하여 위생복에 묻어 있는 이물질을 제거한다.

(2) 장신구

식품 취급 현장에서 보석류나 장신구의 착용을 금지한다.

(3) 장갑

멸균한 장갑은 찢어지거나 새지 않는 한 피부의 세균이 식품으로의 오염을 방지할 수 있다. 그러나 장갑도 피부오염과 같이 더러워지므로 주의한다.

① 위생 장갑은 즉석식품(Reddy-to-eat food)에만 사용하고, 재료를 가열하는 데는 사용하지 않아도 된다.
② 장갑 착용 전에는 반드시 손 세척을 한다.

③ 장갑을 착용하고 비식품류, 예를 들어 냉장고 문, 전화 등을 만질 때에는 반드시 종이 타올을 이용한다.
④ 교차 오염을 예방하기 위하여 각 작업이 바뀔 때마다 교체가 필요하다.

7) 개인위생 안전 관리 지침서 작성

개인위생 안전 관리 지침서란 개인의 위생 관리 현황을 파악하고 관리하기 위하여 작성하는 서식으로 영업자 및 종사자의 개인위생에 대한 세부 내역을 기록하는 것이다. 개인위생안전관리 지침서를 구성하는 항목에는 건강 진단의 실시 여부, 위생 교육 이수 여부, 손, 위생복, 위생화 등의 청결상태인 개인위생 관리, 교차오염 등이 포함된다.

02. 식중독의 종류, 특성 및 예방방법

1 식중독의 정의

1) 식중독 : 유독, 유해한 물질이 음식물과 함께 입을 통해 섭취되어 생리적인 이상을 일으키는 것.
2) 원인에 따라 세균성 식중독, 화학적 식중독, 자연독 식중독, 곰팡이 식중독 등으로 나눈다.
3) 세균성 식중독 발생시기 : 6~9월에 집중적으로 발생한다.

2 식중독의 분류

구분		원인물질
세균성 식중독 (병원성 세균)	감염형	살모넬라균・장염비브리오균・(클로스트리디움)웰치균・병원성 대장균
	독소형	황색포도상구균・클로스트리디움 보툴리늄(보툴리누스균)
화학적 식중독		금속・농약 유해첨가물・메탄올
자연독 식중독	동물성	복어・섭조개・대합・모시조개・굴・바지락
	식물성	독버섯・감자・독미나리・청매
곰팡이 식중독 (마이코톡신에 의한 중독)		아플라톡신중독・맥각중독・황변미 중독
알레르기성 식중독 (히스타민 중독)		부패세균(비병원성 세균)

〈세균성 식중독과 소화기계 전염병(경구전염병)의 차이점〉

구분	구분	
	식중독균에 오염된 식품의 섭취로 발생	전염병균에 오염된 식품과 물을 섭취 또는 수질의 오염에 의한 경구 감염
균수	많은 양의 균이나 독소에 의해 발생	적은 양의 균으로 발생
잠복기	짧다	길다
감염	2차 감염 없다	2차 감염 있다
면역	면역성이 없다	면역성이 있다

Chapter 6 빵류 제품 위생 안전 관리

3 세균성 식중독

1) 감염형 식중독

(1) 살모넬라균
① 원인세균 : Gram 음성간균, 60℃에서 20분간 가열하면 사멸
② 증상 : 구토, 설사, 복통, 발열증상(급격하게 38~40℃)
③ 원인식품 및 감염경로 : 주로 단백질 식품(식육류나 그 가공품, 어패류, 어육, 연제품 등) 알류, 우유 및 유제품, 생과자, 샐러드 등에 의한 경우가 많으며, 쥐, 파리, 바퀴벌레, 닭, 돼지 등이 전파매체가 된다.
④ 예방 : 방충 및 방서시설, 식품의 저온보존, 위생관리에 주력하며, 균은 열에 약하므로 음식물을 60℃에서 약 30분간 가열하여 섭취.

(2) 장염비브리오균
① 원인세균 : 해수세균으로 3~4%의 식염농도에서 잘 발육.
② 원인식품 및 감염경로 : 어패류의 생식이 주원인.
③ 예방 : 열에 약하므로 가열 처리, 식품의 저온보존

(3) 병원성 대장균
① 원인세균 : 병원성 대장균(분변오염의 지표)
② 원인식품 : 우유, 햄, 치즈, 소시지, 마요네즈
③ 감염원 : 환자, 보균자의 분변, 오염된 식품
④ 예방 : 용변 후 손의 세척, 분뇨의 위생처리, 식품의 가열조리

2) 독소형 식중독
식품 내에 병원체가 증식하여 생성한 독소에 의해 생기는 식중독

(1) 포도상구균(Staphylococcus aureaus)
① 원인세균
　황색 포도상구균(식중독 및 화농성 질환의 대표적인 원인균), 균은 열에 약하다(80℃, 30분)
② 독소 : 엔테로톡신(enterotoxin, 장독소)
　독소는 열에 가장 강하여 끓여도 파괴되지 않음.
③ 잠복기 : 잠복기가 가장 짧음(보통 1~6시간, 평균 3시간)
④ 증상 : 급성위장염으로 급격히 발병하며, 타액의 분비가 증가하고 구토, 복통, 설사
⑤ 원인식품 및 감염경로 : 육류, 크림, 버터, 치즈 등의 유제품이 주요 원인식이며, 조리자의 손에 화농소가 있는 경우 오염되기 쉽다.
⑥ 예방 : 식품기구 및 식기 멸균, 화농이 있는 자의 식품취급을 금하며, 식품의 저온보존.

(2) 보툴리누스균(Clostridium botulinum)

① 원인세균 : 그람양성, 간균, 포자형성

② 독소 : 보툴리누스균이 통조림이나 소시지 등 식품의 혐기성 상태에서 신경독소인 뉴로톡신(neurotoxin, 신경독소)을 분비하여 식중독의 원인이 됨.

③ 증상 : 신경증상으로 눈의 시력저하, 사시, 동공확대, 현기증, 두통, 변비, 사지마비, 호흡곤란 증상, 치사율은 30~80%(사망률이 매우 높음)

④ 원인식품 및 감염경로 : 소시지, 통조림, 병조림의 가공공정 중 불충분한 가열로 혐기성 상태에 놓이게 되는 경우 문제.

⑤ 예방 : 가열처리 후 섭취. 통조림이나 소시지 등은 위생적으로 보관

(3) 노로 바이러스

① 증상 : 바이러스성 장염, 메스꺼움, 설사, 복통, 구토(어린이, 노인과 면역력이 약한 사람에게는 탈수증상 발생)

② 잠복기 : 1~2일

③ 원인 : 사람의 분변, 구토물, 오염된 물

④ 원인 식품

    ㉠ 샌드위치, 제빵류, 샐러드

    ㉡ 케이크 아이싱, 샐러드 드레싱

    ㉢ 오염된 물에서 채취된 굴

⑤ 예방법

    ㉠ 철저한 개인위생 관리

    ㉡ 인증된 유통업자 및 상점에서의 수산물 구입

> - 노로 바이러스 식중독 : 비세균성 급성위장염을 일으키는 유행하는 바이러스 식중독
> - 크기가 작고 구형, 이중 나선구조 RNA 바이러스
> - 증상 : 나이와 관계없이 오심, 구토, 설사, 복통(급성위장염)후 자연 회복된다.
> - 원인식품 : 굴, 조개, 오염된 지하수, 채소류, 분변오염
> - 물리화학적으로는 안전하며 일반 환경에서 생존이 가능하다.
> - 예방 : 오염지역에서 채취한 어패류를 맨손으로 음식물을 만지지 말것이며, 가열 섭취한다.

4 식중독 예방

1) 식중독 예방 요령

(1) 손 씻기 : 손은 비누 등의 세정제를 사용하여 손가락 사이, 손등까지 골고루 흐르는 물로 30초 이상 씻는다.

(2) 익혀 먹기 : 음식물은 중심부 온도가 85℃, 1분 이상 조리하여 속까지 충분히 익혀 먹는다.

(3) 끓여 먹기 : 물은 끓여서 먹는다.

Chapter 6 빵류 제품 위생 안전 관리

2) 식중독 예방관리

식중독 예방을 위해서는 식품 재료의 취급, 보관 등 생산에서부터 유통, 조리, 저장, 섭취 등에 이르는 각 단계에서 식중독 세균의 오염 방지를 위한 노력이 필요하다.

(1) 개인위생 관리
① 작업 시작 전, 작업 고정 바뀔 때, 화장실 이용 후, 배식 전 손 씻기를 생활화 한다.
② 깨끗한 복장을 유지하는 개인위생 관리를 철저히 한다.

(2) 부적절한 손 위생관리로 인한 교차 오염 예방
(3) 주변 환경 관리
(4) 위생 교육 및 훈련 실시

5 식중독 대처 방법

1) 식중독 발생 시 대처 사항을 파악
① 식중독이 의심되면 즉시 진단을 받는다.
② 의사는 환자의 식중독이 확인되는 대로 관할 보건소장 등의 행정 기관에 보고한다.
③ 행정 기관은 신속·정확하게 상부 행정기관에 보고하는 동시에 추정 원인 식품을 수거하여 검사 기관에 보낸다.
④ 역학 조사를 실시하여 원인 식품과 감염 경로를 파악하여 국민에게 주지시킴으로써 식중독의 확대를 막는다.
⑤ 이에 수집된 자료는 예방 대책 수립에 활용한다.

2) 현장 조치
① 건강 진단 미실시자, 질병에 걸린 환자 조리 업무 중지
② 영업 중단
③ 오염 시설 사용 중지 및 현장 보존

3) 후속 조치
① 질병에 걸린 환자 치료 및 휴무 조치
② 추가 환자 정보 제공
③ 시설 개선 즉시 조치
④ 전처리, 조리, 보관, 해동 관리 철저

4) 예방 사후 관리
① 작업 전 종사자 건강 상태 확인, 주기적 건강 진단 실시
② 조리 위생 수칙 준수, 위생 교육 및 훈련 강화
③ 시설, 기구 등 주기적 위생 상태 확인

03. 감염병의 종류, 특징 및 예방방법

1 감염병 발생의 3대 요소

1) 감염원 (병원체, 병원소)
(1) 병원체가 생활하고 증식하면서 질병을 일으키는 원인이며, 다른 숙주에 전파될 수 있는 상태로 저장되는 장소를 말한다.
(2) 환자, 보균자, 매개동물, 곤충, 오염 식품, 생활용품 등을 통해 감염된다.

2) 감염경로 (환경)
① 감염원으로부터 병원체가 전파되는 과정으로 간접적인 영향이 크다.
② 공기감염, 토양에 의한 감염, 음식물 감염, 절족동물 감염 등이 있다.

3) 숙주의 감수성
(1) 숙주
한 생물체가 다른 생물체의 침범으로 조직이 상하거나 영양물질이 빼앗기는 생물체를 말한다.
(2) 감수성
질병에 대해서 민감한 상태를 말하며, 감염이 될 수 있는 확률이 높아진 상태를 말한다.
다른 생물체(병원체)가 침입하여 증식하기 좋은 환경으로 저항력이 낮아지게 된다.
면역성이 약해지면 감수성이 높아지고 질병이 발병하기 쉽다.
(3) 감염병이 전파되어도 개인적으로 면역성이 있고 저항력에 따라 감염되는 정도는 다르다.

2 감염병의 종류

1) 병원체에 따른 감염병의 분류
(1) **바이러스** : 뇌염, 홍역, 인플루엔자, 천연두, 급성회백수염(소아마비 · 폴리오), 전염성간염, 트라코마, 풍진, 광견병(공수병), 유행성이하선염
(2) **리케차** : 발진티푸스, 발진열, 양충병, Q열
(3) **세균** : 콜레라, 이질, 장티푸스, 파라티푸스, 성홍열, 디프테리아, 백일해, 페스트, 유행성뇌척수막염, 파상풍, 결핵, 폐렴, 나병

2) 인체 침입구에 따른 감염병의 분류
(1) **호흡기계 침입** : 환자나 보균자의 객담, 콧물 등으로 감염, 공기전파 및 진애에 의한 감염
디프테리아, 백일해, 결핵, 폐렴, 인플루엔자, 두창, 홍역, 수두, 풍진, 유행성이하선염, 성홍열

Chapter 6 빵류 제품 위생 안전 관리

(2) **소화기계 침입** : 병원체가 환자나 병원체 보유자의 분변으로 배설되어 일정조건하에 외부에서 생존해서 음식물이나 식수에 오염되어 경구 침입됨. 콜레라, 이질(세균성, 아메바성), 장티푸스, 파라티푸스, 폴리오, 유행성간염, 기생충병 등

(3) **경피 침입** : 병원체의 피부 접촉에 의해 체내에 침입, 상처를 통한 감염, 동물에 쏘이거나 물려서 병원체 침입

3) 감염병의 감염경로

(1) **직접 접촉 감염** : 매독, 임질

(2) **간접 접촉 감염**

① 비말감염: 디프테리아, 인플루엔자, 성홍열

② 진애감염 : 결핵, 천연두, 디프테리아

비말감염	환자·보균자의 기침, 재채기, 담화 시 튀어나오는 비말에 병원균이 함유되어 감염
진애감염	병원체가 붙어 있는 먼지를 흡입하여 감염

③ 개달물 감염 : 결핵, 트라코마, 천연두

4) 법정 감염병

구분	특징	해당 질병
제1급 감염병	생물 테러 감염병, 치명률이 높거나 집단 발생의 우려가 커서 발생 또는 유행 즉시 신고해야 하고, 음압 격리와 같은 높은 수준의 격리가 필요한 감염병	신종 코로나를 포함한 신종 감염병 증후군, 신종 인플루엔자, 중증 급성호흡기 증후군(SARS), 중동 호흡기 증후군(HERS) 에볼라바이러스병, 마버그열, 라싸열, 크리미안콩고출혈열, 남아메리카출혈열, 리프트밸리열, 두창증후군, 탄저, 보툴리눔독소증, 야토병,
제2급 감염병	전파 가능성을 고려하여 발생 또는 유행시 24시간 내 신고해야 하고, 격리가 필요한 감염병	결핵, 수두, 홍역, 콜레라, 장티푸스, 파라티푸스, 세균성 이질, 장출혈성 대장균 감염증, A형 간염,백일해, 유행성 이하선염, 풍진, 폴리오, 수막구균 감염증, b형헤모필루스인플루엔자, 폐렴구균 감염증, 한센병, 성홍열, 반코마이신내성황색포도알균(VRSA) 감염증, 카바페넴내성장내세균속균종(CRE) 감염증
제3급 감염병	그 발생을 계속 감시할 필요가 있어 발생, 또는 유행 시 24시간 이내에 신고해야 하는 감염병	파상풍, 일본 뇌염,C형 감염, 말라리아, 비브리오 패혈증, 레지오넬라증, 발진티푸스, 발진열, 쯔쯔가무시증, 렙토스피라증, 브루셀라증, 공수병, 신증후군출혈열, 후천성 면역 결핍증(AIDS), 크로이츠 벨트- 야콥병(CJD), 황열, 뎅기열, 큐열, 웨스트나일열, 라임병, 진드기 매개 뇌염, 유비저, 치쿤구니야열, 중증열성혈소판감소증후군(SFTS) 지카바이러스 감염증
제4급 감염병	1~3급 외에 유행 여부를 조사하기 위해 표본 감시 활동이 필요한 감염병	인플루엔자, 매독, 회충증, 편충증, 요충증, 간흡충증, 폐흡충증, 장흡충증, 수족구병, 임질, 클라미디아감염증, 연성하감, 성기단순포진, 첨규콘딜롬, 반코마이신내성장알균(VRE) 메티실린내성황색포도알균(MRSA) 감염증, 다제내성녹농균(MRPA) 감염증, 다제내성아시네토박터바우마니균(MRAB) 감염증, 장관감염증, 급성호흡기감염증, 해외유입 기생충 감염증, 엔테로바이러스 감염증, 사람유두바이러스 감염증

5) 검역 전염병

(1) 콜레라 - 120시간   (2) 페스트 - 144시간   (3) 황열 - 144시간

6) 감염병 유행의 시간적 현상

변화	주기	감염병
순환변화 (단기변화) 주기가 단기적으로 변하는 것	2-5년	백일해, 홍역, 일본뇌염
추세변화 (장기변화) 주기가 장기적으로 변하는 것	10-40년	디프테리아, 성홍열, 장티푸스
계절적인 변화	하계	소화기계 감염병
	동계	호흡기계 감염병
불규칙적인 변화	외래 감염병이 대부분이며 주로 불규칙적이다.	

3 감염병 관리 대책

1) 감염원 대책

(1) 감염원의 조기 발견

① 환자의 신고 : 전염병 예방법 등에 의한 법정 전염병 등의 신고.

② 보균자의 검색 : 특히 식품을 다루는 업무에 종사하고 있는 사람 등에 중점적으로 실시.

(2) 감염원에 대한 처치

① 격리와 치료 : 병원체에 확산방지를 위한 환자나 보균자의 격리나 완전치료가 필요.

② 환자, 보균자의 배설물 및 오염 물건의 소독

2) 감염경로 대책

(1) **전염원과의 접촉 기회 억제** : 학교 · 학급의 폐쇄, 교통차단

(2) **소독, 살균의 철저** : 직접 접촉에는 화학적, 기계적인 예방조치, 감염원의 배설물, 오염 물건 등의 소독, 손의 수세 · 소독 등의 실시가 필요.

(3) 공기의 위생적 유지, 상수도의 위생관리, 식품의 오염방지

3) 감수성 대책

(1) **저항력의 증진** : 체력을 증진시켜 저항력의 유지 증진에 노력.

(2) 예방접종(인공면역)

	연령	예방접종의 종류
기본접종	4주이내	BCG
	2개월	경구용소아마비, DPT
	4개월	경구용소아마비, DPT
	6개월	경구용소아마비, DPT
	15개월	홍역, 볼거리, 풍진
	3~15세	일본뇌염
추가접종	18개월, 4~6개월(2회)	경구용소아마비, DPT
	11~13세	경구용소아마비, Td
	매년	일본뇌염(유행전)

※ D : 디프테리아, P : 백일해, T : 파상풍, 결핵(BCG) : 생후 가장 먼저 실시하는 예방접종

4 기생충

인체와 다른 동물에 기생하여 일으키는 질병(음식물에 의해 입을 통하여 감염)

1) 채소류를 통해 감염되는 기생충

(1) 회충 : 경구 감염, 인분을 통해 감염.

※ 예방법 – 청정재배, 65℃ 정도에서 10분이면 사멸, 일광 소독

(2) 십이지장충(구충) : 경구감염, 경피 감염

※ 예방법 : 인분의 위생적 처리, 야채의 세척 철저, 오염된 토양과 접촉 금지

(3) 요충 : 항문 소양증(집단감염)

2) 육류를 통해 감염되는 기생충

(1) 민촌충(무구조충) : 쇠고기를 날것으로 섭취할 때 감염

(2) 갈고리촌충(유구조충) : 덜 익은 돼지고기를 섭취했을 때 감염

3) 어패류를 통해 감염되는 기생충

구분	제1중간숙주	제2중간숙주
간 디스토마	우렁이	담수어(참붕어)
폐 디스토마	다슬기	민물게, 가재
광절열두조충	물벼룩	연어, 농어, 숭어

5 절족동물에 의한 질병

1) **진드기** : 쯔쯔가무시병, 유행성 출혈열

2) **모기** : 말라리아, 일본뇌염

3) **이** : 발진티푸스, 발진열

4) **바퀴, 파리** : 이질, 콜레라, 장티푸스, 파라티푸스

 쥐 : 페스트, 렙토스피아

| 제3절 | 환경위생관리

01. 작업환경 위생관리

작업 환경이란 작업가에게 영향을 주는 작업장의 온도, 환기, 소음 등을 말한다.

1 안전 사고의 요인
1) 물적·시설 요인
   (1) 각종 기계, 장비, 시설물에서 오는 요인으로 자재 불량, 각종 시설물 노후화에 의한 붕괴 우려가 있다.
   (2) 전기시설 문제로 인한 화재, 전기 누전, 감전 사고 우려가 있다.
   (3) 바닥의 문제로 미끄러지거나 낙상의 우려가 있다.

2) 환경적인 요인
   (1) 주방의 환경적·물리적인 요인
       조리실의 채광시설이나 통풍 환기시설, 작업대의 높이나 기기의 배치, 조리 기구 및 비품, 작업 공간이 잘 확보 되어야 한다.
   (2) 조리실 고온 다습 환경으로 인한 고열, 피부염, 땀띠, 무좀이 생길 수 있다.
   (3) 소음이 많이 발생할 경우 청력 결함, 집중 소홀로 인한 사고 우려가 있다.
   (4) 안전사고의 요인을 제거하고 이를 개선하기 위하여 물을 많이 사용하는 wet kitchen system과 물을 거의 사용하지 않는 dry kitchen system으로 분리하면 좋다.

2 재해방지 위한 대책
1) 재해방지 위한 직접적인 대책
   작업 환경 개선 : 작업자가 넘어지거나 미끄러지는 위험 방지
   기계 설비 개선, 작업 순서에 따라 정확한 작업이 이루어지도록 한다.

2) 재해방지 위한 간접적인 대책
   조직 관리 기준 개선 : 전담 안전 관리 책임자를 선임 한다.
   정기적인 안전 교육 실시, 법정 근로시간을 준수하여 작업자가 피로감으로 지치지 않게 한다.

Chapter 6 빵류 제품 위생 안전 관리

3 작업장 주변 환경 점검

1) 정리 정돈 점검
① 작업장 주위의 통로나 작업장 청소, 장비 도구 정비 정리
② 굴러 다닐 수 있는 장비는 받침대를 사용하고 적재물은 사용시기와 용도별로 구분하여 보관
③ 부식 및 발화 가능성 있는 위험 물질은 눈에 잘 보이게 표시 하여 잘 보관한다.

2) 작업장의 온·습도 관리 실시
① 작업장의 최적온도는 18~22℃가 적합하다.
② 작업장의 최적습도는 40~60%가 적합하다.

3) 작업장 내 적정한 수준의 조명유지와 미끄럼이 발생하지 않아야 한다.
작업장의 권장 조도는 150Lux 이상이며 섬세한 작업일수록 조도는 높아야 하나, 스테인리스처럼 반짝이는 물체에 발광체, 광원에서 발생할 수 있는 눈 부신 빛이 반사되어 작업 방해 및 사고 우려가 있다. 또한 날카로운 물질은 미끄럼 사고시 심각한 재해로 발전할 수 있으므로 장비 시공 시 유의한다.

4) 오염 관리

(1) 쓰레기
작업 중에 발생하는 쓰레기는 뚜껑이 있는 용기에 담아 즉시 배출하고 세척, 소독한다.
- 쓰레기 비우기
- 쓰레기통 및 뚜껑을 세척제로 세척
- 흐르는 물로 헹군 후 뒤집어서 건조하고 1회/일 실시한다.

음식물쓰레기로 배출할 수 없는 음식물 류

구분	음식물 수거 용기에 넣어서는 안되는 것
채소류 및 곡류	마늘껍질, 양파껍질, 옥수수대, 고추대, 왕겨 등
과일류	호두, 땅콩, 밤, 도토리, 코코넛 등의 딱딱한 껍데기, 복숭아, 살구, 감 등의 핵과류의 씨
육류	소, 돼지, 닭 등의 털 및 뼈
어패류	조개, 소라, 멍게, 굴 등 어패류 껍데기, 게, 가재 등의 갑각류의 껍데기, 다랑어과 (참치 등)의 큰 뼈
동물의 알	달걀, 오리알, 메추리알, 타조알 껍데기 등
기타	각종 차류 찌꺼기, 한약재 찌꺼기 등

5) 재활용품 처리 방법

종류	세부품목	분리배출 요령
종이팩	종이팩	· 내용물을 비우고 가급적 물로 헹군 후 반드시 일반 폐지와 혼합되지 않게 배출 ※ 분리수거함이 없는 경우 일반 종이류와 구분하여 다른 재활용품(캔, 유리병 등)과 함께 배출
유리병	음료수병, 기타병류	· 병뚜껑을 제거한 후 내용물을 비우고 배출 · 담배꽁초 등 이물질을 넣지 말 것 ※ 빈용기보증금 대상 유리병은 소매점 등에서 환불
금속캔	철캔, 알루미늄캔	· 내용물을 비우고 압착 · 겉 또는 속의 프라스틱 뚜껑 등 제거 · 담배꽁초 등 이물질을 넣지 말 것
금속캔	기타캔류 (부탄가스, 살충제 용기 등)	· 구멍을 뚫어 내용물을 비운 후 배출
합성수지류(플라스틱) 재질 : HDPE, LDPE, PP, PS, PVC, OTHER	PET, PVC, PE, PP, PS, PSP재질 등의 용기 · 포장재	· 내용물을 깨끗이 비우고 다른 재질로 된 뚜껑(또는 은박지, 랩)이나 부착 상표 등을 제거한 후 가능한 압착하여 배출 · 비닐(필름)류는 흩날리지 않도록 배출
	스티로폼 완충재 - 전자제품 완충재로 사용되는 발포합성수지포장재 - 농 · 수 · 축산물 포장용 발포스타렌상	· 전기기기류 등의 제품에 사용되는 발포 합성수지 완충재는 제품 구입처로 반품 · 내용물을 완전히 비우고 부착상표 등을 제거하고, 이물질이 묻은 경우 깨끗이 씻어서 배출 · 음식물 등 이물질이 많이 묻어 있거나 타 물질로 코팅된 발포스타렌은 제외
종이류	신문지	· 물기에 젖지 않도록 하고 반듯하게 펴서 차곡차곡 쌓은 후 묶어서 배출 · 비닐 코팅된 광고지, 비닐류, 기타 오물이 섞이지 않도록 함
	책자, 노트 등	· 비닐 코팅된 표지, 공책의 스프링 등은 제거 ※ 비닐포장지는 제외
	종이컵	· 내용물을 비우고 물로 한번 헹군 후 압착 하여 봉투에 넣거나 한데 묶음
	상자류 (골판지 상자 등)	· 비닐코팅 부분, 상자에 붙어있는 테이프, 철핀 등을 제거한 후 압착하여 운반이 용이하도록 묶어서 배출
가전 및 가구제품		· 사용 가능한 가전 / 가구 제품은 중고 물품 교환 매장 (재활용센터 등)에 보냄 수리가 불가능한 경우 관할 지방자치단체에 연락하여 수수료를 내고(스티커 부착) 배출 ※ 가전제품, TV, 냉장고, 세탁기, 에어컨, 컴퓨터, 오디오, 이동전화단말기, 프린트, 복사기, 팩시밀리 신제품 구입 시 판매자에게 동일 제품 및 포장재 회수 요청할 수 있습니다.
전지		· 전지를 제품에서 분리하여 배출 · 전자제품 대리점 및 시계점 등 역회수 루트를 통하여 배출 · 주요 거점에 비치된 수거함에 배출하거나, 지정된 전지류 수거일 · 장소에 배출
형광등		· 깨어지지 않은 상태에서 형광등 분리배출용기에 배출
고철		· 이물질이 섞이지 않도록 한 후 봉투에 넣거나 끈으로 배출
의류		· 물기에 젖지 않도록 마대 등에 담거나 묶어서 배출 ※ 자치단체 또는 민간 재활용사업자가 비치한 수거함에 배출

자료제공(출처) : 한국환경공단(http://www.keco.or.kr)

02. 소독제

1 작업장 관리
온도 관리와 구역별 소독을 실시하여 청결을 유지한다.

2 청소 관리
규정된 청소 도구와 청소 약제를 사용하고, 청소 중 제조 설비 및 각종 기구들은 비닐 덮개 등으로 씌워 물이나 세제 등이 튀지 않도록 한다.

3 발바닥 소독기
발바닥 소독기는 현장 출입문과 자재 반입문에 설치하고, 작업자 등이 현장에 입실할 경우 발바닥 소독기를 사용하여 소독한 후 입실하여야 한다.

4 세척제
세척제는 1종, 2종, 3종 세척제로 나누며, 1종 세척제는 채소용, 과일용으로 사용한다. 2종 세척제는 식기류용 세척제, 3종 세척제는 식품의 가공 기구용 세척제 또는 조리 기구용 세척제로 사용한다.

5 소독제
소독은 비교적 약한 살균력을 작용시켜 깨끗한 표면에서 많은 수의 미생물을 안전한 수준까지 감소시키는 과정이다. 소독 방법에는 물리적 소독과 화학적 소독이 있으며, 화학적 소독에 사용되는 소독제는 염소계, 4급 암모늄계, 에탄올계, 과산화물계 등이 있다. 소독제를 사용할 때는 살균력이 강하고 불쾌한 냄새가 나지 않아야 하며 부식성과 표백성이 적고 가격이 저렴하여 경제성이 있어야 한다. 특히 사용법이 간편하고 안전하며 침투력이 강하고 유기물의 존재 여부에 관계없이 소독 작용이 강해야 한다.

〈소독제 사용 시 주의 사항〉
① 식품 첨가물로 고시된 제품인지 확인한다(식품의약품안전처 승인).
② 마스크와 장갑 등 개인 보호 장비를 착용하고 사용한다.
③ 소독제를 희석할 때는 계량 도구를 사용하고 물로만 희석한다.
④ 소독제를 사용할 때는 제품의 희석 방법, 살균 소독 대상별 사용 방법 및 사용량 등 소독제에 표시된 사용 방법에 따른다.
⑤ 사용 중인 소독제를 보관할 때는 뚜껑을 밀폐하고 서늘한 장소에 보관한다.
⑥ 개봉된 원액은 소독 효과가 감소하므로 적절한 주기로 교체해야 한다.
⑦ 희석된 소독제는 즉시 사용하고 희석 후 남은 액은 폐기해야 한다.
⑧ 다른 소독제와 혼합하여 사용하지 않는다.

6 살균 및 소독의 종류와 방법

1) 소독과 살균

(1) 소독 : 병원성을 약화시켜서 감염력을 없애는 조작(병원균만 사멸)

(2) 멸균 : 병원 미생물뿐 아니라 모든 미생물을 사멸

❶ 소독약의 구비조건

① 살균력이 강할 것

② 금속부식성이 없을 것

③ 표백성이 없을 것

④ 용해성이 높을 것

⑤ 사용하기 간편하고 값이 쌀 것

⑥ 침투력이 강할 것

❷ 종류 및 용도

① 염소, 차아염소산나트륨 : 상수, 과일, 야채, 식기소독

　수돗물 잔류 염소 : 0.2 ppm

　수영장 잔류 염소 : 0.4 ppm

② 표백분(클로르칼키, 클로르 석회) : 수영장 소독, 야채, 식기소독

③ 역성비누(양성비누) : 과일, 야채, 식기, 손소독. 세정력(세척력)은 없고 소독력만 있으므로 중성세제를 먼저 사용후 역성비누로 소독한다.

④ 과산화수소(3%) : 입안 상처 소독, 피부상처 소독

⑤ 석탄산(3%) : 살균력 비교 시 사용한다. 화장실(분뇨), 하수도, 진개, 오물 소독

> ※ 석탄산계수 = $\dfrac{(다른)소독약의\ 희석배수}{석탄산의\ 희석배수}$ = (살균력 비교 시 사용)

⑥ 크레졸(3%) : 화장실(분뇨), 하수도, 진개, 오물 소독

⑦ 포르말린(30%) : 화장실(분뇨), 하수도소독

⑧ 생석회 : 화장실(분뇨), 하수도, 진개, 오물 소독

⑨ 승홍수(0.1%) : 비금속 소독 (금속 부식성)

⑩ 에틸알코올(70%) : 손소독, 금속기구 소독

⑪ 포름알데히드(기체) : 병원, 도서관, 거실 소독

⑫ 에틸렌옥사이드(기체) : 식품 및 의약품 소독

Chapter 6 빵류 제품 위생 안전 관리

03. 미생물의 종류와 특징 및 예방방법

1) **미생물의 크기**

   곰팡이 > 효모 > 세균 > 리케차 > 바이러스

2) **미생물의 종류**

   (1) **세균** : 구균(공모양), 간균(막대모양), 나선균(나사모양)이 있으며, 2분법으로 증식한다.

   (2) **곰팡이** : 균사체를 발육기관으로 하는 진균을 총칭하여 곰팡이(사상균)라 한다.

   ① 누룩곰팡이 [아스퍼질러스(Aspergillus)속] : 약주, 탁주, 된장, 간장제조에 이용된다.

   ② 푸른곰팡이 [페니실리(Penicillum)속] : 황변미

   ③ 털곰팡이 [뮤코아(Mucor)속] : 전분의 당화, 치즈 숙성 및 과일 부패

   ④ 거미줄곰팡이 [리조푸스(Rhizopus)속] : 빵 곰팡이

   (3) **바이러스** : 미생물 중에서 가장 작은 미생물로 여과성 병원체

3) **미생물의 번식 조건**

   (1) **영양소** : 탄소원, 질소원, 무기염류, 발육소 등을 필요

   (2) **수분** : 40~70%

   - 생균에 필요한 수분량의 순서 : 세균 > 효모 > 곰팡이
   - 곰팡이의 생균 억제 수분량 : 13~15% 이하

   (3) **온도** : 균의 종류에 따라 발육온도가 다르며 저온균, 중온균, 고온균으로 분류(보통 25~37℃)

04. 방충·방서관리

1 출입문, 창문, 벽, 천장

출입문, 창문, 벽, 천장 등의 작업장은 해충이나 설치류가 침입하지 못하도록 관리하고, 환기 시설이 가동되지 않을 때 해충이나 설치류가 유입되지 않도록 방충망 등을 이용하여 관리한다.

해충의 서식 방지를 위하여 작업장이나 창문 주변에 폐기물이나 쓰레기가 방치되지 않도록 하고 주기적으로 방역 작업을 해야 한다.

창문이나 창틀에 있는 배수구 구멍에 방충망이 설치되었는지, 파손 여부를 확인한다.

2 작업장

일반 작업장 내부에 포충등, 바퀴 트랩, 페로몬 패치 트랩 등을 설치하고 일반 작업장 내·외부와 창고에는 쥐덫을 설치하여 유입된 해충이나 설치류의 개체수를 확인하고 점검한다.

3 방충, 방서 관리

1) 작업장 내 어느 장소에서도 설치류, 곤충, 새, 해충 등의 혼입을 방지하기 위하여 밀폐식 구조로 한다. 곤충이 번식을 하지 못하도록 찌꺼기 및 서식처를 완전히 제거하여야 하고, 외부로부터 위생 곤충의 혼입을 방지하기 위하여 창문에는 방충망을 설치하고 유지, 관리를 하여야 한다.
2) 작업장 내·외부에 설치되어 있는 에어 샤워, 방충문 등의 일상 점검을 실시하여야 하며, 정상 작동 여부 등을 확인하여야 한다.
3) 방제를 실시할 경우에는 식품에 오염되지 않도록 비닐 등을 이용하여 식품과의 접촉을 막는 등의 적절한 조치를 취하여야 하고, 근무를 하지 않는 날에 실시하며, 약제 사용량 및 방역 결과는 기록으로 보존한다.
4) 쥐막이 시설은 식품과 사람에 대하여 오용이 되지 않도록 하여야 하며, 적정성 여부를 확인한다. 작업장 및 작업장 주변의 소독은 방제 전문 업체와의 용역 계약에 의해 외부 의뢰하여 월 1회 이상 실시한다.

방충·방서 점검 내용

구분	점검 내용
방충	- 쓰레기통 등에 해충의 흔적이 없는가? - 벽이나 천장의 모서리, 구석진 곳에 해충의 흔적이 없는가? - 기기류, 에어컨 밑의 따뜻한 곳에 해충의 흔적이 없는가? - 음습한 곳에 바퀴벌레 등의 서식 흔적이 없는가?
방서	- 벽의 아랫부분, 어두운 곳에 쥐의 배설물 등이 발견되는가? - 쥐가 갉아 먹은 원료나 제품이 발견되는가? - 배선 등을 쥐가 갉아 먹은 흔적은 없는가?

제4절 | 공정 점검 및 관리

01. 공정의 이해 및 관리

1 공정 관리

제빵의 제조 공정 관리에 필요한 제품 설명서와 공정 흐름도를 작성하고 위해 요소분석을 통해 중요 관리점을 결정하며, 결정된 중요 관리점에 대한 세부적인 관리 계획을 수립하여 공정 관리하는 것을 말한다.

Chapter 6 빵류 제품 위생 안전 관리

2 제빵 제조 공정도(직접법의 예)

1) 원료 계량 : 각 원료 계량
2) 1차 배합 : 저속 (   )분, 고속 (   )분
3) 1차 발효 : (   )℃에서 (   )분 발효
4) 정형 : (   ) 모양으로 정형
5) 2차 발효 : (   )℃에서 (   )분 발효
6) 굽기 : (   )℃에서 (   )분 굽기
7) 냉각 : (   )℃에서 (   )분 냉각
8) 포장 : (   )℃ 온도로 실링
9) 보관 : (   )℃에서 보관

3 제조 공정서(직접법의 예)

제품의 생산 흐름을 보여 주는 것이 제조 공정도라면 제품을 만드는 설명서와 같은 것은 제조공정서이다. 사용하는 원료 배합 비율, 반죽하는 방법, 분할과 정형 방법 등 자세하게 생산 방법이 기술되어 작업자가 활용할 수 있도록 정보를 제공하는 역할을 한다. 제조 공정서에서의 품질 관리 대상은 반죽 온도, 반죽 방법, 발효, 굽기, 포장 방법 등으로 구분할 수 있다.

공정	원료		배합 및 가공법	설비
배합비	밀가루		100	믹서 저울
	소금		1.5	
	설탕		10	
	유지		5	
	급수		40	
공정	반죽		저속 10분 / 고속 15분	온도계 발효실 분할기 성형기
	휴지		15분	
	분할		50g	
	정형		둥글리기하여 철판에 팬닝	
	1차 발효	온도	28℃	
		습도	80%	
		시간	120분	
굽기			200℃ 10분	오븐
냉각			10℃에서 30분 냉각	냉각실
포장			실링기로 밀봉 포장	포장 기기
유통 방법			상온 유통	

02. 공정별 위해 요소 파악 및 예방

1 공정별 위해 요소 파악

1) 위해 요소 평가하기

위해 요소 평가는 제품 설명서에서 파악된 원·부재료별로, 그리고 공정 흐름도에서 파악된 공정 단계별로 구분하여 실시한다. 이 과정에서 발생 가능한 모든 위해 요소를 파악하여 목록을 작성한다. 즉, 각 위해 요소의 유입 경로와 이것을 제어할 수 있는 예방 수단을 파악하여 기술한다.

이 때 위해 요소의 발생 가능성과 발생 시 그 결과의 심각성을 감안하여 위해를 평가한다.

2) 위해 요소 분석하기

(1) 1단계 : 원료별, 공정별로 생물학적·화학적·물리적 위해 요소와 발생 원인을 모두 파악하여 목록화 한다.

(2) 2단계 : 파악된 잠재적 위해 요소에 대한 위해 평가 기준을 이용하여 위해를 평가한다.
이때 위해요소의 빈도와 발생 가능성을 모두 포함하여 평가한다.

(3) 3단계 : 파악된 잠재적 위해 요소의 발생 원인과 각 위해 요소를 안전한 수준으로 예방하거나 완전히 제거, 또는 허용 가능한 수준까지 감소시킬 수 있는 예방 조치 방법이 있는지를 확인하여 기재한다.

(4) 4단계 : 위해 요소 분석표를 작성한다.

3) 공정 관리 지침서 작성

(1) 제품 설명서 작성하기

(2) 공정 흐름도 작성하기

(3) 위해 요소 분석하기

(4) 중요 관리점 결정하기

(5) 중요 관리점에 대한 세부 관리 계획 수립

4) 제품 설명서 작성

(1) 제품명은 해당 관청에 보고한 해당 품목의 "품목 제조(변경)보고서"에 명시된 제품명과 일치하도록 작성한다.

(2) 빵류 중 어떤 종류의 제품인지 식품 유형(제품 유형)을 작성한다. 제품 유형은 "식품공전"의 분류 체계에 따른 식품의 유형을 기재한다.

(3) 품목 제조 연월일을 작성한다. 품목 제조 보고 연월일은 식품 제조·가공 업소의 경우에 해당하며, 해당 식품의 "품목 제조(변경)보고서"에 명시된 보고 날짜를 기재한다.

(4) 제품 설명서를 작성한 사람의 성명과 작성 연월일을 기재한다.

(5) 성분(또는 식자재) 배합 비율은 식품 제조·가공 업소의 경우 해당 식품의 "품목 제조(변경) 보

Chapter 6 빵류 제품 위생 안전 관리

고서"에 기재된 원료인 식품 및 식품 첨가물의 명칭과 각각의 함량을 기재한다.

(6) 제조 포장 단위는 판매되는 완제품의 최소 단위를 중량, 용량, 개수 등으로 기재한다.

(7) 완제품의 규격은 성상, 생물학적, 화학적, 물리적 항목별로 식품공전상의 법적 규격과 식품 원료, 공정 등에서 심각성이 높은 위해 요소 및 실제 발생되는 위해 요소를 작성한다.

(8) 직사광선을 피하여 건조하고 서늘한 곳에 보관 또는 개봉 후 냉장 보관·유통상의 주의 사항을 작성한다.

(9) 포장 방법은 구체적으로 기재하며, 포장 재질은 내포장재와 외포장재 등으로 구분하여 기재한다.

(10) 표시 사항에는 "식품 등의 표시 기준"의 법적 사항에 기초하여 소비자에게 제공해야 할 해당 식품에 관한 정보를 기재한다.

(11) 제품 용도는 소비 계층을 고려하여 일반 건강인, 영유아, 어린이, 환자, 노약자, 허약자 등으로 구분하여 기재한다.

(12) 섭취 방법을 작성한다.

(13) 유통기한은 식품 제조·가공 업소의 경우 "품목 제조(변경) 보고서"에 명시된 유통기한을 제조일로부터 00개월과 같이 작성한다.

5) 공정 흐름도 작성

공정 흐름도(Flow diagram)는 원료의 입고에서부터 완제품의 출하까지 모든 공정 단계들을 파악하여 각 공정별 주요 가공 조건의 개요를 기재하고, 모든 공정별로 위해요소의 교차 오염 또는 2차 오염, 증식 등의 가능성을 파악하는 데 도움을 준다. 또한 작업장 평면도(Plant schematic)는 작업 특성별 구역, 기계·기구 등의 배치, 제품의 흐름 과정, 작업자의 이동 경로, 세척·소독조 위치, 출입문 및 창문, 환기 또는 공조 시설 계통도, 용수 및 배수 처리 계통도 등을 작성한다.

(1) 공장 도면으로 총면적을 일반 구역과 청결 구역으로 구역 설정한다.

 일반 구역은 투입실, 계량실, 배합실, 성형실, 포장재 보관실, 외포장실 등이고, 청결 구역은 가열실, 냉각실, 내포장실 등이다.

(2) 제품의 이동 동선과 일반 구역 출입자 동선, 청결 구역 출입자 이동 동선으로 작업 현장 특성에 따라 수정 보완한다.

(3) 제품의 특성에 맞게 제조 공정도를 작성한다.

2 공정별 위해요소 예방 및 개선 조치(Corrective Action)

1) 모니터링

모니터링(Monitoring)은 공정 중의 중요 관리점에 설정된 한계 기준을 벗어나지 않고 안정적으로 운영되도록 관리하기 위하여 종업원 또는 기계적인 방법으로 적절히 관리하고 있는지 여부를 확인하기 위하여 수행하는 일련의 계획된 관찰이나 측정하는 행위 등을 말한다.

⑴ 각 원료와 공정별로 가장 적합한 모니터링 절차를 파악한다.
⑵ 모니터링 항목, 위치나 지점, 방법, 모니터링 주기나 빈도를 결정한다.
⑶ 모니터링 결과를 기록할 서식을 결정한다.
⑷ 모니터링 담당자를 지정하고 훈련시킨다.

2) 개선 조치

개선 조치는 모니터링 결과, 중요 관리점의 한계 기준을 이탈할 경우에 취하는 일련의 조치를 말한다.
⑴ 각 중요 관리점별로 가장 적합한 개선조치 절차를 파악한다.
⑵ 중요 관리점별로 위해 요소의 심각성에 따라 차등화하여 개선조치 방법을 결정한다.
⑶ 개선조치 결과의 기록 서식을 결정한다.
⑷ 개선 조치 담당자를 지정하고 교육·훈련시킨다.

3 공정 관리 한계 기준 이탈 시 적절한 개선조치 실시

1) 생물학적 위해 요소
① 시설 개·보수를 실시하며, 적절한 세척·소독을 실시한다.
② 원·부재료 협력업체의 시험 성적서를 확인한다.
③ 입고되는 원·부재료를 검사하며, 공기 중에 식품 노출을 최소화한다.
④ 보관, 가열, 포장 등의 온도, 시간 등의 가공 조건 준수를 확인한다.
⑤ 종업원에 대한 위생 교육 등을 실시한다.

2) 화학적 위해 요소
① 원·부재료 협력업체의 시험 성적서를 확인한다.
② 입고되는 원·부재료를 검사한다.
③ 승인된 화학 물질을 사용하며 사용 기준을 준수한다.
④ 화학 물질의 적절한 식별 표시를 하고 보관한다.
⑤ 화학 물질을 취급하는 종업원의 적절한 교육·훈련 등을 실시한다.

3) 물리적 위해 요소
① 시설 개·보수를 실시한다.
② 입고되는 원·부재료를 검사하며, 원·부재료 협력업체의 시험 성적서를 확인한다.
③ 육안 선별, 금속 검출기 관리 등을 실시한다.
④ 종업원 교육·훈련 등을 실시한다.

4) 공정별 개선조치
① 입고, 보관
냉장, 냉동 원료가 온도 기준이 이탈된 상태로 운송되거나 실온에서 오랫동안 방치될 경우 제

품 온도 상승으로 인해 세균이 증식될 수 있으므로 온도 기록 관리가 필요하다.

② 계량

종업원이 직접 실시하는 작업인 계량 공정은 종업원의 부주의로 식중독균의 교차 오염, 사용 도구에 의한 이물 등의 혼입 우려가 있으므로 숙련된 종업원을 배치하여 철저히 관리한다.

③ 배합, 반죽

배합·반죽 작업은 주로 믹싱기를 이용하여 작업이 이루어지며, 믹싱기 노후 및 파손으로 인해 금속 파편이 제품에 혼입될 수 있으므로 믹싱기는 매일 노후 상태나 파손된 부위가 없는지 확인·관리한다.

④ 성형, 사출

성형·사출 작업은 주로 사출 성형기를 이용하여 작업이 이루어지며, 사출 성형기 노후 및 파손으로 인해 금속 파편이 제품에 혼입될 수 있으므로 매일 확인·관리한다.

⑤ 가열 후 청결 제조 공정

가열 후 청결 제조 공정은 가열 공정에서 식중독균과 같은 생물학적 위해 요소가 제거되므로, 이러한 상태를 유지하기 위해 가열 공정 이후부터 내포장 공정까지 보다 청결한 수준으로 관리하는 공정을 말한다.

⑥ 냉각

냉각 공정은 가열 또는 굽기 공정 이후의 과정으로 가장 청결한 상태로 관리되어야 한다. 개인 위생을 준수하고, 수시로 손 세척과 소독을 실시하여야 한다. 또한 종사자는 마스크를 착용하고 필요시 일회용 장갑 등을 착용하고 작업하도록 한다.

⑦ 기타

㉠ 가열온도 및 가열시간 미달 시에는 해당 제품을 폐기하고, 온도나 시간이 초과시에는 제품 검사 후 이상이 없는지 확인한다.

㉡ 기계 고장 시 생산을 중단하고, 수리 후 제품 생산을 계속한다.

㉢ 즉각적인 수리가 불가능할 경우 공정품이 교차 오염되지 않도록 냉장고나 창고에 보관한 후, 수리가 끝나면 제품 생산을 계속한다.

5) 개선조치 완료 후 확인해야 할 사항

① 한계 기준 이탈의 원인이 확인되고 제거되었는가?

② 개선조치 후 중요 관리점은 잘 관리되고 있는가?

③ 한계 기준 이탈의 재발을 방지할 수 있는 조치가 마련되어 있는가?

④ 한계 기준 이탈로 인해 오염되었거나 건강에 위해를 주는 식품이 유통되지 않도록 개선조치 절차를 시행하고 있는가?

Chapter 7 빵류제품 생산 작업 준비

| 제1절 | 작업환경 점검

01. 작업환경 및 작업자 위생 점검

1 작업실 환경 및 바닥

작업장 내부 통로나 작업장 간에는 작업자 이동경로를 표시하고 물건 적재를 금지한다. 작업장의 밀폐 상태, 작업 도구의 파손 여부 등 시설 설비 고장 여부 및 관리 상태를 점검한다.

(1) 작업실 바닥은 매일 청소를 해야 하므로 청소가 쉽고 미끄러지지 않는 재질을 선택해야 한다.
(2) 균열이 가지 않는 내산성·내방수성 재질을 사용한다.
(3) 탄력성이 있고 소리가 작아 피로감을 주지 않아야 한다.
(4) 바닥은 재질뿐만 아니라 급배수, 전선의 배관이 매설되거나 가스관이 바닥에 노출되지 않아야 한다.
(5) 경사를 주어 배수가 잘되도록 해야 한다.
(6) 바닥의 균열이나 떨어져 나간 자리는 미생물 증식의 온상이 되므로 즉시 고쳐 해충의 서식처를 제공하지 않아야 하며, 늘 마른 상태로 유지할 수 있도록 수분을 제거한다.
(7) 작업실 바닥 재질로는 여러 바닥재 중 내구성과 유지 관리가 쉬워 가장 많이 사용했던 재질로 타일류, 에폭시, 우레탄 등도 바닥재로 많이 사용한다.
(8) 작업실 바닥에 조금이라도 문제점이 발견되는 즉시 보수한다.
(9) 작업실 바닥의 생물학적 위해 요소(곰팡이, 이물질, 녹슨 곳)를 확인한다.

2 작업실 창문

작업실의 창문은 작업실 내 오염된 공기의 환기 및 채광 조절이 가능해야 하며 개폐에 의한 마모 손상, 도난 및 화재에 충분히 대비되어야 한다. 창문은 창문틀과 내벽을 일직선으로 유지하여 먼지가 쌓이지 않도록 한다.

1) 작업실 창문 점검
   (1) 작업실 창문의 방충망 점검
      ① 개폐식 창문의 경우 방충망이 설치되었는지 확인한다.
      ② 방충망이 찢어지거나 파손되었는지 확인한다.

③ 창틀에 있는 배수구 구멍에 방충망이 설치되었는지 확인한다.
④ 창틀에 있는 배수구 구멍에 방충망이 찢어지거나 파손되었는지 확인한다.

(2) 작업실 창문 유리 점검
① 창문 유리가 깨지지 않는 강화 유리인지 확인한다.
② 창문 유리에 금이 가거나 깨진 곳이 있는지 확인한다.

(3) 작업실 창문틀 점검
① 창문틀에 먼지나 곰팡이가 있는지 확인한다.
② 창문틀과 벽 사이 틈이 있는지 확인한다.

| 제2절 | 기기 안전 관리

01. 설비 및 기기의 종류

1 제빵 설비

1) 발효기 (fermentation M/C)
믹싱이 완료된 반죽 및 정형이 끝난 반죽을 수분과 온도가 조절되는 조건에서 발효시키는 데 사용하는 설비를 말하며, 발효기는 40칸 및 20칸 등이 많이 사용되고 있다. 이러한 발효기를 일명 prove라고 한다.

2) 도 컨디셔너 (dough conditioner)
냉동, 냉장, 해동, 2차 발효를 자동적으로 조절하는 기계를 말하며, 냉동 반죽이 발달하면서 계획 생산을 할 수 있고, 주말 근무를 하지 않아도 신선한 제품을 언제나 만들 수 있도록 조절이 가능한 기계를 말한다.

3) 자동 분할기 (divider)
1차 발효가 끝난 반죽을 정해진 용량의 반죽 무게로 자동적으로 분할하는 기계를 말한다.

4) 라운더 (rounder)
우산형 라운더로 반죽을 일정한 중량으로 분할하여 기계적으로 둥글려지면서 표피를 매끄럽게 만드는 기계를 말한다.

5) 자동 제빵 성형기
발효가 완료된 반죽을 자동으로 분할하여 정형까지 이루어지는 기계를 말하며, 찐빵 및 팥빵, 쿠키 등의 제품에 많이 이용되고 있다.

6) 슬라이서 (bread slicer)
제빵을 일정한 간격으로 자르는 데 사용하는 설비를 말하며, 식빵류와 프랑스빵 등에 이용된다.

2 제빵 도구

〈각 종류의 도구〉

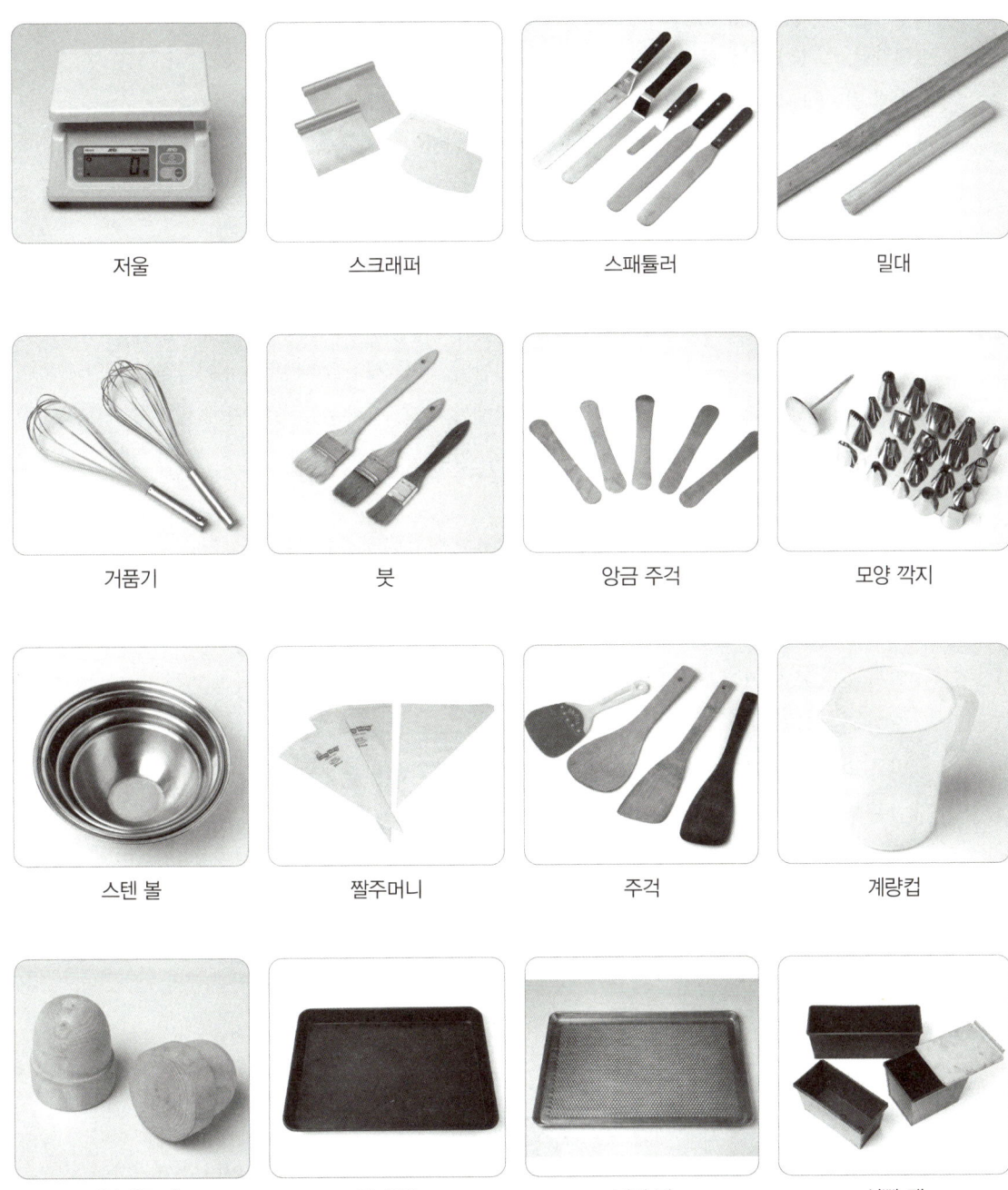

저울	스크래퍼	스패튤러	밀대
거품기	붓	앙금 주걱	모양 깍지
스텐 볼	짤주머니	주걱	계량컵
정형기(목단)	평 철판	냉각 판	식빵 팬

> Chapter 7 빵류제품 생산작업 준비

02. 설비 및 기기의 위생·안전 관리

1 작업대 점검
① 작업대 윗면과 주변의 이물질이 있는지 확인한다.
② 머리카락, 실 등 이물질은 손으로 제거하고 먼지는 젖은 행주로 닦는다.
③ 작업대 윗면에 깨진 부분이 있는지 확인한다.
④ 작업대 이음새 부분에 곰팡이 등이 끼어 있는지 확인한다.
⑤ 소독제를 사용하기 전에 장갑을 착용한다.
⑥ 70% 알코올을 건조한 작업대에 분무한 후 닦아 내지 않고 자연 건조한다.

2 믹서
반죽하기 전 믹서와 믹서 주변의 청결 상태를 확인한다. 빵을 제조할 때 반죽에 이물질이 삽입되면 이후 공정에도 영향을 미칠 수 있으므로 철저히 관리해야 한다. 믹서는 주방 바닥에 세워 놓고 사용하는 형태와 작업대에 올려놓고 사용하는 형태로 나눌 수 있다.

1) 믹서 주변 청결 상태 확인
① 믹서 바닥에 반죽이나 이물질이 있는지 확인하고 있으면 치운다.
② 바닥에 물기가 있으면 닦는다.

2) 믹서 청결 상태 확인
① 믹서 속도 조절 기어와 고정 고리, 타이머 스위치, 안전망 등에 반죽이나 덧가루 등 이물질이 있으면 닦는다.
② 반죽 믹싱 볼에 물기가 있는지 확인한다. 물기가 있으면 마른행주로 닦는다.
③ 반죽 믹싱 볼을 만질 때는 손에 물기가 없도록 해야 한다.
④ 본체에 연결되는 훅의 윗부분에 쇳가루나 윤활 기름이 있는지 확인하고 이물질이 있으면 닦는다.
⑤ 안전망 안쪽에는 밀가루나 반죽할 때 반죽이 튀어 묻는 경우가 많으므로 안쪽까지 확인한다.

3 팬

1) 식빵 팬
① 반죽 양과 용도에 맞는 팬을 준비한다.
② 식빵 팬 내부에 코팅이 벗겨져 있는지 확인한다.
③ 식빵 팬 내·외부에 빵 부스러기나 유지, 수분 등의 이물질이 있는지 확인하고 제거한다.

④ 내부 모서리에 빵 반죽의 일부가 남아 있으면 제거한다.

⑤ 코팅이 많이 벗겨졌거나 물로 세척한 경우에는 충분히 말려 수분을 제거하고 쇼트닝이나 이형제를 내부에 바른다.

2) 빵 팬

① 반죽 양과 용도에 맞는 팬을 준비한다.

② 빵 팬에 물기나 이물질이 있는지 확인하고 제거한다.

③ 코팅이 벗겨진 곳이 있는지 확인하고 벗겨진 곳이 많으면 이형제로 쇼트닝 등을 발라 사용한다.

④ 틀어진 곳이 있는지 확인하고 틀어진 팬은 사용하지 않는다.

3) 프랑스빵 팬

① 반죽의 크기와 두께에 따라 4줄, 5줄, 6줄의 팬을 구분하여 선택한다.

② 팬의 구멍 부분에 이물질이 있는지 확인하고 스크레이퍼를 이용하여 제거한다.

③ 코팅이 벗겨진 곳이 있는지 확인한다.

4) 브리오슈 팬

① 반죽 양에 맞는 브리오슈 팬을 준비한다.

② 팬 바닥 무늬 모양에 물기나 유지 등의 이물질이 있는지 확인하고 제거한다.

4 발효기

① 발효기 내부에 빵 팬이나 다른 반죽이 있는지 확인한다.

② 곰팡이나 이물질이 있는지 확인하고 제거한다.

③ 발효기의 전원 스위치를 켠다.

④ 건열 및 습열 스위치를 이용하여 건열, 습열을 반죽의 종류에 따라 맞춘다. 건열온도 다이얼을 27℃에 세팅하고 습열온도 스위치를 24℃로 세팅하면 내부 습도가 약 80% 내외가 된다.

5 튀김용 유지 관리

1) 산화 관리

튀김유지 변화의 주요한 원인이며, 근본적으로 공기중의 산소에 뜨거운 유지가 노출됨으로써 일어난다. 유지의 산화를 최소화하는 조치는 다음과 같다.

① 사용빈도가 적을 때는 튀김의 온도를 121℃ 이하고 낮추거나 완전히 끔으로써 높은 온도에서 유지와 공기와의 접촉을 최소화시킨다.

② 튀김시간을 가능한 한 짧게 한다.

③ 유지를 빛에 노출시키는 것을 피한다.

2) 용기 및 불순물 관리

구리와 놋쇠와 같은 금속은 유지의 산화에 영향을 준다. 구리나 구리합금으로 만들어진 도구에 유지를 접촉시키는 것을 피해야 한다. 다른 형태의 불순물도 제품의 품질에 나쁜 영향을 줄 수 있다. 예를 들면 탄 식품조각들은 연속 튀김 시 다른 제품에 달라붙기 쉽고, 튀김유지와 제품에 나쁜 영향을 준다. 이런 불순물들은 도넛에 검은 반점의 형태로 부착될 수 있으며 제품에 쓴맛을 내게 하고 튀김유지의 발연점을 낮추는 역할을 한다. 따라서 튀기는 동안에 고운 뜰채 등으로 불순물을 제거하면 이러한 현상을 방지할 수 있다.

3) 유지 여과

유지의 품질저하를 일으키는 탄소원 물질을 제거하기 위해 정기적으로 튀김유지를 여과해야 한다. 이스트도넛과 케이크도넛을 함께 사용하는 경우에는 덧가루 때문에 여과에 더욱 신경써야 한다.

4) 튀김기 세척

튀김기는 가성소다액으로 먼저 세척하고 약산성 세제로 중화시켜 세척해야 한다. 세척한 후 물기 없이 말려야 하고 튀김기에 소량의 세제가 남아있을 경우 튀길 때 거품을 일으킬 수 있으므로 주의해야 한다. 튀김기의 세척순서는 다음과 같다.

① 튀김유지가 완전히 식은 후 소창에 걸러 어두운 곳에 보관한다.
② 가성용액을 튀김기에 투입한다.
③ 부드러운 브러쉬로 문지른다.
④ 세척수가 깨끗해 질 때까지 반복해서 헹군다.
⑤ 깨끗한 물을 붓고, 수분동안 끓인다.
⑥ 물을 따라내고 마른 헝겊으로 닦으면서 완전히 건조시킨다.

5) 튀김 유지의 품질관리

유리지방산 분석, 유지의 색도 비교, 발연점의 결정, 전체 극성물질, 튀김유 속에 들어있는 중합체

6) 튀김 유지의 교환

튀긴 도넛의 맛, 냄새 및 외관이 바람직하지 못할 때 유지를 교체해야 한다. 품질 관리는 튀긴 도넛을 평가할 수 있도록 적절하게 훈련을 받은 사람에 의해 이루어질 수 있다. 튀김 공정 동안 유지는 높은 온도, 산소 및 수분에 노출되어 있는데, 이 모든 것은 유지의 분해를 촉진시키는 경향이 있다. 튀김 유지가 열전달 매체로 기능을 하는 것뿐만 아니라, 최종제품의 주요성분이 되고 도넛의 품질을 확실히 보장하기 위해서는 튀김 유지의 선택과 관리가 매우 중요하다. 튀김기름 교환은 일정한 작업시간을 정해놓고 시기에 맞추어 교환한다.

Part 02

제빵 기능사 문제풀이

1. 제빵 기능사 문제풀이
Chapter 1. 빵류제품 재료혼합 _ 146
Chapter 2. 빵류제품 반죽발효 _ 203
Chapter 3. 빵류제품 반죽정형 _ 210
Chapter 4. 빵류제품 반죽익힘 _ 216
Chapter 5. 빵류제품 마무리 _ 220
Chapter 6. 빵류제품 위생안전관리 _ 232
Chapter 7. 빵류제품 생산작업준비 _ 264

2. 제빵이론 계산문제
제빵이론 _ 269
영양학 _ 276
현장실무 _ 277

3. 제빵기능사 모의고사
제빵기능사 모의고사 1회 _ 280
제빵기능사 모의고사 2회 _ 287
제빵기능사 모의고사 3회 _ 293
제빵기능사 모의고사 4회 _ 300

Chapter ❶ 빵류제품 재료혼합

제1절 재료 준비 및 계량

01. 배합표 작성 및 점검

01 배합의 합계 %는 170%, 쇼트닝4%, 소맥분의 중량 5kg이다. 이때 쇼트닝의 중량은?

① 850g   ② 200g   ③ 680g   ④ 800g

100% : (소맥분의 중량 5000g = 쇼트닝 비율) = 4% : X
X = 200g

02 미국식 데니시 페이스트리 제조시 반죽무게에 대한 충전용 유지(롤인유지)의 사용 범위로 가장 적합한 것은?

① 10~15%   ② 20~40%   ③ 45~60%   ④ 60~80%

미국식 데니쉬 페이스트리 제조 시 반죽무게에 대한 충전용 유지(롤인유지)의 사용 범위는 20~40%이며, 전통 덴마크식 방법은 40~55% 정도이다.

03 표준 식빵의 재료 사용 범위로 부적합한 것은?

① 설탕 0~8%   ② 생이스트 1.5~5%
③ 소금 5~10%   ④ 유지 0~5%

식빵의 소금 사용량은 2% 정도이다.

04 식빵 제조시 최고 부피를 얻을 수 있는 유지의 양은?
(단, 다른 재료의 양은 모두 동일하다고 본다.)

① 2%   ② 4%   ③ 8%   ④ 12%

4% 정도의 유지 양이 최고의 부피를 얻을 수 있다.

정답 01 ② 02 ② 03 ③ 04 ②

05 식빵 600g짜리 10개를 제조할 때 발효 및 굽기, 냉각 손실 등을 합하여 총 손실이 20% 이고, 배합률의 합계가 150%라면 밀가루 사용량은?

① 3kg ② 5kg ③ 6kg ④ 7kg

> 밀가루 사용량 = 완제품의[총중량÷(1−총손실)]÷총배합률
> [{(600×10)÷(1−0.2)}÷150]×100 = 5kg

06 완제품 식빵 500g씩 200개를 제조하려 할 때, 발효 손실이 1%, 굽기 냉각 손실이 12%, 총 배합률이 180%라면 밀가루의 무게는 약 얼마인가?

① 47kg ② 55kg ③ 64kg ④ 71kg

> 계산방법
> * 완제품 중량 = 500g×200개 = 100,000g
> * 총반죽 중량 = 완제품 중량÷(1−발효손실률)÷(1−굽기 냉각손실률)
>   = 100,000÷(1−0.12)÷(1−0.01)
>   = 114,784g
> * 총배합율 = 180%, 밀가루 비율 = 100%
> * 밀가루 중량(g) = (밀가루 비율×총반죽중량)/총배합율
>   = (100%×114,784g)/180% = 63,768g

07 완제품 식빵 500g짜리 500개를 주문 받았다. 총 배합률은 190%이고, 발효 손실은 2%, 굽기 손실은 10%일 때 20kg 짜리 밀가루는 몇 포대 필요한가?

① 6포대 ② 7포대 ③ 8포대 ④ 9포대

> 계산방법
> *(500g×500개)÷{1−(10÷100)}÷{1−(2÷100)}×100%÷190%÷1000÷20kg = 7.5포대
> ∴ 8포대

08 빵 90g짜리 520개를 만들기 위해 필요한 밀가루 양은?
(제품 배합률 180%, 발효 및 굽기 손실은 무시)

① 10kg ② 18kg ③ 26kg ④ 31kg

> 계산방법
> *(빵무게÷제품배합률)×갯수
> * (90÷1.8)×520 = 26,000g = 26kg

05 ② 06 ③ 07 ③ 08 ③

Chapter ❶ 빵류제품 재료혼합

09 고율배합에 대한 설명으로 틀린 것은?

① 믹싱 중 공기 혼입이 많다.
② 설탕 사용량이 밀가루 사용량보다 많다.
③ 화학 팽창제를 많이 쓴다.
④ 촉촉한 상태를 오랫동안 유지시켜 신선도를 높이고 부드러움이 지속되는 특징이 있다.

> TIP 고율배합 의미는 설탕 사용량이 밀가루 사용량보다 많은 배합을 말한다.
> 제품의 신선도를 높이고 부드러움을 지속시키는 특징이 있다.

10 식빵배합률 합계가 180%, 밀가루 총 사용량이 3000g일 때 총반죽의 무게는?
(단, 기타손실은 없음)

① 1620g   ② 3780g   ③ 5400g   ④ 5800g

> TIP *총 반죽무게 = (총 배합률×밀가루 무게)÷밀가루 비율
> *(180%×3,000g)÷100% = 5,400g

02. 재료 준비 및 계량

01 다음 중 함께 계량 할 때 가장 문제가 되는 재료는?

① 소금, 설탕   ② 밀가루, 반죽 개량제
③ 이스트, 소금   ④ 밀가루, 호밀가루

> TIP 설탕과 소금은 삼투압 작용으로 이스트의 체내 수분을 빼앗아 활력을 저하시킨다.

02 빵 제조시 밀가루를 체로 치는 이유가 아닌 것은?

① 이물질 제거   ② 고른 분산
③ 제품의 색 유지   ④ 공기의 혼입

> TIP 빵 제조시 밀가루를 체로 치는 이유와 제품의 색 유지와는 무관하다.

03 프랑스빵의 필수재료와 거리가 먼 것은?

① 밀가루   ② 분유   ③ 소금   ④ 이스트

> TIP 프랑스빵의 필수 재료는 밀가루, 소금, 물, 이스트 정도이다.

정답   09 ③   10 ③   01 ③   02 ③   03 ②

04 식품을 계량하는 방법으로 틀린 것은?

① 밀가루 계량은 부피보다 무게가 더 정확하다.
② 흑설탕은 계량 전 체로 친 다음 계량한다.
③ 고체지방은 계량 후 고무주걱으로 잘 긁어 옮긴다.
④ 꿀같이 점성이 있는 것은 계량컵을 이용한다.

03. 재료의 성분 및 특징

1) 밀가루

01 식빵 제조용 밀가루의 적당한 단백질 함량은?

① 5% 이상　② 8% 이상　③ 9% 이상　④ 11% 이상

밀가루의 분류
* 강력분 : 단백질의 함량 11~13% – 식빵(제빵)
* 중력분 : 단백질의 함량 9~11% – 국수
* 박력분 : 단백질의 함량 7~9% – 과자(제과)

02 같은 밀가루로 식빵 프랑스빵을 만들 경우, 식빵의 가수율이 63%였다면 프랑스빵의 가수율은 얼마나 하는 것이 가장 좋은가?

① 61%　② 63%　③ 65%　④ 67%

 가수율은 수분의 비율을 말하는 것으로 프랑스빵은 식빵보다 가수율이 작아야 한다.

03 빵의 부피와 가장 관련이 깊은 것은?

① 소맥분의 단백질 함량　② 소맥분의 전분함량
③ 소맥분의 수분함량　④ 소맥분의 회분함량

 소맥분의 단백질 함량은 반죽에서 글루텐 형성과 관련되며 형성된 글루텐은 발효에서 가스의 포집과 굽기에서 가스 팽창을 유지할 수 있는 원인이다.

04 밀가루 200g에서 젖은 글루텐 16g을 얻었다면 이 밀가루의 젖은 글루텐은 몇 %인가?

① 4%　② 6%　③ 10%　④ 8%

 젖은 글루텐 % = (젖은 글루텐 중량g/ 밀가루 중량g)×100 = (16/200)×100 = 8%

04 ②　　　　　　　　　　　　　　01 ④　02 ①　03 ①　04 ④

Chapter ❶ 빵류제품 재료혼합

05 밀가루 200g에서 젖은 글루텐 16g을 얻었다면 이 밀가루의 단백질 함량은?

① 2.1% ② 2.7% ③ 3.0% ④ 4.2%

*젖은 글루텐% = (젖은 글루텐 중량g÷밀가루 중량g)×100 = (16/200)×100 = 8%
*건조 글루텐% = 젖은 글루텐%÷3 = 8÷3 = 2.7

06 밀가루 200g에 손상된 전분은 몇 g이 적합한가?

① 9~16 ② 12~18 ③ 14~22 ④ 20~30

제빵적성에 적합한 손상전분 함량은 4.5~8%이다.
200×0.045 = 9 / 200×0.08 = 16

2) 이스트(효모)

01 효모가 포도당으로부터 에틸알콜을 생산할 때 발생되는 가스는?

① 탄산가스 ② 황화가스 ③ 수소가스 ④ 질소가스

발효중에 일어나는 생화학적 변화
* 단백질(프로테아제)→아미노산
* 설탕(인베르타아제)→포도당+과당(찌마아제)→이산화탄소(=탄산가스)+알콜
* 전분(아밀라아제)→맥아당(말타아제)→포도당+포도당→이산화탄소+알콜
* 분유(락타아제)→유당(잔당)→캐러멜화

02 빵 반죽이 발효되는 동안 이스트는 무엇을 생성하는가?

① 물, 초산 ② 산소, 알데히드 ③ 수소, 젖산 ④ 탄산가스, 알코올

빵 반죽이 발효되면 이스트는 탄산가스와 알코올이 나온다.

03 활성 건조이스트를 수화시킬 때 발효력을 증가시키기 위하여 밀가루에 기준하여 1~3%를 물에 풀어 넣을 수 있는 재료는?

① 설탕 ② 소금 ③ 분유 ④ 밀가루

활성 건조 이스트
– 활성건조이스트는 70% 이상인 생이스트의 수분을 7.5~9% 정도로 건조시킨 것으로, 균일성, 편리성, 정확성, 경제성 등의 장점이 있다.
– 이스트의 발효력을 증가시키기 위해 1~3%의 설탕을 물에 풀어 사용한다.

정답 05 ② 06 ①   01 ① 02 ④ 03 ①

04 효모에 함유된 성분으로 특히 오래된 효모에 많고 환원제로 작용하여 반죽을 약화시키고 빵의 맛과 품질을 떨어뜨리는 것은?

① 글루타치온 ② 글리세린 ③ 글리아딘 ④ 글리코겐

> 글루타치온은 반죽을 약화시켜 퍼지게 만드는 환원성 물질로 환원제로 쓰이기도 한다.

05 압착효모(생이스트)의 고형분 함량은 보통 몇 %인가?

① 10% ② 30% ③ 5% ④ 60%

> 생이스트는 고형분이 30%, 수분이 70%로 이루어져 있다.

06 효모에 대한 설명으로 틀린 것은?

① 당을 분해하여 산과 가스를 생성한다.
② 출아법(budding)으로 증식한다.
③ 제빵용 효모의 학명은 saccharomyces serevisiae이다.
④ 산소의 유무에 따라 증식과 발효가 달라진다.

> 효모는 당을 산화시켜 산과 가스를 생성한다.

07 건조 이스트는 같은 중량을 사용할 생이스트 보다 활성이 약 몇 배 더 강한가?

① 2배 ② 5배 ③ 7배 ④ 10배

> 건조이스트 = 생이스트×2

08 이스트 2%를 사용하여 4시간 발효시킨 경우 양질의 빵을 만들었다면 발효시간을 3시간으로 단축하자면 얼마 정도의 이스트를 사용해야 하는가?

① 약 1.5% ② 약 2.0% ③ 약 2.7% ④ 약 3.0%

> 변경할 이스트의 양
> 기존 이스트의 양×기존 발효시간/ 변경할 발효시간 = 2×4/3 ≒ 2.7(%)

09 이스트 2%를 사용했을 때 150분 발효시켜 좋은 결과를 얻었다면 100분 발효시켜 같은 결과를 얻기 위해 얼마의 이스트를 사용하면 좋을까?

① 1% ② 2% ③ 3% ④ 4%

> 변경할 이스트의 양
> 기존 이스트의 양×기존 발효시간/ 변경할 발효시간 = 2×150/100 = 3(%)

04 ① 05 ② 06 ① 07 ① 08 ③ 09 ③

Chapter ❶ 빵류제품 재료혼합

3) 감미제

01 다음 중 제빵에서 감미제의 기능이 아닌 것은?

① 이스트의 먹이 ② 갈변반응(캐러멜화)으로 껍질색 형성
③ 수분보유로 노화지연 ④ 퍼짐성 조절

 퍼짐성 조절은 제과에서의 감미제 기능이다.

02 제빵에 있어서 설탕류의 기능에 대한 설명이 아닌 것은?

① 발효성 탄수화물은 이스트의 영양이 되어 이산화탄소 가스와 알콜을 만든다.
② 이스트에 의하여 소비되고 남은 설탕은 갈변반응으로 껍질색을 진하게 한다.
③ 제품의 속결과 기공을 부드럽게 하며, 보습제 기능은 노화를 지연시켜 저장 수명을 증가시킨다.
④ 우유(분유) 중의 유당은 제빵용 이스트의 락타아제에 의하여 포도당과 갈락토오스로 분해된다.

 이스트에는 락타아제가 존재하지 않는다.

03 식빵에 있어 적당한 CO_2 생산을 하는데 필요한 설탕의 적정 사용량은?

① 약 4% ② 약 10% ③ 약 15% ④ 약 23%

 식빵에 있어 적당한 CO_2 생산을 하는데 필요한 설탕의 적정 사용량은 약4%이다.

04 다음의 재료 중 많이 사용할 때 반죽의 흡수량이 감소되는 것은?

① 활성 글루텐 ② 손상전분 ③ 유화제 ④ 설탕

 설탕의 양이 5% 증가되면 흡수율은 1% 감소된다.

05 환원당과 아미노화합물의 축합이 이루어질 때 생기는 갈색 반응은?

① 마이야르(Maillard) 반응 ② 캐러멜(Caramel)화 반응
③ 효소적 갈변 ④ 아스코르빈산(Ascorbic acid)의 산화에 의한 갈변

마이야르 반응은 잔당이 아미노산과 환원당으로 반응하여 껍질색을 내는 것이다.

정답 01 ④ 02 ④ 03 ① 04 ④ 05 ①

06 설탕 300g 대신 전량을 고형질 75%인 물엿으로 대체하려면 물엿의 사용량은?

① 50g   ② 150g   ③ 400g   ④ 600g

> TIP 물엿의 사용량 × 75% = 300, 300 ÷ 75% = 400

07 아스파탐은 새로운 감미료로 칼로리가 매우 낮고 감미도는 높다. 아스파탐의 구성성분은?

① 아미노산   ② 전분   ③ 지방   ④ 포도당

> TIP 가열조리를 하지 않는 식사대용, 곡류 가공품, 분말 청량음료, 탄산음료, 인스턴트 커피 및 차 이외의 식품에 사용 불가한 아스파탐의 구성성분은 아미노산이다.

08 분당의 저장 중 덩어리가 되는 것을 방지하기 위하여 옥수수 전분을 몇 %정도 혼합하는가?

① 3%   ② 7%   ③ 12%   ④ 15%

> TIP 분당은 설탕을 곱게 빻아 덩어리가 되는 것을 방지하기 위하여 전분 3%를 혼합한다.

09 거친 설탕 입자를 마쇄하여 고운 눈금을 가진 체로 통과 시킨 후 덩어리 방지제를 첨가한 제품은?

① 액당   ② 분당   ③ 전화당   ④ 포도당

> TIP 분당 – 설탕을 분쇄하여 뭉치는 것을 방지하기 위해 전분을 혼합한 것.

10 아래의 갈색 반응의 반응식에서 (   )에 알맞은 것은?

$$환원당 + (\quad) \xrightarrow{열} 멜라노이드 색소(황갈색)$$

① 지방   ② 탄수화물   ③ 단백질   ④ 비타민

> TIP 단백질에서 분해된 아미노산이 메일라드반응과 캐러멜화를 통해 껍질 색을 진하게 한다.

4) 유제품

01 식빵 배합에서 소맥분 대비 6%의 탈지분유를 사용할 때의 현상이 아닌 것은?

① 발효를 촉진 시킨다.   ② 믹싱 내구성을 높인다.
③ 표피색을 진하게 한다.   ④ 흡수율을 증가시킨다.

> TIP 탈지분유를 많이 사용하면 발효를 지연시킨다.

06 ③   07 ①   08 ①   09 ②   10 ③   01 ①

Chapter 1 빵류제품 재료혼합

02 시유의 일반적인 수분과 고형질 함량은?

① 물 68%, 고형질 38% ② 물 75%, 고형질 25%
③ 물 88%, 고형질 12% ④ 물 95%, 고형질 5%

 우유(=시유)의 성분
우유의 성분은 크게 수분과 고형물로 나눌 수 있는데 그 비율은 수분 88%, 고형물 12%이다.

03 시유의 탄수화물 중 함량이 가장 많은 것은?

① 포도당   ② 과당   ③ 맥아당   ④ 유당

 시유는 시중에서 판매하는 우유를 뜻하는 것으로 탄수화물 중 유당이 가장 많다.

04 신선한 우유의 평균 pH는?

① 12.8   ② 10.8   ③ 6.8   ④ 3.8

 박력분 pH 5.2 / 흰자 pH 8.8~9 / 우유 pH 6.6~6.8 / 증류수 pH 7

05 우유에서 산에 의해 응고되는 물질은?

① 단백질   ② 유당   ③ 유지방   ④ 회분

 우유에서 산에 의해 응고되는 물질은 우유의 단백질인 카제인이다.

06 우유 가공품과 가장 거리가 먼 것은?

① 치즈   ② 마요네즈   ③ 연유   ④ 생크림

 마요네즈는 달걀노른자와 식용유로 만드는 것이다.

07 우유 2kg을 사용하는 반죽에 분유로 대체할 때 분유와 물의 사용량으로 적정한 것은?

① 200 : 1,800   ② 300 : 1,700   ③ 400 : 1,600   ④ 500 : 1,500

 분유 = 2,000×10% = 200g, 물 = 2,000g×90% = 1,800g

08 다음 유제품 중 일반적으로 100g당 열량을 가장 많이 내는 것은?

① 요구르트   ② 가공치즈   ③ 탈지분유   ④ 시유

 가공치즈는 지방 함량이 높아서 유제품 중에서 비교적 열량이 높다.

정답 02 ③   03 ④   04 ③   05 ①   06 ②   07 ①   08 ②

09 분유의 종류에 대한 설명으로 틀린 것은?

① 혼합분유 : 연유에 유청을 가하여 분말화 한 것
② 전지분유 : 원유에서 수분을 제거하여 분말화 한 것
③ 탈지분유 : 탈지유에서 수분을 제거하여 분말화 한 것
④ 가당분유 : 원유에 당류를 가하여 분말화 한 것

> 혼합분유는 전지분유나 탈지분유에 쌀가루, 밀가루, 유청 분말, 코코아 가공품 등의 식품이나 식품 첨가물을 섞어 가공, 분말화한 것이다.

10 유당불내증이 있는 사람에게 적합한 식품은?

① 우유   ② 크림소스   ③ 요구르트   ④ 크림스프

> 유당 불내증 : 유당(lactose)를 분해 시키는 효소인 락타아제가 없어서 소화를 못 시키는 경우를 말한다.
> 박테리아가 락토오스를 분해할 때 산과 가스를 발생하여 몸이 붓고, 경련을 일으키는데 이런 사람들에게 적합한 식품으로는 요구르트가 있다.

11 비중이 1.035인 우유에 비중이 1인 물을 1 : 1 부피로 혼합하였을 때 물을 섞은 우유의 비중은?

① 2.035   ② 1.0175   ③ 1.035   ④ 0.035

> (우유의 비중 + 물의 비중) ÷ 2
> (1.035+1) ÷ 2 = 1.0175

5) 소금

01 칼슘염의 설명으로 부적당한 것은?

① 글루텐을 강하게 하여 반죽을 되고 건조하게 한다.
② 인산칼슘염은 반응 후 산성이 된다.
③ 곰팡이와 로프(rope)박테리아의 억제효과가 있다.
④ 이스트 성장을 위한 질소공급을 한다.

> 소금은 글루텐 성분을 위촉시켜 반죽의 탄력성을 키워 반죽 시간이 길어지게 된다.

02 함께 사용한 재료들에 향미를 제공하고 껍질색 형성을 빠르게 하여 색상을 진하게 하는 것은?

① 지방   ② 소금   ③ 우유   ④ 유화제

> 소금은 당류의 열 반응을 촉진시켜 빵 껍질의 색상을 진하게 한다.

Chapter 1 빵류제품 재료혼합

03 제빵에서 소금의 역할 중 틀린 것은?

① 글루텐을 강화시킨다.　② 방부효과가 있다.
③ 빵의 내상을 희게 한다.　④ 맛을 조절한다.

> 제빵에서 소금의 역할로는 반죽의 발효속도를 늦추고, 글루텐의 힘을 좋게 하며, 이스트 발효시 잡균의 번식을 억제하고 향을 좋게 한다. 또 빵 중의 설탕의 감미와 작용하여 풍미를 높여준다.

04 식빵 제조 시 과도한 부피의 제품이 되는 원인은?

① 소금량의 부족　② 오븐 온도가 높음
③ 배합수의 부족　④ 미숙성 소맥분

> 소금양이 부족하면 삼투압이 떨어져서 이스트의 활성이 지나쳐 부피가 크다.

05 제빵시 소금 첨가량이 적정량 보다 증가하였을 때 빵의 껍질색은?

① 정상보다 검은 편이다.　② 정상보다 여린 편이다.
③ 정상과 차이가 없다.　④ 어떠한 영향도 미치지 않는다.

> 제빵 시 소금첨가량이 기준량보다 증가하게 되면 빵의 껍질색이 검어진다.

06 다음 중 제품의 부피가 작아지는 결점을 일으키는 원인이 아닌 것은?

① 반죽 정도의 초과　② 소금 사용량 부족
③ 설탕 사용량 과다　④ 이스트푸드 사용량 부족

> 소금 사용량이 많으면 많을수록 제품의 부피가 작아진다.

6) 유지

01 제빵에 있어 일반적으로 껍질을 부드럽게 하는 재료는?

① 소금　② 밀가루　③ 마가린　④ 이스트푸드

02 데니시 페이스트리에 사용하는 유지에서 가장 중요한 성질은?

① 유화성　② 가소성　③ 안정성　④ 크림성

> 데니시의 유지는 반죽과 같이 밀어야하는 점 때문에 가소성 범위가 넓어야 작업하기가 좋다.

 정답　03 ③　04 ①　05 ①　06 ②　　01 ③　02 ②

03 버터와 마가린의 차이는?

① 지방함량　　② 소금함량　　③ 지방의 조성　　④ 수분함량

 지방의 조성
* 버터 – 동물성　　* 마가린 – 식물성

04 천연버터와 마가린의 가장 큰 차이는?

① 수분　　② 지방산　　③ 산가　　④ 과산화물가

 버터는 우유에서 지방 성분들만 빼서 만든 것이고, 마가린은 팜유나 야자유 등 식물성 기름으로 만든다.

05 버터의 구성성분으로 올바른 것은?

① 소금 5~8%, 수분 40~50%, 우유지방 50~70%
② 소금 1~3%, 수분 14~17%, 우유지방 80~85%
③ 소금 8~10%, 수분 60~65%, 우유지방 90~92%
④ 소금 8~10%, 수분 10~12%, 우유지방 80~82%

06 버터크림을 만들 때 흡수율이 가장 높은 유지는?

① 라아드　　　　　　　　② 경화 라아드
③ 경화 식물성 쇼트닝　　④ 유화 쇼트닝

 버터크림 제조 시 흡수율이 가장 높은 유화 쇼트닝을 사용한다.

07 다음 유지 중 가소성이 가장 좋은 것은?

① 버터　　② 식용유　　③ 쇼트닝　　④ 마가린

 가소성 : 외력에 의해 변한 물체가 외력이 없어져도 원래의 형태로 돌아오지 않는 물질의 성질을 말하며 탄성한계를 넘는 힘이 작용할 때 나타난다. (쇼트닝이 가소성이 가장 좋다)

08 다음 중 쇼트닝을 몇 %정도 사용했을 때 빵 제품의 최대 부피를 얻을 수 있는가?

① 2%　　② 4%　　③ 8%　　④ 12%

 쇼트닝
* 라드 대용품으로 식빵 등에 가장 일반적으로 사용되는 유지이다.
* 쇼트닝을 4% 정도 사용했을 때 최대 부피의 빵 제품을 얻을 수 있다.
　쇼트닝이란 이름은 반죽형 고형유지의 중요한 특성인 쇼트닝성을 나타내기 때문에 붙여진 이름이며, 제빵에서 가장 중요한 기능은 윤활 역할이다.

03 ③　04 ②　05 ②　06 ④　07 ③　08 ②

Chapter 1 빵류제품 재료혼합

09 다음 중 경화유와 상관없는 내용은?
① 수소첨가 ② 식용유 ③ 버터 ④ 마가린

 장시간 저장성을 지녀야 하기 때문에 안정성이 중요하다.

10 다음 유지 중 발연점이 가장 낮은 것은?
① 면실유 ② 버터 ③ 올리브유 ④ 라드

발연점이란 가열했을 때 연기가 나기 시작하는 온도이다.
면실유(233) 〉 버터(208) 〉 라드(194) 〉 올리브유(175)

11 다음 중 발연점이 가장 높은 유지는?
① 쇼트닝 ② 면실유 ③ 라드 ④ 옥수수기름

7) 물

01 제빵용 물에 대한 설명으로 틀린 것은?
① 제빵에는 아경수가 가장 적합하다.
② 알칼리 물은 이스트 발효에 의해 생성되는 정상적인 산도를 중화시킨다.
③ 경수를 사용할 때는 이스트 사용량을 증가시킨다.
④ 경수를 사용할 때는 이스트푸드를 증가시킨다.

02 제빵용 물로 가장 적당한 것은?
① 연수(1~60ppm) ② 아연수(61~120ppm)
③ 아경수(121~180ppm) ④ 경수(180ppm 이상)

 아경수(경도 : 121~180ppm) : 제빵에서 가장 알맞은 물이다.

03 정상적인 빵 발효를 위하여 유산을 첨가하는 물은?
① 산성인 연수 ② 중성인 아경수
③ 중성인 경수 ④ 알칼리성인 경수

 물이 일반적인 중성인 경우 맥아를 첨가하고 알칼리성 일 때 유산(산 염제)를 첨가한다.

정답 09 ② 10 ③ 11 ②   01 ④ 02 ③ 03 ④

04 다음 중 발효시간을 단축시키는 물은?

① 연수 ② 경수 ③ 염수 ④ 알칼리수

> 똑같은 조건이면 연수(단물)일 경우 발효시간을 단축시킬 수 있다.

05 자유수를 올바르게 설명한 것은?

① 당류와 같은 용질에 작용하지 않는다.
② 0℃ 이하에서도 얼지 않는다.
③ 정상적인 물보다 그 밀도가 크다.
④ 염류, 당류 등을 녹이고 용매로서 작용한다.

> 자유수 : 빵 반죽에 넣는 물의 일부는 밀가루에 흡착하지 않고 유리된 상태로 남아있어 용제로서의 역할을 할 수 있는데 이것을 자유수라 한다.

06 일시적 경수에 대하여 바르게 설명한 것은?

① 끓임으로 물의 경도가 제거되는 물   ② 황산염에 기인하는 물
③ 끓여도 제거되지 않는 물   ④ 보일러에 쓰면 좋은 물

07 일시적 경수에 대한 설명으로 맞는 것은?

① 가열시 탄산염으로 되어 침전된다.   ② 끓여도 경도가 제거되지 않는다.
③ 황산염에 기인한다.   ④ 제빵에 사용하기에 가장 좋다.

> 일시적 경수 * 탄산칼슘을 함유한 물을 끓이면 물이 불용성인 $CaCO_3$로 침전되기에 물이 부드러워진다.
> * 끓이면 불용성 탄산염으로 분해되고 가라앉아 연수가 된다.

08 연수를 사용했을 때 나타나는 현상이 아닌 것은?

① 반죽의 점착성이 증가한다.   ② 가수량이 감소한다.
③ 오븐 스프링이 나쁘다.   ④ 반죽의 탄력성이 강하다.

> 연수를 사용했을 때 나타나는 현상이 아닌 것은 반죽의 탄력성이 약해진다.

09 물에 칼슘염과 마그네슘염이 일반적인 양보다 많이 녹아 있을 때의 물의 상태는?

① 영구적 연수   ② 일시적 연수
③ 일시적 경수   ④ 영구적 경수

> 영구적 경수 - 칼슘염, 마그네슘염이 황산이온과 결합되어 있다.

04 ①　05 ④　06 ①　07 ①　08 ④　09 ④

Chapter ❶ 빵류제품 재료혼합

10 다음 중 pH가 중성인 것은?

① 식초　　② 수산화나트륨 용액　　③ 중조　　④ 증류수

 증류수는 pH가 중성이다.

11 pH가 5인 물을 증류수로 100배 희석했을 때 pH는?

① 3　　② 5　　③ 7　　④ 9

 pH1의 차이는 10배 차이가 된다는 것을 알아야 풀 수 있는 문제이다.
즉, pH5인 물에 pH7인 증류수를 100배(10x10) 넣어 희석했으므로 pH5인 물은 pH가 2단계 상승하여 pH7이 된다.

12 물의 경도를 높여주는 작용을 하는 재료는?

① 이스트푸드　　② 이스트　　③ 설탕　　④ 밀가루

 물의 경도를 높여주는 작용을 하는 재료에는 이스트푸드가 있다.

8) 이스트푸드

01 이스트푸드의 구성 물질 중 생지의 pH를 효모의 발육에 가장 알맞은 미산성의 상태로 조절하는 것은?

① 황산암모늄　　② 브롬산칼륨　　③ 요오드화칼륨　　④ 인산칼슘

 미산성이란 약산성을 말하며 산성 인산칼슘에 의해 반죽의 pH를 낮춰 이스트의 발효를 촉진시킨다.

02 이스트푸드에 대한 설명 중 틀린 것은?

① 반죽의 물리적 성질을 조절한다.　　② 물의 경도를 조절한다.
③ 산화제의 작용을 한다.　　④ 반죽의 pH를 높인다.

 이스트푸드 기능으로는 산화제, 물, 경도와 반죽조절 등을 해준다.
반죽의 pH를 낮춰 이스트의 발효를 촉진한다.

03 제빵에 이스트푸드를 사용하는 목적으로 가장 옳은 것은?

① 밀가루의 단백질 품질조정 및 이스트의 영양원이 된다.
② 설탕이 분해속도를 조절하여 이스트가 이용하기 쉽게 한다.
③ 물의 경도조절이나 이스트의 영양원이 된다.
④ 물의 경도조절 역할은 없으며 단지 이스트의 영양원만으로 사용된다.

이스트푸드의 사용목적은 물의 경도조절이나 이스트의 영양원이 된다.

정답　10 ④　11 ③　12 ①　　01 ④　02 ④　03 ③

9) 달걀

01 달걀에 대한 설명 중 옳은 것은?

① 달걀 노른자에 가장 많은 것은 단백질이다.
② 달걀 흰자는 대부분이 물이고 그 다음 많은 성분은 지방질이다.
③ 달걀 껍질은 대부분 탄산칼슘으로 이루어져 있다.
④ 달걀은 흰자보다 노른자 중량이 더 크다.

노른자 – 지방 32%, 단백질 16%
흰자 – 수분 88%, 고형분 12% (고형분의 대부분은 단백질)

02 달걀껍질을 제외한 전란의 고형질 함량은 일반적으로 약 몇 % 인가?

① 7%   ② 12%   ③ 25%   ④ 50%

㉮ **달걀의 구성** : 전란 → 고형분 25%, 수분 75%
　– 껍질, 노른자, 흰자로 구성되어 있으며, 그 비율은 1 : 3 : 6이다.
　– 달걀 1개의 무게가 60g 이상이 되면 노른자의 비율이 감소하고 흰자의 비율이 높아진다.
㉯ **흰자**
　– 수분 88%, 고형분 12% 로 구성되어 있다.
　– 흰자에는 오브알부민, 콘알부민, 오브뮤코이드, 아비딘 등의 단백질이 함유되어 있다.
㉰ **노른자**
　– 수분 50%, 고형분 50%로 구성되어 있다. 노른자 고형질의 약 70%을 차지하는 지방은 트리글리세리드, 인지질, 콜레스테롤 등으로 되어 있다.
　– 인지질의 79% 정도를 차지하는 레시틴은 소화 흡수율이 좋고 유화제로 쓰이며, 마요네즈 제조에 이용 된다.
㉱ **껍질**
　– 세균 침입을 막는 큐티클로 싸여 있다.

03 달걀 흰자의 고형분 함량은 약 몇 % 정도인가?

① 12%   ② 24%   ③ 30%   ④ 40%

달걀 흰자는 수분이 88%, 고형분이 12%이다.

04 전란의 수분 함량은 몇 %정도 인가?

① 30~35%   ② 50~53%   ③ 72~75%   ④ 92~95%

전란의 고형분은 25%, 수분은 75%이다.

Chapter ❶ 빵류제품 재료혼합

05 다음 중 달걀 흰자의 조성에서 함유량이 가장 적은 것은?

① 오브알부민 ② 콘알부민
③ 라이소자임 ④ 카로틴

> 카로틴(carotin) : 당근 뿌리나 고추에 많이 들어있는 붉은 색소 물질로 동물의 몸 안에서 비타민A로 변하여 시각·광합성 등에서 중요한 기능을 한다.

06 달걀의 난황계수를 측정한 결과가 다음과 같을 때 가장 신선하지 않은 것은?

① 0.1 ② 0.2 ③ 0.3 ④ 0.4

> 난황계수 = 높이 ÷ 직경으로 구한 값이므로 난황계수의 값이 적을수록 노른자가 옆으로 퍼진다.(신선하지 않다)

07 다음 중 신선한 달걀은?

① 8% 식염수에 뜬다. ② 흔들었을 때 소리가 난다.
③ 난황계수가 0.1 이하이다. ④ 껍질에 광택이 없고 거칠다.

08 달걀 흰자의 기포성과 안정성에 도움이 되는 재료가 아닌 것은?

① 주석산크림 ② 레몬즙 ③ 설탕 ④ 버터

> – 흰자의 기포성 재료 : 주석산크림, 레몬즙, 식초, 과일즙, 산성재료, 소금
> – 흰자의 안정성 재료 : 설탕, 산성재료

09 다음 중 소화가 가장 잘 되는 달걀은?

① 생달걀 ② 반숙 달걀 ③ 완숙 달걀 ④ 구운 달걀

> 반숙 달걀이 소화가 제일 잘 된다.

10 달걀 전란의 고형질은 일반적으로 몇 g인가?

① 11.5g ② 12g ③ 13.5g ④ 14.5g

> 전란의 고형질은 25%이다. 가식부분인 54g에 고형질 함량은 54 × 0.25=13.5g

11 노른자 500g이 필요할 때 껍질 포함 60g인 달걀이 몇 개 필요한가?

① 10 ② 16 ③ 20 ④ 28

> 노른자는 달걀의 30%를 차지한다. 60×0.3 = 18g, 500/18 = 28

정답 05 ④ 06 ① 07 ④ 08 ④ 09 ② 10 ③ 11 ④

12 마요네즈를 만드는 데 노른자가 500g 필요하다. 껍질 포함 60g짜리 계란을 몇 개 준비해야 하는가?

① 10개　　② 14개　　③ 28개　　④ 56개

* 마요네즈는 달걀 노른자로 만든다.
* 달걀은 껍질 : 노른자 : 흰자 = 10% : 30% : 60%
* 500 ÷ (600 × 0.3) = 27.7　∴ 28개

13 달걀흰자가 360g 필요하다고 할 때 전란 60g짜리 달걀이 몇 개 정도 필요한가?
(단, 달걀 중 난백의 함량은 60%)

① 6　　② 8　　③ 10　　④ 13

* 달걀은 껍질 : 노른자 : 흰자 1 : 3 : 6 의 비율이다.
* 60g 짜리 달걀의 껍질은 6g, 노른자 18g, 흰자는 36g이다.
* 360 ÷ 36 = 10

14 달걀 흰자 540g을 얻으려고 한다. 계란 한 개의 평균 무게가 60g이라면 몇 개의 달걀이 필요한가?

① 10개　　② 15개　　③ 20개　　④ 13개

달걀은 보통 무게의 60%가 흰자로 구성되어 있다.
60g의 달걀은 약 36g의 흰자를 포함하고 있다.
필요한 달걀의 수 = 540 ÷ 36 = 15개

15 생달걀을 분말계란으로 대체하고자 할 때, 생달걀(수분 72%) 25kg을 분말달걀(수분 4%)으로 대체하려면 분말달걀이 얼마나 필요한가?

① 6.7kg　　② 6.9kg　　③ 7.1kg　　④ 7.3kg

생달걀이 고형분 28%, 분말달걀의 고형분 96%
대체식품의 양 = 원래식품의 양 × 원래식품의 성분 / 대체식품의 성분
　　　　　　= 25kg × 28% / 96%
　　　　　　= 7.29 ≒ 7.3kg

16 달걀 40%를 사용하여 만든 커스터드 크림과 비슷한 되기로 만들기 위하여 달걀 전량을 옥수수 전분으로 대체한다면 얼마 정도가 가장 적합한가?

① 10%　　② 20%　　③ 30%　　④ 40%

달걀의 성분 중 고형분만큼 옥수수 전분으로 대체하면 고형분은 25%, 40% × 0.25 = 10%

12 ③　13 ③　14 ②　15 ④　16 ①

Chapter ❶ 빵류제품 재료혼합

10) 팽창제, 향료, 향신료

01 팽창제에 대한 설명 중 틀린 것은?

① 가스를 발생시키는 물질이다.　　② 반죽을 부풀게 한다.
③ 제품에 부드러운 조직을 부여해 준다.　④ 제품에 질긴 성분을 준다.

 팽창제는 가스를 발생시키고, 반죽을 부풀게 하며, 제품의 부드러운 조직을 부여해준다.

02 다음 향신료 중 대부분의 피자소스에 필수적으로 들어가는 향신료는?

① 오레가노　② 계피　③ 정향　④ 넛메그

 오레가노는 마조람의 일종으로 톡 쏘는 향기가 특징이다.

03 식품향료에 대한 설명 중 틀린 것은?

① 천연향료는 자연에서 채취한 후 추출, 정제, 농축, 분리과정을 거쳐 얻는다.
② 합성향료는 석유 및 석탄류에 포함되어 있는 방향성 유기물질로 부터 합성하여 만든다.
③ 조합향료는 천연향료와 합성향료를 조합하여 양자 간의 문제점을 보완한 것이다.
④ 식품에 사용하는 향료는 첨가물이지만 품질, 규격 및 사용법을 준수하지 않아도 된다.

 식품에 사용하는 향료는 품질, 규격 및 사용법을 준수하여야 한다.
수용성향료 : 내열성이 약하다.　**유성향료** : 내열성이 강하다.　**분말향료** : 향료의 휘발 및 변질을 방지하기 쉽다.

04 바닐라 에센스가 우유에 미치는 영향은?

① 생취를 감소시킨다.
② 마일드 감을 감소 시킨다.
③ 단백질의 영양가를 증가시키는 강화제 역할을 한다.
④ 색감을 좋게 하는 착색료 역할을 한다.

 우유 본래의 냄새를 생취라고 한다.

05 수용성 향료(essence)의 특징으로 옳은 것은?

① 제조시 계면활성제가 반드시 필요하다.　② 기름(oil)에 쉽게 용해된다.
③ 내열성이 강하다.　　　　　　　　　　④ 고농도의 제품을 만들기 어렵다.

 수용성 향료의 단점은 내열성이 약하고, 고농도 제품을 만들기가 어렵다.

정답　01 ④　02 ①　03 ④　04 ①　05 ④

06 다음 중 버터 크림 제조에 사용되는 향료는?

① 분말향료　　② 오일향료　　③ 농축향료　　④ 에센스향료

> TIP 에센스 향료는 음식의 맛을 높여주기 때문에 버터 크림 제조에 사용된다.

04. 기초 재료과학

01. 탄수화물(당질)

01 다음 중 발효할 때 유산(젖산)을 생성하는 당은?

① 유당　　② 설탕　　③ 과당　　④ 포도당

> TIP 유당-유산균에 의해서 유산을 생성한다.

02 식빵 제조시 물을 넣는 것 보다 우유를 넣는 것이 제품의 껍질색이 진하다. 우유의 무엇이 제품의 껍질색을 진하게 하는가?

① 젖산　　② 카제인　　③ 무기질　　④ 유당

> TIP 제빵에서의 우유의 역할
> * 영양가를 향상 시킨다.
> * 향과 풍미를 개선한다.
> * 빵 속의 광택을 좋게 하고, 크림색을 띠게 한다.
> * 껍질색을 좋게 한다.(유당의 캐러멜화)
> * 빵 속을 부드럽게 한다.
> * 믹싱시 내구력을 높이고, 오버 믹싱의 위험을 감소시킨다.

03 제빵용 이스트에 의해 발효되지 않고 잔여당으로 남아 껍질색에 영향을 주는 우유 중의 당은?

① 포도당　　② 유당　　③ 과당　　④ 설탕

> TIP 제빵용 이스트에 발효되지 않고 잔여당으로 남는 유일한 당은 유당이다.

04 포도당과 결합하여 젖당을 이루며 뇌신경 등에 존재하는 당류는?

① 과당(fructose)　　② 만노오스(mannose)
③ 리보오스(ribose)　　④ 갈락토오스(galactose)

> TIP 젖당(유당)은 포도당+갈락토오스의 결합체이다.

06 ④　　01 ①　02 ④　03 ②　04 ④

Chapter 1 빵류제품 재료혼합

05 유당에 대한 설명으로 틀린 것은?

① 우유에 함유된 당으로 입상형, 분말형, 미분말형 등이 있다.
② 감미도는 설탕 100에 대하여 16정도이다.
③ 환원당으로 아미노산의 존재 시 갈변반응을 일으킨다.
④ 포도당이나 자당에 비해 용해도가 높고 결정화가 느리다.

> 유당은 물에 잘 녹지 않고 단맛이 적다.

06 포도당의 설명 중 틀린 것은?

① 포도당은 물엿을 완전히 전환시켜 만든다.
② 설탕에 비해 삼투압이 높으며 감미가 높다.
③ 입에서 용해될 때 시원한 느낌을 준다.
④ 효모의 영양원으로 발효를 촉진 시킨다.

> 설탕(자당)의 감미도 : 100 / 포도당의 감미도 : 75

07 다음 중 이당류만 묶인 것은?

① 맥아당, 유당, 설탕
② 포도당, 과당, 맥아당
③ 설탕, 갈락토오스, 유당
④ 유당, 포도당, 설탕

> 단당류 : 포도당, 과당, 갈락토오스
> 이당류 : 자당(설탕), 맥아당, 유당

08 유당이 가수분해되어 생성되는 단당류는?

① 갈락토오스 + 갈락토오스
② 포도당 + 갈락토오스
③ 포도당 + 포도당
④ 맥아당 + 포도당

> 유당 → 포도당+갈락토오스 / 맥아당 → 포도당+포도당 / 자당(설탕) → 포도당+과당

09 이당류가 아닌 것은?

① 자당(sucrose)
② 유당(lactose)
③ 셀룰로오스(cellulose)
④ 맥아당(maltose)

> **이당류**
> ① 단당류 2분자가 결합 된 당류이며, 단맛이 있고 물에 잘 녹는다.
> ② 자당(설탕), 맥아당(엿당), 유당(젖당)이 있다. → 셀룰로오스는 다당류에 속한다.

정답 05 ④ 06 ② 07 ① 08 ② 09 ③

10 과당이 함유되어 있지 않은 것은?

① 과즙 ② 전분 ③ 벌꿀 ④ 전화당

 과당은 과일이나 꿀 중에 존재하며 단맛이 강하고 상쾌하다. 흡수성과 조해성을 갖고 있다. 당류 중 가장 단맛이 강하고 흡수성이 있다. 상대적 감미도는 175이다.

11 맥아당(maltose)은 말타아제에 의하여 무엇으로 분해되는가?

① 포도당 + 과당 ② 포도당 + 갈락토오스
③ 포도당 + 포도당 ④ 포도당 + 유당

 맥아당을 말타아제에 의해 포도당 2분자로 분해된다.

12 맥아당이 분해되면 포도당과 무엇으로 되는가?

① 포도당 ② 유당 ③ 과당 ④ 설탕

 맥아당이 분해되면서 포도당 두분자로 분해된다.

13 다음 중 다당류에 속하는 것은?

① 올리고당 ② 맥아당 ③ 포도당 ④ 설탕

 단당류 : 포도당, 과당, 갈락토오스
이당류 : 자당(설탕), 유당, 맥아당
다당류 : 전분, 글리코겐, 섬유소, 펙틴, 올리고당, 한천

14 다당류에 대한 설명으로 틀린 것은?

① 일반적으로 전분은 아밀로오스(amylose)와 아밀로펙틴(amylopectin)으로 이루어져 있다.
② 전분은 소화효소에 의해 가수분해 될 수 있다.
③ 섬유소는 사람의 소화액으로는 소화되지 않는다.
④ 펙틴은 단순 다당류에 속한다.

 펙틴은 다당류에 유리산, 암모늄, 칼륨, 나트륨염이 결합된 복합다당류 이다.

15 아밀로펙틴만으로 구성된 것은?

① 옥수수 전분 ② 찹쌀 전분 ③ 멥쌀 전분 ④ 감자 전분

 찹쌀 전분은 아밀로펙틴만으로 구성되어 있다.

10 ②　11 ③　12 ①　13 ①　14 ④　15 ②

Chapter ❶ 빵류제품 재료혼합

16 아밀로펙틴의 특성이 아닌 것은?

① 요오드테스트를 하면 자주빛 붉은색을 띤다.
② 노화되는 속도가 빠르다.
③ 곁사슬 구조이다.
④ 대부분의 천연전분은 아밀로펙틴 구성비가 높다.

 아밀로펙틴(amylopectin)
* 아밀로오스보다 분자량이 크다. (분자량이 1,000,000 이상)
* 포도당이 α-1, 4 결합으로 이어진 사슬에 α-1, 6 결합인 다른 사슬이 나뭇가지 모양으로 결합하고 있다.
* 요오드 용액에 적자색 반응을 나타낸다.
* β-아밀라아제에 의해 52%까지만 분해한다.
* 노화가 늦게 된다.

17 다음 중 전분의 노화가 가장 잘 일어나는 온도는?

① -50℃   ② -20℃   ③ 2℃   ④ 30℃

 전분의 노화가 가장 잘 일어나는 온도는 2℃이다. 즉 냉장온도를 뜻한다.

18 전분의 호화 현상에 대한 설명으로 틀린 것은?

① 전분의 종류에 따라 호화특성이 달라진다.
② 전분현탁액에 적당량의 수산화나트륨(NaOH)을 가하면 가열하지 않아도 호화될 수 있다.
③ 수분이 적을수록 호화가 촉진된다.
④ 알칼리성일 때 호화가 촉진된다.

 호화(밀가루 전분은 55~60℃에서 일어난다.)
생전분(β전분)에 물과 열을 가하면 전분 입자가 팽윤하고 점성이 증가해 반투명한 풀 상태가 되는데, 이를 호화(α전분)라 한다. 호화는 수분이 많을수록, pH가 높을수록 빨리 일어난다.

19 전분이 호화됨에 따라 나타나는 현상이 아닌 것은?

① 팽윤에 의한 부피팽창   ② 방향 부동성의 손실
③ 용해현상의 감소   ④ 점도의 증가

20 포도당의 감미도가 높은 상태인 것은?

① 결정형   ② 수용액   ③ β - 형   ④ 좌선성

 포도당의 감미도는 결정형 포도당일 때에 감미도가 가장 높다.

정답 16 ②   17 ③   18 ③   19 ③   20 ①

21 전분의 노화에 대한 설명 중 틀린 것은?

① 노화는 -18 ℃에서 잘 일어나지 않는다.
② 노화된 전분은 소화가 잘 된다.
③ 노화란 α-전분이 β-전분으로 되는 것을 말한다.
④ 노화는 전분분자끼리의 결합이 전분과 물분자의 결합보다 크기 때문에 일어난다.

> TIP 호화된 전분은 소화가 잘 된다.

22 다음 중 감미도가 가장 높은 당은?

① 유당(lactose) ② 포도당(glucose)
③ 설탕(sucrose) ④ 과당(fructose)

> TIP 상대적 감미도 순 : 과당(175) 〉 전화당(130) 〉 자당(100) 〉 포도당(75) 〉 맥아당, 갈락토오스(32) 〉 유당(16)

23 당류의 감미도가 강한 순서부터 나열된 것은?

① 설탕 - 포도당 - 맥아당 - 유당
② 포도당 - 설탕 - 맥아당 - 유당
③ 설탕 - 포도당 - 유당 - 맥아당
④ 유당 - 맥아당 - 포도당 - 설탕

24 설탕의 구성성분은?

① 포도당과 과당
② 포도당과 갈락토오스
③ 포도당 2분자
④ 포도당과 맥아당

> TIP 발효 중에 일어나는 생화학적 변화
> * 단백질(프로테아제) → 아미노산
> * 설탕(인베르타아제) → 포도당 + 과당(찌마아제) → 이산화탄소(=탄산가스) + 알콜
> * 전분(아밀라아제) → 맥아당(말타아제) → 포도당 + 포도당(찌마아제) → 이산화탄소 + 알콜
> * 분유(락타아제) → 유당(잔당) → 캐러멜화

21 ② 22 ④ 23 ① 24 ①

Chapter ❶ 빵류제품 재료혼합

2) 지방(지질)

01 지방은 무엇이 축합되어 만들어지는가?

① 지방산과 글리세롤 ② 지방산과 올레인산
③ 지방산과 리놀레인산 ④ 지방산과 팔미틴산

 지방
* 3대 영양소의 하나로 탄소, 수소, 산소로 구성되어 있다. 3분자의 지방산과 1분자의 글리세린이 결합되어 만들어진 에스테르, 즉 트리글리세리드이다.
* 탄수화물이나 단백질에 비해 산소 함유량이 적고, 탄소와 수소가 많기 때문에 산화 분해될 때 발생 하는 에너지가 더 많다.

02 글리세롤 1분자와 지방산 1분자가 결합한 것은?

① 트리글리세라이드(triglyceride) ② 디글리세라이드(diglyceride)
③ 모노글리세라이드(monoglyceride) ④ 펜토스(pentose)

 모노글리세라이드(monoglyceride) = 글리세롤 + 지방산

03 유지의 분해산물인 글리세린에 대한 설명으로 틀린 것은?

① 자당보다 감미가 크다.
② 향미제의 용매로 식품의 색택을 좋게 하는 독성이 없어 극소수 용매 중의 하나이다.
③ 보습성이 뛰어나 빵류, 케이크류, 소프트 쿠키류의 저장성을 연장시킨다.
④ 물 – 기름의 유탁액에 대한 안정 기능이 있다.

04 지방산의 이중 결합 유무에 따른 분류는?

① 트랜스지방, 시스지방 ② 유지, 라드
③ 지방산, 글리세롤 ④ 포화지방산, 불포화지방산

 * **단일결합** – 탄소와 탄소 사이의 전자가 1개   * **이중결합** – 탄소와 탄소 사이의 전자가 2개
* 단일결합, 이중결합은 포화지방산과 불포화지방산을 분류하는 기준이다.

05 다음 중 포화지방산은?

① 올레산(oleic acid) ② 스테아르산(stearic acid)
③ 리놀렌산(linoleic acid) ④ 아이코사펜테노익산(eicosapentaenoic acid)

 포화지방산에는 팔미틴산, 스테아르산이 있다.

정답 01 ① 02 ③ 03 ① 04 ④ 05 ②

06 포화지방산의 탄소수가 다음과 같을 때 일반적으로 융점이 가장 높은 것은?

① 4개　　② 8개　　③ 14개　　④ 18개

 탄소수가 높을수록 융점이 높은 것이다.

07 다음 중 포화지방산을 가장 많이 함유하고 있는 식품은?

① 올리브유　　② 버터　　③ 콩기름　　④ 홍화유

 포화 지방산 : 버터, 마가린
불포화 지방산 : 대두유, 올리브유

08 다음 중 필수 지방산이 아닌 것은?

① 리놀레산　　② 스테아르산　　③ 리놀렌산　　④ 아라키돈산

필수 지방산(비타민F)
* 체내에서 합성되지 않아 음식물에서 섭취해야 하는 지방산이다.
* 성장을 촉진시키고 피부건강을 유지 시키며 혈액내의 콜레스테롤양을 저하시킨다.
* 리놀레산, 리놀렌산, 아라키돈산이 있으며 이중 리놀레산은 식물성 기름에 함유되어 있어 지나친 결핍증세는 나타나지 않는다.

09 필수지방산의 특징으로 알맞지 않은 것은?

① 체내에서 합성되지 않아 음식물에서 섭취해야 한다.
② 성장을 촉진시키고 피부건강을 유지시킨다.
③ 혈액 내의 콜레스테롤의 양을 높인다.
④ 노인의 경우 필수 지방산의 흡수를 위하여 콩기름을 섭취하는 것이 좋다.

 필수지방산은 혈액 내의 콜레스테롤 양을 저하시킨다.

10 콜레스테롤에 관한 설명 중 잘못된 것은?

① 담즙의 성분이다.
② 비타민 D_3의 전구체가 된다.
③ 탄수화물 중 다당류에 속한다.
④ 다량 섭취기 동맥경화의 원인물질이 된다.

 콜레스테롤은 유도지방이며, 담즙의 성분이고 비타민 D_3의 전구체가 된다.

06 ④　07 ②　08 ②　09 ③　10 ③

Chapter ❶ 빵류제품 재료혼합

11 콜레스테롤의 대한 설명으로 틀린 것은?

① 식사를 통한 평균흡수율은 100%이다.
② 유도지질이다.
③ 고리형 구조를 이루고 있다.
④ 간과 장벽, 부신 등 체내에서도 합성된다.

 식사를 통한 평균 흡수율은 50%이다.

12 유지의 경화와 관계가 없는 물질은?

① 불포화지방산   ② 수소   ③ 콜레스테롤   ④ 촉매

 불포화지방산에 수소를 첨가하게 되면 유지가 굳어진다. 니켈을 촉매로 한다. 콜레스테롤과는 아무 관련이 없다.

13 유지의 가소성은 구성성분 중 주로 어떤 물질의 종류와 양에 의해 결정되는가?

① 스테롤   ② 트리글리세라이드
③ 유리지방산   ④ 토코페롤

 지방 : 3대 영양소의 하나로 탄산, 수소, 산소로 구성되어 있다. 3분자의 지방산과 1분자의 글리세린이 결합되어 만들어진 에스테르 즉, 트리클리세리드이다.

14 유지의 산패를 가속화하는 요인은?

① 수소   ② 탄소   ③ 산소   ④ 질소

유지의 산패는 산소에 의해서 일어난다.

15 다음 중 튀김용 기름으로 사용할 수 있는 것은?

① 거품이 일지 않는 것   ② 색깔이 있고 자극적인 냄새가 나는 것
③ 점도의 변화가 높은 것   ④ 발연점이 낮은 것

튀김용 기름의 조건은 거품이 잘 일지 않고 자극적인 냄새가 나지 않는 것, 점도의 변화가 낮은 것, 발연점이 높은 것이다.

16 식용유지로 튀김요리를 반복할 때 발생하는 현상이 아닌 것은?

① 발연점 상승   ② 유리지방산 생성
③ 카르보닐화합물 생성   ④ 점도 증가

 튀김기름을 반복적으로 사용하면 유리지방산이 생성되어 발연점은 점점 낮아진다.

정답   11 ①   12 ③   13 ②   14 ③   15 ①   16 ①

3) 단백질

01 단백질에 대한 설명으로 틀린 것은?

① 기본단위는 아미노산이다.
② 밀단백질의 질소계수는 8.25이다.
③ 대부분의 단백질은 열에 응고 된다.
④ 고온으로 가열하면 변성된다.

> 단백질은 탄소, 산소, 질소, 수소로 구성되어 있는데 질소가 단백질의 특성을 나타낸다.
> 단백질의 질소 계수를 일반 식품은 6.25를 곱한다.

02 단백질에 대한 설명 중 틀린 것은?

① 호르몬, 효소, 머리털 등은 단백질로 이루어져 있다.
② 20여 종의 아미노산으로 구성되어 있다.
③ 주요 결합은 글리코사이드 결합이다.
④ 열에 의하여 변성된다.

> **탄수화물** – 글리코사이드 결합 / **지방** – 에스테르 결합 / **단백질** – 펩티드 결합

03 다음 중 아미노산은 구성하는 주된 원소가 아닌 것은?

① 탄소(C)   ② 수소(H)   ③ 질소(N)   ④ 규소(Si)

> **단백질**
> * 탄소, 수소, 산소 이외에 질소 등을 함유하는 고분자 유기화합물이다.
> * 기본 구성 단위는 아미노산으로 단백질 조직은 수많은 아미노산의 펩티드 결합으로 이루어진 것이다.

04 단순 단백질이 아닌 것은?

① 알부민   ② 글로블린   ③ 글리코 프로테인   ④ 글루테닌

> 단순단백질에는 알부민, 글로불린, 글루테닌 등이 있고 복합단백질에는 핵 단백질, 당 단백질, 인 단백질, 색소 단백질, 금속 단백질, 레시틴 단백질, 지 단백질 등이 있다

05 다음 중 불완전 단백질 식품은?

① 옥수수   ② 달걀   ③ 우유   ④ 육류

> 완전 단백질 : 달걀, 우유, 육류 / 불완전 단백질 : 제인(옥수수), 젤라틴

정답 01 ②　02 ③　03 ④　04 ③　05 ①

Chapter ❶ 빵류제품 재료혼합

06 중성 용매에 녹지 않고 묽은 산, 묽은 염기에 녹는 단백질로 밀에 존재하는 단순 단백질은?

① 글리아딘   ② 글루테닌   ③ 오브알부민   ④ 락토글로불린

 글루텐 형성 단백질
* 글리아딘 : 반죽의 신장성과 점착성에 영향을 주며, 중성 용매에서도 용해되지 않는다.
* 글루테닌 : 반죽의 탄력성에 영향을 주며, 물에는 녹지 않으나 70% 알코올에는 용해된다.
* 중성용매에 녹지 않고 묽은 산, 묽은 염기에 녹는 단백질로 밀에 존재하는 단순 단백질이다.
* 알부민과 글로불린 : 약 7%로 수용성이다. 세척되지 않고 전분, 지방, 회분, 섬유질과 함께 글루텐에 남아 있다.

07 카제인(casein)은 다음 중 어디에 속하는가?

① 단순단백질   ② 당단백질   ③ 인단백질   ④ 색소단백질

 카제인은 복합 단백이며, 인단백질이다.

08 유단백질 중 산에 반응해 응고하는 단백질은?

① 락토알부민   ② 락토글로불린   ③ 카제인   ④ 알라닌

 유단백질 중 주된 단백질은 카제인으로서 산과 레닌 효소에 의해서 응고되고 락토알부민과 락토글로불린은 열에 응고 된다.

09 우유의 단백질 중에서 열에 응고되고 쉬운 단백질은?

① 카제인   ② 락토알부민   ③ 리포프로테인   ④ 글리아딘

 유단백 : 카제인은 유단백의 80%를 차지하고 산에 의해 응고된다.
락토알부민은 열에 의해 응고되나 산에 의해 응고되지 않는다.

4) 효소

01 발효 중 알콜과 탄산가스를 생성하는 효소는?

① 인버타아제   ② 말타아제
③ 프로테아제   ④ 치마아제

 치마아제 : 포도당, 과당과 같은 단당류를 알콜과 이산화탄소로 분해시키는 효소로 제빵용 이스트에 있다.

정답   06 ②   07 ③   08 ③   09 ②   01 ④

02 다음은 이스트의 효소들이다. 단당류를 직접 발효시킬 수 있는 효소는?

① 인버타아제 ② 말타아제 ③ 프로테아제 ④ 치마아제

 치마아제는 단당류를 직접 발효시켜 이산화탄소와 알코올로 분해시킨다.

03 탄수화물 분해효소 중 이산화탄소와 에틸알코올로 분해시키는 산화효소는?

① 찌마아제 ② 아밀라아제 ③ 인베르타아제 ④ 말타아제

 찌마아제는 포도당, 갈락토오스, 과당 같은 단당류를 산화시켜 이산화탄소와 알코올로 분해시킨다.

04 과당이나 포도당을 분해하여 CO_2 가스와 알코올을 만드는 효소는?

① 말타아제(maltase) ② 인버타아제(invertase)
③ 프로테아제(protease) ④ 찌마아제(zymase)

 발효 중에 일어나는 생화학적 변화
* 단백질(프로테아제)→아미노산
* 설탕(인베르테아제)→포도당+과당(찌마아제)→CO_2+알코올
* 전분(아밀라아제)→맥아당(말타아제)→포도당+포도당

05 효소의 성질에 대한 설명 중 틀린 것은?

① 효소는 어느 특정한 기질에만 반응하는 선택성이 있다.
② 효소는 온도에 따라 영향을 받는다.
③ 효소는 반응혼합물의 pH에 따라 영향을 받는다.
④ 효소는 0℃ 상승에 따라 활성은 4배가 된다.

효소의 온도는 반응속도와 안정성에 관계하여 온도가 높아짐에 따라 반응속도는 빠르게 되지만 어느 온도 이상으로 고온이 되면 효소 단백질이 변성되어 활성을 잃는다.

06 효소의 특성이 아닌 것은?

① 30~40℃에서 최대 활성을 갖는다.
② pH 4.5~8.0 범위내에서 반응하며 효소의 종류에 따라 최적 pH는 달라질 수 있다.
③ 효소는 그 구성물질이 전분과 지방으로 되어 있다.
④ 효소농도와 기질 농도가 효소작용에 영향을 준다.

생물체 속에서 일어나는 화학반응에 촉매 역할을 하는 단백질이다.
즉, 화학반응을 촉진하는 단백질로 구성되어 있다.

02 ④ 03 ① 04 ④ 05 ④ 06 ③

Chapter ❶ 빵류제품 재료혼합

07 효소에 대한 설명으로 맞는 것은?

① 단백질로 구성되어 있다. ② 화학적 촉매이다.
③ 화학반응 속도와는 관련이 없다. ④ 일반적으로 10℃에서 활성이 가장 높다.

> 생물체 속에서 일어나는 화학반응에 촉매 역할을 하는 단백질이다. 즉, 화학반응을 촉진하는 단백질을 말한다.
> 단, 효소는 단백질이기 때문에 무기 반응의 촉매와는 달리 온도, pH, 수분 등의 영향을 받는다.

08 효소를 구성하는 주성분에 대한 설명으로 틀린 것은?

① 탄소, 수소, 산소, 질소 등의 원소로 구성되어 있다.
② 아미노산이 펩티드결합을 하고 있는 구조이다.
③ 열에 안정하여 가열하여도 변성되지 않는다.
④ 섭취 시 4kcal의 열량을 낸다.

> 효소를 구성하는 주성분은 단백질이며, 가열하면 열변성이 일어난다.

09 다음 중 전분을 분해하는 효소는?

① 리파아제 ② 아밀라아제 ③ 프로테아제 ④ 말타아제

> 전분을 분해하는 효소는 α-아밀라아제, β-아밀라아제이다.

10 전분을 덱스트린(dextrin)으로 변화시키는 효소는?

① β-아밀라아제(amylase) ② α-아밀라아제(amylase)
③ 말타아제(maltase) ④ 찌마아제(zymase)

> 전분 덱스트린(dextrin)으로 변화시키는 효소는 α-아밀라아제(amylase)이며 덱스트린을 맥아당으로
> 가수분해 시키는 효소는 β-아밀라아제(amylase)이다.

11 입속의 침에서 분해되는 전분 당화효소는?

① 펩신 ② 프티알린 ③ 리파아제 ④ 아밀라아제

> 프티알린은 침속에 들어있는 탄수화물 가수분해효소이다.
> 아밀라아제로서 녹말을 덱스트린과 맥아당으로 분해한다.

12 지방 분해효소는?

① 리파아제 ② 프로테아제 ③ 퍼미아제 ④ 말타아제

> **단백질** : 프로테아제 / **맥아당** : 말타아제

정답 07 ① 08 ③ 09 ② 10 ② 11 ② 12 ①

13 설탕을 포도당과 과당으로 분해하는 효소는?

① 인버타아제(Invertase) ② 찌마아제(zymase)
③ 말타아제(Maltase) ④ 알파 아밀라아제(α-amylase)

> **인버타아제** : 설탕을 포도당과 과당으로 가수분해하는 효소

14 β-아밀라아제의 설명으로 틀린 것은?

① 전분이나 덱스트린을 맥아당으로 만든다.
② 아밀로오스의 말단에서 시작하여 포도당 2분자씩을 끊어가면서 분해한다.
③ 전분의 구조가 아밀로펙틴인 경우 약 52%까지만 가수분해 한다.
④ 액화효소 또는 내부 아밀라아제라고도 한다.

> α-아밀라아제는 내부 아밀라아제라고 하며, β-아밀라아제는 외부 아밀라아제라고도 한다.

15 탄수화물 분해효소 중 이산화탄소와 에틸알코올로 분해시키는 산화효소는?

① 찌마아제 ② 아밀라아제 ③ 인베르타아제 ④ 말타아제

> 찌마아제는 포도당, 갈락토오스, 과당 같은 단당류를 산화시켜 이산화탄소와 알코올로 분해시킨다.

16 다음 효소 중 단백질을 분해시키는 것은?

① 프티알린 ② 트립신 ③ 스테압신 ④ 락타아제

> **단백질 분해효소**
> * 프로타아제 : 단백질을 펩톤, 폴리펩티드, 펩티드, 아미노산으로 분해하는 효소로 밀가루, 발아 중의 곡식, 곰팡이류에 존재한다.
> * 펩신 : 위액에 존재한다.   * 트립신 : 췌액이 존재한다.   * 에렙신 : 장액에 존재한다.
> * 레닌 : 단백질을 응고시키며, 반추동물(소, 양 등)의 위액에 존재한다.   * 펩티다아제 : 췌장에 존재한다.

17 밀가루의 단백질에 작용하는 효소는?

① 말타아제 ② 아밀라아제 ③ 리파아제 ④ 프로테아제

> **프로테아제** : 단백질을 펩톤, 폴리펩티드, 펩티드, 아미노산으로 분해하는 효소로 밀가루, 발아 중의 곡식, 곰팡이류에 존재한다.

18 치즈 제조에 관계되는 효소는?

① 레닌 ② 찌마아제 ③ 펩신 ④ 팬크리아틴

> **레닌(rennin)** : 우유를 굳게 하는 단백질 가수분해 효소, 반주 동물의 위액 속에 들어 있다. 치즈를 만들 때 카제인을 응고 시키는 데에 쓴다. (응유호소 · 키마아제 · 키모신)

13 ① 14 ④ 15 ① 16 ② 17 ④ 18 ①   **정답**

Chapter ❶ 빵류제품 재료혼합

05. 재료의 영양학적 특성

01 식빵에 당질 50%, 지방 5%, 단백질 9%, 수분 24%, 회분 2%가 들어있다면 식빵을 100g 섭취하였을 때 열량은?

① 281kcal ② 301kcal ③ 326kcal ④ 506kcal

*탄수화물은 1g당 4kcal / 지방은 1g당 9kcal / 단백질은 1g당 4kcal
*수분, 회분은 관계 없다.
*(50×4)+(5×9)+(9×4) = 200+45+36 = 281

02 열량 영양소의 단위 g당 칼로리에 대한 설명으로 맞는 것은?

① 단백질은 지방보다 칼로리가 많다.
② 탄수화물은 지방보다 칼로리가 적다.
③ 탄수화물은 단백질보다 칼로리가 적다.
④ 탄수화물은 단백질보다 칼로리가 많다.

영양소의 단위 g당 칼로리 : 단백질 4kcal, 탄수화물 4kcal, 지방 9kcal이다.

03 소화율이 가장 높은 것은?

① 지방 ② 단백질 ③ 무기질 ④ 탄수화물

소화율은 지방 95%, 단백질 92%, 탄수화물 98%로 탄수화물이 가장 높다.

04 성인의 에너지 적정비율의 연결이 옳은 것은?

① 탄수화물 : 30~55%   ② 단백질 : 7~20%
③ 지질 : 5~10%   ④ 비타민 : 30~40%

탄수화물 60~65%, 단백질 15%, 지방 20%

05 밀가루가 75%의 탄수화물, 10%의 단백질, 1%의 지방을 함유하고 있다면 100g의 밀가루를 섭취하였을 때 얻을 수 있는 열량은?

① 386kcal ② 349kcal ③ 317kcal ④ 307kcal

* [(밀가루 100g×탄수화물 비율)×밀가루 1g당 탄수화물 열량] + [(밀가루 100g×단백질 비율)×밀가루 1g당 단백질 열량]
  + [(밀가루 100g×지방 비율)×밀가루 1g당 지방 열량] = 밀가루 100g당 열량
* [(100g×0.75)×4kcal] + [(100g×0.1)×4kcal] + [(100g×0.01)×9kcal] = 349kcal

정답 01 ① 02 ② 03 ④ 04 ② 05 ②

06 다음 중 알콜이 주로 흡수되는 곳은?

① 구강　　② 식도　　③ 위　　④ 대장

 위는 알콜이 주로 흡수되는 곳이다.

1) 탄수화물(당질)

01 탄수화물 식품은 어디에서부터 소화되는가?

① 입　　② 위　　③ 소장　　④ 십이지장

02 당질이 혈액내에 존재하는 형태는?

① 글루코오스(glucose)　　② 글리코겐(glycogen)
③ 갈락토오스(galactose)　　④ 프럭토오스(fructose)

 혈액에는 포도당(glucose)이 0.1% 존재한다. (혈당)

03 두뇌와 신경, 적혈구의 열원으로도 이용되며 체내 당 대사의 중심물질인 것은?

① 과당　　② 포도당　　③ 갈락토오스　　④ 유당

 포도당
* 과일, 혈액 중에 함유되어 있고 설탕, 맥아당 같은 이당류의 구성성분으로 존재한다.
* 동물 체내의 간장에서 글리코겐 형태로 저장된다. 환원당이며 상대적 감미도는 75이다.
* 체내 당 대사의 중심역할을 한다.

04 하루 2,400kcal를 섭취하는 사람의 이상적인 탄수화물의 섭취량은 약 얼마인가?

① 140~150g　　② 200~230g　　③ 260~320g　　④ 330~420g

 탄수화물의 1일 섭취량은 60%이다.
* 2400kcal×60% = 1440kcal
* g당 탄수화물은 4kcal
* 1440kcal ÷ 4kcal = 360g

06 ③　　01 ①　02 ①　03 ②　04 ④　정답

Chapter ❶ 빵류제품 재료혼합

2) 지방(지질)

01 지방의 기능이 아닌 것은?

① 지용성 비타민의 흡수를 돕는다.
② 외부의 충격으로부터 장기를 보호한다.
③ 높은 열량을 제공한다.
④ 변의 크기를 증대시켜 장관 내 체류시간을 단축시킨다.

> **지방의 기능**
> * 에너지 공급원이다. (1g 당 9kcal)
> * 피하 지방은 체온의 발산을 막아 체온을 조절한다.
> * 복강 지방은 체온의 발산을 막아 체온을 조절한다.
> * 장내에서 윤활제 역할을 하여 변비를 막아준다.
> * 지용성 비타민의 흡수와 운반을 돕는다.
> * 외부의 충격으로부터 장기를 보호한다.

02 생체 내에서의 지방의 기능 중 틀린 것은?

① 생체기관을 보호한다.   ② 체온을 유지한다.
③ 효소의 구성 성분이다.   ④ 주요한 에너지원이다.

> 효소의 구성 성분은 단백질이다.

03 지질의 대사산물이 아닌 것은?

① 물   ② 수소   ③ 이산화탄소   ④ 에너지

> 지질의 대사산물은 물, 이산화탄소, 에너지이다.

04 지방질 대사를 위한 간의 중요한 역할 중 잘못 설명한 것은?

① 지방질 섭취의 부족에 의해 케톤체를 만든다.
② 콜레스테롤을 합성한다.
③ 담즙산의 생산 원천이다.
④ 지방산을 합성하거나 분해한다.

> 탄수화물 섭취의 부족에 의한 케톤체를 만든다.

05 지방의 연소와 합성이 이루어지는 장기는?

① 췌장   ② 간   ③ 위장   ④ 소장

정답   01 ④   02 ③   03 ②   04 ①   05 ②

06 지질의 대사에 관여하고 뇌신경 등에 존재하며 유화제로 작용하는 것은?

① 에르고스테롤(ergosterol)　　② 글리시닌(glycinin)
③ 레시틴(lecithin)　　　　　　④ 스쿠알렌(squalene)

 노른자의 레시틴은 유화제 역할을 한다. (복합지방)
* 인지질: 중성지방에 인산 등이 결합 된 것으로 뇌, 신경 조직의 구성성분이며 간, 동물내장, 달걀노른자 등에 많다.
* 레시틴: 뇌, 신경, 간장, 난황, 콩 등에 존재한다.
* 세팔린: 뇌, 혈관에 들어있고 식품 중에는 난황, 콩에 함유되어있고, 혈액 응고에 관여한다.

07 결핍증세 중 필수지방산의 결핍으로 인체에 발생하는 것은?

① 신경통　　② 결막염　　③ 안질　　④ 피부염

 필수 지방산의 결핍 : 성장 정지, 피부염, 생식기능 이상

08 하루 2,400kal를 섭취하는 사람의 이상적인 지질의 섭취량은 얼마인가?

① 45g　　② 48g　　③ 53g　　④ 60g

* 지질의 1일 섭취량은 20%
* 2,400kcal×20% = 480kcal
* g당 지질은 9kcal
* 480kcal ÷ 9kcal = 53g

3) 단백질

01 체내에서 단백질의 역할이 아닌 것은?

① 항체 형성　　　　　② 체조직의 구성
③ 지용성 비타민 운반　④ 호르몬의 형성

 지용성이란 지방에 용해되는 성질이란 뜻이므로 지용성 비타민의 운반은 지방의 역할이다.

02 다음 아미노산 중 특히 성장 어린이에게 더 요구되는 필수아미노산은?

① 트립토판　　② 메티오닌　　③ 발린　　④ 히스티딘

 히스티딘은 성장기 어린이에게 더 요구되는 필수 아미노산이다.

Chapter ❶ 빵류제품 재료혼합

03 어떤 분유 100g의 질소함량이 4g이라면 분유 100g은 약 몇 g의 단백질을 함유하고 있는가?
① 5g   ② 15g   ③ 25g   ④ 35g

 단백계수인 6.25를 곱하면 4×6.25 = 25g

04 성인의 1일 단백질 섭취량이 체중 kg당 1.13g일 때 66kg의 성인이 섭취하는 단백질의 열량은?
① 74.6kcal   ② 298.3kcal   ③ 671.2kcal   ④ 264kcal

 1.13g×66kg×4kcal = 298.3kcal

4) 무기질

01 무기질의 기능이 아닌 것은?
① 우리 몸의 경조직 구성성분이다.   ② 열량을 내는 열량 급원이다.
③ 효소의 기능을 촉진시킨다.   ④ 세포의 삼투압 평형유지 작용을 한다.

 인체는 96%가 탄소, 수소, 산소, 질소를 구성되어 있으며, 나머지 4%가 그 외의 원소인 무기질로 구성되어 있다.
무기질은 체내에서 직접적인 열량원은 되지 못한다. 무기질은 생체 기능을 조절하며 체내에서 합성되지 못하므로 반드시 음식으로부터 공급받아야 한다.

02 칼슘의 설명 중 올바른 것은?
① 비타민 B_{12}의 구성성분이다.
② 적혈구 구성에 관여한다.
③ 급원식품에는 간, 콩, 해조류 등이 있다.
④ 비타민 D가 결핍되면 칼슘과 인의 부족으로 구루병, 골연화증, 골다공증을 일으킨다.

 ①, ②, ③번은 코발트 CO의 특징이다.

03 무기질에 대한 내용 중 잘못된 것은?
① 인체의 4%가 무기질로 구성되어 있다.
② 체내에서 직접적인 열량원은 되지 못한다.
③ 반드시 음식으로 부터 공급 받아야 한다.
④ 인체의 96%가 무기질로 구성되어 있다.

정답 03 ③ 04 ②   01 ② 02 ④ 03 ④

5) 비타민

01 지용성 비타민의 특징이 아닌 것은?
① 간장에 운반되어 저장된다.
② 단기간에 급속히 중증의 결핍증이 나타난다.
③ 섭취과잉으로 인한 독성을 유발 시킬 수 있다.
④ 지질과 함께 소화, 흡수되어 이용된다.

> 지용성 비타민은 체내에서 저장되며 결핍증은 천천히 나타난다.

02 유지의 도움으로 흡수, 운반되는 비타민으로만 구성된 것은?
① 비타민 A, B, C, D
② 비타민 B, C, E, K
③ 비타민 A, B, C, K
④ 비타민 A, D, E, K

> 유지는 지용성 비타민의 흡수와 운반을 돕는다.

03 비타민 K와 관계 있는 것은?
① 근육긴장 ② 혈액응고 ③ 자극전달 ④ 노화방지

> 비타민K (필로퀴논)
> * 기능 - 간에서 혈액 응고에 필요한 프로트롬빈의 형성을 돕는다.
> * 결핍증 - 혈액응고 지연
> * 급원식품 - 녹색채소(양배추, 시금치 등), 간유, 난황 등

04 다음 중 모세혈관의 삼투성을 조절하여 혈관강화 작용을 하는 비타민은?
① 비타민A ② 비타민D ③ 비타민E ④ 비타민P

> 비타민P
> * 감귤류 색소인 플라본류를 총칭하는 화합물이다. 메밀에 함유된 루틴 외에 헤스페리딘, 시트룰린, 쿼써틴 등이 있다.
> * 결합조직인 콜라겐을 만드는 비타민 C의 기능을 보강하여 모세혈관을 튼튼하게 하며 순환을 촉진하고 향균작용을 한다.

05 비타민의 결핍증으로 올바르게 짝지어지지 않은 것은?
① 비타민 B_1 - 피부병
② 비타민 C - 괴혈병
③ 비타민 D - 구루병
④ 비타민 A - 야맹증

> 비타민 B_1의 결핍증은 각기병이다.

정답 01 ② 02 ④ 03 ② 04 ④ 05 ①

Chapter 1 빵류제품 재료혼합

06 비타민과 관련된 결핍증의 연결이 틀린 것은?

① 비타민 A - 야맹증　　② 비타민 B_1 - 구내염
③ 비타민 C - 괴혈병　　④ 비타민 D - 구루병

 비타민 B_1(티아민)
① 기능 : 당질대사의 보조 작용을 하고 뇌, 심장, 신경 조직의 유지에 관여한다.
② 결핍증 : 각기병, 식욕부진, 피로, 권태감, 신경통
③ 급원식품 : 겨, 대구, 땅콩, 돼지고기, 난황, 간, 배아 등

07 다음 비타민의 결핍증상이 잘못 짝지어진 것은?

① 비타민 B_1 - 각기병, 신경염　　② 비타민 C - 괴혈병
③ 비티민 B_2 - 야맹증　　④ 나이아신 - 펠라그라

 비타민 B_2의 결핍증상 : 설염, 구내염, 구순염, 구각염
비타민 A : 야맹증, 각막 연화증, 발육지연

6) 물, 기타

01 신체 내에서 물의 주요 기능은?

① 연소 작용　　② 체온조절 작용　　③ 신경계 조절 작용　　④ 열량생산 작용

 신체 내에서의 물(수분)은 주로 체온 조절의 작용을 한다.

02 다음 중 중화가를 구하는 식은?

① $\dfrac{\text{중조의 양}}{\text{산성계 양}} \times 100$　　② $\dfrac{\text{중조의 양}}{\text{산성계 양}}$

③ $\dfrac{\text{산성계 양} \times \text{중화가}}{100}$　　④ $\dfrac{\text{중조의 양} \times 100}{\text{중화가}}$

 중화가란 : 산 100g을 중화시키는 데 필요한 탄수소나트륨(중조)의 양을 수치로 계산한 값

03 다음 중 pH를 낮추고자 할 때 사용되는 산성재료는?

① 주석산 크림　　② 흰자　　③ 중조　　④ 증류수

 * PH를 낮출 때 : 주석산크림　　* PH를 높일 때 : 중조

정답　06 ②　07 ③　　　　　　　　　　　　01 ②　02 ①　03 ①

2절. 반죽 및 반죽 관리

01. 반죽법의 종류 및 특징

01 일반 스트레이트법으로 만들던 빵을 비상 스트레이트법으로 만들 때 필수적으로 조치할 사항이 잘못된 것은?

① 이스트를 2배로 증가시킨다. ② 반죽온도를 30℃로 올린다.
③ 설탕량을 1% 감소시킨다. ④ 반죽시간을 20~25% 감소시킨다.

 필수조치-6가지
* 이스트 2배증가 * 설탕 1% 감소 * 물 1% 증가 * 반죽시간 20~25% 증가 * 반죽온도 30℃ * 발효시간 15~30분

02 스펀지 도우법에 비하여 스트레이트법의 장점이 아닌 것은?

① 기계내성과 발효 내구성이 좋고, 볼륨이 크다.
② 맛과 향이 신선하다.
③ 제조 공정이 단순하고, 장비가 간단하다.
④ 발효 손실이 적다.

 스트레이트법의 장점(스펀지법과 비교)
* 제조 공정이 간단하며 시간, 설비, 노동력을 줄일 수 있다.
* 발효시간이 짧아 발효 손실이 적다.
* 맛과 향이 신선하다.

03 중종반죽법에 있어 중종에 수분 배합량을 늘이면 반죽의 숙성 속도가 빨라진다. 물은 중종 밀가루량의 몇 %가 바람직한가?

① 25%   ② 35%   ③ 45%   ④ 55%

 물은 스펀지 밀가루의 55~56%가 바람직하다.

04 다음 중 스트레이트법과 비교한 스펀지 도우법에 대한 설명이 옳은 것은?

① 노화가 빠르다. ② 발효 내구성이 좋다.
③ 속결이 거칠고 부피가 적다. ④ 발효향과 맛이 나쁘다.

 스펀지 도우법으로 반죽을 하면 반죽의 신장성과 기계성이 좋아지며 오븐스프링과 제품이 질이 좋아진다.

01 ④ 02 ① 03 ④ 04 ②

Chapter 1 빵류제품 재료혼합

05 스펀지의 밀가루 사용량을 증가시킬 때 나타나는 현상이 아닌 것은?

① 2차 믹싱의 반죽시간 단축 ② 반죽의 신장성 저하
③ 도우 발효시간 단축 ④ 스펀지 발효시간 증가

 스펀지에 밀가루 양을 증가하면
* 스펀지의 발효시간은 길어지고, 본 반죽의 발효시간인 플로어타임은 짧아진다.
* 본 반죽의 반죽시간은 짧아지고, 반죽의 신장성이 좋아진다.
* 부피가 크고 기공막이 얇으며 조직이 부드러워 품질이 좋아진다.
* 풍미가 강해진다.

06 스펀지에서 드롭 또는 브레이크 현상이 일어나는 가장 적당한 시기는?

① 반죽의 약 1.5배 정도 부푼 후 ② 반죽의 약 2~3배 정도 부푼 후
③ 반죽의 약 4~5배 정도 부푼 후 ④ 반죽의 약 6~7배 정도 부푼 후

07 액체발효법에서 액종 발효시 완충제의 역할을 하는 것은?

① 탈지분유 ② 설탕 ③ 이스트 ④ 밀가루

 탈지분유는 액종법의 완충제 역할을 한다.
액체발효법 중 ADMI법은 완충제로 탈지분유를 사용하는 액종법이다.
ADMI(미국분유협회)가 개발한 방법이다.

08 액체발효법에서 발효가 종료된 것을 알기 위한 방법으로 가장 적합한 것은?

① 시간의 경과 측정 ② pH 측정
③ 거품의 상태 관찰 ④ 색, 냄새 등 관능검사

 액체 발효법의 발효의 완료점은 pH로 확인한다.

09 연속식 제빵법에 관한 설명으로 틀린 것은?

① 액체 발효법을 이용하여 연속적으로 제품을 생산한다.
② 발효 손실 감소, 인력 감소 등의 이점이 있다.
③ 3~4기압의 디벨로퍼로 반죽을 제조하기 때문에 많은 양의 산화제가 필요하다.
④ 자동화 시설을 갖추기 위해 설비공간의 면적이 많이 소요된다.

1차발효실, 분할기, 라운더, 중간 발효기, 정형기 등을 따로 둘 필요가 없어 설비와 설비 공간을 줄일 수 있다.

10 연속식 제빵법을 사용하는 장점과 가장 거리가 먼 것은?

① 인력의 감소　　　　　　　　② 발효향의 증가
③ 공장 면적과 믹서 등 설비의 감소　　④ 발효 손실의 감소

> TIP 발효손실이 적어서 발효향은 감소한다.

11 연속식 제빵 시스템의 장점이 아닌 것은?

① 일반 성형 기구가 필요 없다.　　② 고품질의 제품을 수동 연속식으로 생산한다.
③ 적은 인력을 필요로 한다.　　　④ 필요한 공장 면적이 작다.

> TIP 일정한 품질의 제품을 자동연속식으로 생산한다.

12 제조공정상 비상반죽법에서 가장 많은 시간을 단축할 수 있는 공정은?

① 재료계량　　② 믹싱　　③ 1차 발효　　④ 굽기

> TIP 믹싱시간을 20~25%정도 증가시켜야 1차발효시간이 단축된다.

13 비상스트레이트법의 필수 조치사항이 아닌 것은?

① 이스트 사용량 증가　　　　② 믹싱시간 증가
③ 반죽온도 증가　　　　　　④ 1차발효 감소

> TIP 필수 조치사항
> * 이스트 사용량 2배 증가　* 믹싱시간 감소　*.반죽온도 30℃　* 1차발효 감소

14 비상 스트레이트법의 장점 중 잘못 기술된 것은?

① 임금절약　　　　　　　　② 짧은 공정시간
③ 주문에 신속 대처　　　　　④ 저장성의 증가

> TIP 비상스트레이트법은 표준 반죽법을 따르면서, 표준보다 반죽시간을 늘리고 발효속도를 촉진시켜 전체 공정 시간을 줄임으로써 짧은 시간에 제품을 만들어 내는 방법이다.
> 기계 고장이나, 갑작스러운 주문에 빠르게 대처해야 할 때 요긴하게 쓸 수 있다.

15 산화제와 환원제를 함께 사용하여 믹싱시간과 발효시간을 감소하는 제빵법은?

① 스트레이트법　　② 노타임법　　③ 비상 스펀지법　　④ 비상 스트레이법

> TIP 산화제와 환원제를 함께 사용하여 믹싱 시간과 발효시간을 감소하는 제빵법은 노타임법이다.

정답　10 ②　11 ②　12 ③　13 ②　14 ④　15 ②

Chapter 1 빵류제품 재료혼합

16 냉동반죽의 해동방법에 해당되지 않는 것은?

① 실온해동   ② 온수해동
③ 리타드(retard) 해동   ④ 도우 컨디셔너(dough conditioner)

 냉동 반죽의 해동은 냉장 해동 한다.

17 냉동반죽(frozen dough)을 만들 때 정상반죽에서의 양보다 증가시키는 것은?

① 물   ② 소금   ③ 이스트   ④ 환원제

 이스트의 사용량을 2배 정도 늘린다.

18 냉동반죽법에서 1차 발효시간이 길어질 경우 일어나는 현상은?

① 냉동 저장성이 짧아진다.   ② 제품의 부피가 커진다.
③ 이스트의 손상이 작아진다.   ④ 반죽온도가 낮아진다.

1차 발효시간이 길어질수록 냉동 중 이스트가 죽어 가스 발생력이 떨어진다.

19 냉동반죽의 제조공정에 관한 설명 중 옳은 것은?

① 반죽의 유연성 및 기계성을 향상시키기 위하여 반죽 흡수율을 증가시킨다.
② 반죽 혼합 후 반죽 온도는 18~24℃가 되도록 한다.
③ 혼합 후 반죽의 발효시간은 1시간 30분이 표준발효 시간이다.
④ 반죽을 –40℃까지 급속 냉동시키면 이스트의 냉동에 대한 적응력이 커지나 글루텐의 조직이 약화된다.

냉동반죽법
* 1차발효를 끝낸반죽을 –18~–25℃에 냉동저장하여 필요할 때마다 꺼내어 쓸 수 있도록 반죽하는 방법이다.
* 냉동용 반죽에는 보통 반죽보다 이스트를 2배가량 더 넣는다.
* 반죽온도:20℃
* 냉동 저장:–40℃로 급속 냉동하여 –18~25℃에서 보관한다.
* 해동 : 냉장고(5~10℃)에서 15~16시간 해동시킨다.

장점 – 발효시간이 줄어 전체 시간이 짧아진다.
– 빵의 부피가 커지고 결이 고와지며 향기가 좋아진다.
– 제품의 노화가 지연된다.
– 운송, 배달이 용이하다.
– 소비자에게 신선한 빵을 제공할 수 있다.
– 야간, 휴일 작업에 미리 대처할 수 있다.
– 다품종 소량 생산이 가능해진다.

단점 – 이스트가 죽어 가스 발생력이 떨어진다.

정답 16 ② 17 ③ 18 ① 19 ②

20 냉동빵에서 반죽의 온도를 낮추는 가장 주된 이유는?

① 수분 사용량이 많으므로 ② 밀가루의 단백질 함량이 낮아서
③ 이스트 활동을 억제하기 위해 ④ 이스트 사용량이 감소하므로

 냉동빵에서 반죽의 온도를 낮추는 가장 주된 이유는 이스트 활동을 억제하기 위해서이다.

21 냉동 반죽에 사용되는 재료와 제품의 특성에 대한 설명 중 틀린 것은?

① 일반 제품보다 산화제 사용량을 증가시킨다.
② 저율배합인 프랑스빵이 가장 유리하다.
③ 유화제를 사용하는 것이 좋다.
④ 밀가루는 단백질 양과 질이 좋은 것을 사용한다.

 냉동반죽이란
제빵공정 중에 반죽을 동결하여 저장한 것으로 필요에 따라 해동하여 그 앞의 공정을 재개하여 단시간에 빵을 만들어 구워서 제공하고자 하는 것이다.
프랑스빵과 같이 발효빵 반죽을 동결한 경우에는 효모의 동결장해로 인해 해동 후 발효가 늦어지기 쉬워 빵 품질의 저하가 일어난다.

22 냉동반죽법의 재료 준비에 대한 사항 중 틀린 것은?

① 저장은 -5℃에서 시행한다. ② 노화방지제를 소량 사용한다.
③ 반죽은 조금 되게 한다. ④ 크로와상 등의 제품에 이용된다.

 냉동반죽법의 반죽 : -40℃에서 급속 냉동 -18℃~-25℃에 보관

23 냉동반죽법에서 동결방식으로 적합한 것은?

① 완만동결법 ② 자연동결법 ③ 오버나이트법 ④ 급속동결법

 냉동반죽법의 반죽 : -40℃에서 급속 냉동 -18℃~-25℃에 보관

24 냉동반죽의 가스 보유력 저하요인이 아닌 것은?

① 냉동반죽의 빙결정
② 해동시 탄산가스 확산에 기포수의 감소
③ 냉동시 탄산가스 용해도증가에 의한 기포수의 감소
④ 냉동과 해동 및 냉동저장에 따른 냉동반죽 물성의 강화

냉동과 해동 및 냉동 저장에 따른 냉동반죽 물성은 약화된다.

정답 20 ③ 21 ② 22 ① 23 ④ 24 ④

> Chapter ❶ 빵류제품 재료혼합

25 이스트의 사멸로 가스 발생력, 보유력이 떨어지며 환원성 물질이 나와 반죽이 끈적 거리고 퍼지기 쉬운 단점을 지닌 제빵법은?

① 냉동반죽법　　　　　　　② 호프종법
③ 연속식제빵법　　　　　　④ 액체발효법

> TIP 냉동반죽법은 반죽을 급속 냉동을 시키는 과정에서 이스트의 사멸로 가스 발생력과 보유력이 떨어진다.

26 냉동반죽의 특성에 대한 설명 중 틀린 것은?

① 냉동반죽에는 이스트 사용량을 늘린다.
② 냉동반죽에는 당, 유지 등을 첨가하는 것이 좋다.
③ 냉동 중 수분의 손실을 고려하여 될 수 있는 대로 진반죽이 좋다.
④ 냉동반죽은 분할량을 적게 하는 것이 좋다.

> TIP 냉동반죽은 시간이 지남에 따라 이스트가 죽으므로 이스트량을 늘려주며, 당이나 유지를 첨가하는게 좋으며, 분할량을 적게하면 빠른 시간에 얼 수 있다.

27 냉동제법으로 배합표를 작성하는 방법이 옳은 것은?

① 밀가루 단백질 함량 0.5~20% 감소　　② 수분 함량 1~2% 감소
③ 이스트 함량 2~3% 사용　　　　　　　④ 설탕 사용량 1~2% 감소

> TIP 냉동 제법으로 배합표를 작성 할 때 수분 함량은 감소하고 밀가루, 설탕, 이스트 함량은 증가시킨다.

28 냉동빵 혼합(Mixing) 시 흔히 사용하고 있는 제법으로, 환원제로 시스테인(cysteine)들을 사용하는 제법은?

① 스트레이트법　　　　　　② 스펀지법
③ 액체발효법　　　　　　　④ 노타임법

> TIP 노타임법은 환원제인 L-시스테인을 사용하여 S-S결합을 절단시켜 글루텐을 약하게 하며, 믹싱시간을 25% 단축시킨다.

29 냉동반죽 제품의 장점이 아닌 것은?

① 계획생산이 가능하다.　　　② 인당 생산량이 증가한다.
③ 이스트의 사용량이 감소된다.　④ 반죽의 저장성이 향상된다.

> TIP 냉동 반죽 제품은 이스트가 죽어 가스 발생력이 떨어지므로 이스트를 3.5~5%(2배)정도 사용한다.

정답 25 ① 26 ③ 27 ② 28 ④ 29 ③

30 냉동반죽의 사용 재료에 대한 설명 중 틀린 것은?

① 유화제는 냉동반죽의 가스 보유력을 높이는 역할을 한다.
② 물은 일반 제품보다 3~5% 줄인다.
③ 일반 제품보다 산화제 사용량을 증가시킨다.
④ 밀가루는 중력분을 10% 정도 혼합한다.

> TIP 냉동반죽을 할 때는 반죽의 가스보유력을 증가시키기 위해 단백질 함량이 11.75~13.5%로 비교적 높은 밀가루를 사용한다.

31 냉동 반죽법에 대한 설명 중 틀린 것은?

① 저율배합 제품은 냉동시 노화의 진행이 비교적 빠르다.
② 고율배합 제품은 비교적 완만한 냉동에 견딘다.
③ 저율배합 제품일수록 냉동 처리에 더욱 주의해야 한다.
④ 프랑스빵 반죽은 비교적 노화의 진행이 느리다.

> TIP 프랑스빵은 발효가 늦어져서 품질 저하가 일어난다.

32 오버나이트 스펀지법(overnight sponge method)에 대한 설명 중 틀린 것은?

① 2개 이상의 반죽을 위한 대량의 스펀지 반죽을 제조한다.
② 시간과 노동력을 줄일 수 있다.
③ 소량의 이스트로 12~24시간 발효시킨다.
④ 식빵류에 종종 사용한다.

> TIP 발효시간이 12~24시간 동안 발효시킨 스펀지를 이용하는 방법이다. 강한 발효향을 지니므로 저배합 빵에 적합하다.

33 오버나이트 스펀지법(overnight sponge method)에 대한 설명으로 틀린 것은?

① 발효 손실이 적다.
② 12~24시간 발효시킨다.
③ 적은 양의 이스트로 매우 천천히 발효시킨다.
④ 강한 신장성과 풍부한 발효향을 지니고 있다.

> TIP 오랫동안 발효하므로 발효 손실이 크다.

Chapter ❶ 빵류제품 재료혼합

34 다음 중 후염법의 장점은?

① 반죽 시간이 단축된다. ② 발효가 빨리 된다.
③ 발효가 지연된다. ④ 빵이 더욱 부드럽게 된다.

 클린업 단계 : 건조재료는 수화되어 어느 정도 축축하고 단단한 덩어리가 형성된다.
이 때 반죽기 안쪽이 깨끗해 진다. 이 단계에서 유지와 소금을 넣는 방법을 후염법이라 한다. → 데니쉬페이스트리, 독일빵 등이 있으며, 반죽 시간을 단축하는 장점이 있다.

35 반죽시 후염법에서 소금의 투입단계는?

① 각 재료와 함께 섞는다. ② 픽업단계 직전에 투입한다.
③ 클린업 단계 직후에 넣는다. ④ 믹싱이 끝날 때 넣어 혼합한다.

 후염법 반죽시 소금의 투입단계는 클린업단계에 소금을 투입해 준다.

36 반죽 믹싱의 목적에 적합하지 않는 것은?

① 반죽의 신장성과 탄력성 부여 ② 물의 흡수력 증감 조절
③ 재료의 혼합 ④ 글루텐 형성으로 빵의 내상 개선

 반죽믹싱의 목적은 반죽의 신장성과 탄력성을 부여하며, 재료를 혼합하며,
글루텐 형성에 관여한다.

37 클린업 단계에서 넣음으로써 반죽시간을 단축시킬 수 있는 것은?

① 분유   ② 소금   ③ 이스트   ④ 설탕

 클린업 단계에서 건조재료는 수화되어 어느 정도 축축하고 단단한 덩어리가 형성된다.
이 때 반죽기 안쪽이 깨끗해 진다. 이 단계에서 유지와 소금(후염법)을 넣는다.
소금을 이때 첨가하는 이유는 반죽의 발전을 빠르게 하기 위해서이다.

38 반죽의 혼합과정중 유지를 첨가하는 방법으로 옳은 것은?

① 밀가루 및 기타 재료와 함께 계량하여 혼합하기 전에 첨가한다.
② 반죽이 수화되어 덩어리를 형성하는 클린업 단계에서 첨가한다.
③ 반죽의 글루텐 형성 중간 단계에서 첨가한다.
④ 반죽의 글루텐 형성 최종 단계에서 첨가한다.

 제빵에서 반죽 믹싱시 유지는 클린업 단계에서 넣는다. 그러면 반죽 시간이 단축 될 수 있다.
후염법의 경우 소금을 클린업 단계에서 넣으면 또한 반죽 시간이 짧아진다.

정답 34 ① 35 ③ 36 ② 37 ② 38 ②

39 제빵 시 유지를 투입하는 반죽의 단계는?

① 픽업단계　② 클린업 단계　③ 발전단계　④ 최종단계

> 유지를 클린업 단계에 넣음으로써 반죽의 시간을 단축시키는 효과가 있다.

40 반죽을 믹싱(mixing)할 때 원료가 균일하게 혼합되고 글루텐의 구조가 형성되기 시작하는 단계는?

① 픽업단계(pick up stage)　② 발전단계(development stage)
③ 클린업단계(clean up stage)　④ 렛다운단계(let down stage)

> 원료가 균일하게 혼합되고 글루텐의 구조가 형성되기 시작하는 단계는 픽업단계이다.

41 반죽의 변화단계에서 생기 있는 외관이 되며 매끄럽고 부드러우며 탄력성이 증가되어 강하고 단단한 반죽이 되었을 때의 상태는?

① 클린업 상태(clean up)　② 픽업상태(pick up)
③ 발전상태(development)　④ 렛다운상태(let down)

> 발전단계일 때 탄력성이 최대가 된다.

42 다음 중 반죽이 매끈해지고 글루텐이 가장 많이 형성되어 탄력성이 강한 것이 특징이며, 프랑스빵 반죽의 믹싱 완료시기인 단계는?

① 클린업단계　② 발전단계　③ 최종단계　④ 렛다운단계

> 믹싱단계 중 3단계인 발전단계에서 반죽의 탄력성이 최대로 증가하며, 반죽이 강하고 단단해진다.
> 프랑스빵 같이 공정이 많은 빵의 반죽은 발전단계에서 믹싱을 완료한다.

43 건포도 식빵, 옥수수식빵, 야채식빵을 만들 때 건포도, 옥수수, 야채는 믹싱의 어느 단계에 넣는 것이 좋은가?

① 최종 단계 후　② 클린업 단계 후
③ 발전 단계 후　④ 렛다운 단계 후

> 식빵의 반죽은 최종단계 후에 건포도, 야채, 옥수수를 넣어야만 으깨지지 않는다.

44 반죽의 믹싱 단계 중 탄력성과 신장성이 상실되고 반죽에 생기가 없어지면서 글루텐 조직이 흩어지는 것은?

① 픽업 단계　② 브레이크 다운 단계　③ 렛다운 단계　④ 클린업 단계

정답　39 ②　40 ①　41 ③　42 ②　43 ①　44 ②

Chapter 1 빵류제품 재료혼합

45 반죽의 흡수율에 영향을 미치는 요소에 대한 설명으로 틀린 것은?

① 단백질 1% 증가시 흡수율은 5% 증가한다.
② 소금을 믹싱 초기에 넣으면 수분 흡수가 적다.
③ 설탕 증가시 흡수율은 감소한다.
④ 손상전분 증가시 흡수율이 증가한다.

 단백질 1% 증가 시 흡수율은 1.5~2% 증가한다.

46 다음 중 소프트 롤에 속하지 않는 것은?

① 디너 롤 ② 프렌치 롤 ③ 브리오슈 ④ 치즈 롤

 프렌치 롤은 직접 구워 딱딱한 껍질의 빵이다. 딱딱하고 매끈한 겉모양과 섬세하고 윤이 나는 껍질, 기공이 많은 내부조직이 특징이다.

47 다음의 빵 제품 중 일반적으로 반죽의 되기가 가장 된 것은?

① 피자도우 ② 잉글리쉬 머핀 ③ 단과자빵 ④ 팥앙금빵

 피자도우는 반죽이 되게 한다.

48 다음의 제품 중에서 믹싱을 가장 적게 해도 되는 것은?

① 프랑스빵 ② 식빵 ③ 단과자빵 ④ 데니시 페이스트리

 전통적인 데니쉬 페이스트리는 클린업 단계까지 믹싱한다.

49 다음 제품의 반죽 중에서 가장 오래 믹싱을 하는 것은?

① 데니시 페이스트리 ② 프랑스빵 ③ 과자빵 ④ 햄버거번

렛다운 단계
* 지나친 반죽단계로 반죽이 축축하고 끈적한 얇은 실모양이 된다.
* 오버믹싱 반죽은 탄력성을 잃고 신장성이 커서 고무줄처럼 늘어지며 점성이 많아진다.→ 햄버거번즈, 잉글리쉬 머핀이 있다.

정답 45 ① 46 ② 47 ① 48 ④ 49 ④

02. 반죽의 결과 온도

01 식빵 제조시 반죽 온도에 가장 큰 영향을 주는 재료는?

① 설탕　　② 밀가루　　③ 소금　　④ 유지

02 식빵반죽을 혼합할 때 반죽의 온도 조절에 가장 크게 영향을 미치는 원료는?

① 밀가루　　② 설탕　　③ 물　　④ 이스트

　　반죽 온도란 반죽이 완성된 직후에 나타나는 온도를 말하며, 온도 조절이 가장 쉬운 물을 사용하여 반죽 온도를 조절한다.

03 반죽 온도에 미치는 영향이 가장 적은 것은?

① 훅(Hook)온도　　② 실내 온도　　③ 밀가루 온도　　④ 물 온도

　　실내온도, 재료온도는 반죽온도에 많은 영향을 끼친다.

04 표준 스트레이트법으로 식빵을 만들 때 반죽 온도로 가장 적합한 것은?

① 12~14℃　　② 16~18℃　　③ 26~27℃　　④ 33~34℃

　　반죽온도 요점
　　* 20℃ : 퍼프페이스트리, 데니시페이스트리, 냉동반죽법의 반죽 : (-40℃에서 급속냉동-18℃~-25℃에 보관)
　　* 24℃ : 스펀지 법 반죽의 스펀지 반죽
　　* 27℃ : 표준 스트레이트법 반죽, 스폰지법 반죽의 본 반죽
　　* 30℃ : 비상 스트레이트법 반죽

05 다음 중 표준 스트레이트법에서 믹싱 후 반죽 온도로 가장 적합한 것은?

① 21℃　　② 27℃　　③ 33℃　　④ 39℃

06 비상스트레이법 반죽의 가장 적합한 온도는?

① 15℃　　② 20℃　　③ 30℃　　④ 40℃

　　필수적 조치 사항
　　* 이스트량 2배　　* 믹싱시간 20% 증가　　* 반죽 온도 30℃　　* 1차발효 15~30분
　　* 설탕 사용량 1%　　* 물 사용량 1% 감소

07 스펀지법에서 스펀지 반죽의 가장 적합한 반죽 온도는?

① 13℃ 정도　　② 18℃ 정도　　③ 24℃ 정도　　④ 30℃ 정도

　　스펀지의 반죽 온도 : 24℃정도, 도우 반죽 온도 : 27℃

01 ②　02 ③　03 ①　04 ③　05 ②　06 ③　07 ③

Chapter ❶ 빵류제품 재료혼합

08 일반적인 스펀지도우법에서 가장 적당한 스펀지 온도는?

① 12~15℃   ② 18~20℃   ③ 23~25℃   ④ 29~32℃

> 스펀지법의 스펀지는 24℃이고 본 반죽은 27℃이다.

09 일반적인 스펀지도우법으로 식빵을 만들 때 도우(dough)의 가장 적당한 온도는?

① 17℃ 정도   ② 27℃ 정도   ③ 37℃ 정도   ④ 47℃ 정도

> 스펀지법의 스펀지는 24℃이고 본 반죽은 27℃이다.

10 데니시 페이스트리 반죽의 적정온도는?

① 18~22℃   ② 26~31℃   ③ 35~39℃   ④ 45~49℃

> 데니시 페이스트리 반죽의 적정 온도는 18~22℃이다.

11 식빵 반죽의 희망온도가 27℃일 때, 실내온도 20℃, 밀가루 온도 20℃, 마찰계수 30인 경우 사용할 물의 온도는?

① −7℃   ② 3℃   ③ 11℃   ④ 18℃

> *사용할 물 온도 = (희망 온도×3)−(밀가루 온도+실내 온도+마찰계수) = (27×3)−(20+20+30) = 11℃

12 반죽온도 28℃, 실내온도 26℃, 밀가루 온도 25℃, 설탕 온도 24℃, 계란 온도 22℃, 마찰계수 15일 때 사용할 물의 온도는?

① 25℃   ② 26℃   ③ 27℃   ④ 28℃

> 사용할 물의 온도 = 희망온도×5−(실내온도+밀가루온도+설탕온도+계란온도+마찰계수)
> = 28×5−(26+25+24+22+15)=28

13 식빵 제조시 결과 온도 33℃, 밀가루온도 23℃, 실내온도 26℃, 수돗물온도 22℃, 희망온도 27℃, 사용물량 5kg일 때 마찰계수는?

① 19   ② 22   ③ 24   ④ 28

> 마찰계수=(결과온도×3)−(밀가루 온도+실내온도+수돗물온도)
> ∴(33×3)−(23+26+22)=28

14 희망 반죽 온도 26℃, 마찰계수 20, 실내온도 26℃, 스펀지 반죽온도 28℃, 밀가루 온도 21℃ 일 때 스펀지법에서 사용할 물의 온도는?

① 11℃   ② 8℃   ③ 7℃   ④ 9℃

> **정답** 08 ③   09 ②   10 ①   11 ③   12 ④   13 ④   14 ④

15 식빵을 만드는데 실내온도 15℃, 수돗물 온도 10℃, 밀가루 온도 13℃일 때 믹싱 후의 반죽온도가 21℃가 되었다면 이 때 마찰계수는?

① 5 ② 10 ③ 20 ④ 25

* 마찰계수 = (반죽의 결과온도×3)−(밀가루 온도+실내온도+수돗물온도)
  = (21×3)−(15+10+13)
  = 63−38 = 25

16 반죽 온도 28℃, 실내 온도 26℃, 밀가루 온도 25℃, 설탕 온도 24℃, 계란 온도 22℃일 때 마찰계수는?

① 5℃ ② 15℃ ③ 25℃ ④ 35℃

마찰계수 = 결과온도×4−(실내온도−밀가루온도−설탕온도−계란온도)
= (28×4)−(26+25+24+22)=15

17 스트레이트법으로 식빵을 만들 때 밀가루 온도 22℃, 실내온도 26℃, 수돗물 온도 17℃, 결과온도 30℃, 희망온도 27℃ 라면 계산된 물 온도는?

① 2℃ ② 4℃ ③ 6℃ ④ 8℃

* 마찰계수 = (실제 반죽온도×3)−(실내+밀가루+설탕+쇼트닝+계란+수돗물)
* 물 온도 계산 = (희망 반죽온도×3)−(실내+밀가루+설탕+쇼트닝+계란+마찰계수)
* 마찰계수 = (30℃×3)−(26℃+22℃+17℃) = 25
* 계산된 물 온도 = (27℃×3)−(26℃+22℃+25℃) = 81℃−73℃ = 8℃

18 밀가루 온도 25℃, 실내온도 24℃, 수돗물 온도 20℃, 결과온도 30℃, 희망온도 27℃, 마찰계수 24일 때 사용할 물 온도는?

① 2℃ ② 6℃ ③ 8℃ ④ 17℃

*물 온도 계산 = (희망 반죽온도×3)−(실내온도+밀가루온도+마찰계수)
*(27×3)−(25+24+24) = 8℃

19 다음 중 반죽의 얼음사용량 계산공식으로 옳은 것은?

① 얼음 = {물사용량 × (수돗물온도 − 사용수온도)} ÷ 80 + 수돗물온도
② 얼음 = {물사용량 × (수돗물온도 +사용수온도)} ÷ 80 + 수돗물온도
③ 얼음 = {물사용량 × (수돗물온도 × 사용수온도)} ÷ 80 + 수돗물온도
④ 얼음 = {물사용량 × (계산된물온도 − 사용수온도)} ÷ 80 + 수돗물온도

얼음 사용량 = [물사용량 × (수돗물 온도 − 사용할 물 온도)] ÷ 80 + 수돗물온도

15 ④ 16 ② 17 ④ 18 ③ 19 ①

Chapter ❶ 빵류제품 재료혼합

20 실내 온도 20℃, 밀가루 온도 20℃, 설탕 온도 20℃, 쇼트닝 온도 22℃, 달걀온도 20℃, 물 온도 18℃의 조건에서 반죽의 결과온도가 24℃ 가 나왔다면 마찰계수는?

① 18   ② 20   ③ 22   ④ 24

* 마찰계수 = (실제 반죽온도x6) − (실내온도+밀가루+설탕+쇼트닝+계란+수돗물)
* 마찰계수 = (24x6) − (20+20+20+22+20+18)
  = 144 − 120
  = 24

21 실내온도 30℃, 실외온도 35℃, 밀가루온도 24℃, 설탕온도 20℃, 쇼트닝온도 20℃, 달걀온도 24℃, 마찰계수가 22이다. 반죽온도가 25℃가 되기 위해서 필요한 물의 온도는?

① 8℃   ② 9℃   ③ 10℃   ④ 12℃

* 계산방법 (25x6) − (30+24+20+20+24+22) = 10
* 물온도 = (희망온도x6) − (실내온도+밀가루 온도+설탕 온도+쇼트닝 온도+달걀 온도+ 마찰계수)
  = (25x6) − (30+24+20+20+24+22) =10℃

22 1,000g의 물을 사용할 때 수돗물 20℃, 사용할 물의 온도가 −10℃일 때 얼음 사용량은?

① 100g   ② 200g   ③ 300g   ④ 400g

얼음 사용량 = 물 사용량 x (수돗물 온도 − 사용할 물의 온도) /80 + 수돗물 온도
= 1,000 x {20 −(−10)} / 80 + 20 = 300g

23 17℃의 물 2kg을 15℃ 낮추면 실제 사용한 물의 양은?

① 1,756g   ② 1,841g   ③ 1,900g   ④ 1,959g

실제 물 사용량 = 사용할 물의 양 − 얼음량 = 2,000 − (2,000 x (17−15) / 80 + 17) = 1,959

24 수돗물 온도 20℃, 사용할 물 온도 10℃, 사용물량 4kg일 때 사용하는 얼음량은?

① 100g   ② 200g   ③ 300g   ④ 400g

얼음 사용량 = 물사용량 x (수돗물온도 = 계산된 물 온도) / (80 + 수돗물 온도)
= 4,000g x (20−10) / (80 + 20)
= 400g

정답   20 ④   21 ③   22 ③   23 ④   24 ④

3절. 충전물 · 토핑물 제조

01 충전물로 사용하는 버터 종류의 설명으로 알맞은 것은?

① 버터를 제조할 때 소금을 넣으면 무염버터라고 한다.
② 에스카르고 버터는 푸른곰팡이 치즈의 왕이라고 불린다.
③ 로크포르 버터는 마늘과 파슬리 향이 특징이다.
④ 안초비 버터는 적당한 짠맛과 특유의 풍미가 특징이다.

> 버터를 제조할 때 소금을 넣으면 가염버터라고 한다.
> 에스카르고 버터(식용 달팽이 버터)는 마늘과 파슬리 향이 특징이다.
> 로크포르 버터는 푸른곰팡이 치즈의 왕이라고 불리며 버터에 섞으면 부드럽게 즐길 수 있다.

02 버터의 사용방법으로 알맞지 않은 것은?

① 상온에 두어서 부드러워지면 빵에 바른다.
② 녹은 버터를 사용하면 풍미가 향상된다.
③ 부드러운 상태에서 휘핑해두면 사용하기 편리하다.
④ 치즈처럼 얇게 썰어서 하드계열 빵에 듬뿍 넣어도 좋다.

> 버터는 30℃ 전후에서 녹기 시작하는데, 버터가 녹으면 조직이 변해서 풍미가 떨어지므로 기온이 높은 시기에는 냉장고에 보관하는 등 관리에 주의해야 한다.

03 초콜릿 템퍼링 작업을 한 경우의 장점으로 알맞지 않은 것은?

① 안정한 결정이 많고 결정형이 일정하다.
② 입안에서의 용해성이 좋다.
③ 광택이 좋고 내부조직이 크다.
④ 모양 만들기가 좋다.

항목	템퍼링 작업을 한 경우(장점)	템퍼링 작업을 안한 경우(단점)
결정	안정한 결정이 많고 결정형이 일정하다.	불안정한 결정이 많고 결정형이 일정치 않다.
식감	입안에서의 용해성이 좋다.	입안에서의 용해성이 나쁘다.
외관	광택이 좋고 내부조직이 조밀하다.	광택이 없고 내부조직이 크다.
모양 만들기	좋다.	나쁘다.

01 ④ 02 ② 03 ③

Chapter 1 빵류제품 재료혼합

04 채소류의 전처리 방법으로 알맞은 것은?

① 찬물에 담갔다가 그대로 사용한다.
② 양파는 결대로 자르면 매운맛 성분이 빠져나가서 날것으로 먹을 때 좋다.
③ 양상추와 양배추는 오래 보관하며 사용하여도 된다.
④ 오이는 돌기 부분에 균이 번식하기 쉬우므로 꼼꼼하게 씻어야 한다.

 찬물에 담갔다가 물기를 제거하고 사용한다.
양파는 결과 직각 방향으로 자르면 매운맛 성분이 빠져나가서 날것으로 먹을 때 좋고, 결대로 자르면 아삭한 식감이 살아서 가열할 때 좋다.
양상추와 양배추는 오래 보관하면 쓴맛이 나므로 빨리 사용하는 것이 좋다.

05 다음 설명에 맞는 허브를 고르시오.

- 이탈리안 소스에 잘 들어가는 허브
- 쌉쌀한 맛과 강한 향
- 토마토소스에 포인트를 주는 재료로도 사용

① 오레가노   ② 바질   ③ 로즈마리   ④ 월계수잎

 바질 : 이국적인 비누 냄새 / 로즈마리 : 솔향기 비슷한 향
월계수잎 : 각종 소스에 첨가해서 향을 더하는 재료로 사용, 고기류나 해산물 데칠 때 사용

06 다음 중 비숙성 타입 치즈를 고르시오.

① 카망베르   ② 크림치즈   ③ 고르곤졸라   ④ 체다

 카망베르 : 흰 곰팡이 타입 / 고르곤졸라 : 푸른곰팡이 타입 / 체다 : 세미하드 타입

07 건포도 식빵을 만들 때 건포도를 전처리하는 목적이 아닌 것은?

① 수분을 제거하여 건포도의 보존성을 높인다.
② 제품내에서의 수분 이동을 억제한다.
③ 건포도의 풍미를 되살린다.
④ 씹는 촉감을 개선한다.

 건포도 전처리의 이점
* 빵의 내상과 건조되지 않고 건포도가 제품에 잘 결합되어 있게 한다.(제품의 수분 이동을 억제)
* 향미와 맛을 다시 회복하게 된다.
* 수율이 증가한다. 전처리함으로써 건포도내의 수분이 15%에서 25%로 증가하기 때문이다.
* 건포도를 10% 더 사용하는 것과 같은 효과를 얻게 된다.

정답   04 ④   05 ①   06 ②   07 ①

08 입상형 설탕을 분쇄하여 미세한 분말로 만든 다음 고운 눈금을 가진 체를 통과시켜서 만든 토핑물을 고르시오.

① 계피 설탕　　② 분당(슈가파우더)　　③ 폰당　　④ 캐슈넛

 계피 설탕 : 설탕에 계피가루를 3~5% 정도 넣고 섞은 제품
폰당 : 식힌 시럽을 섞어서 설탕을 일부분 결정화하여 만든 제품
캐슈넛 : 견과류

09 커스터드 크림 제조 내용 중 알맞지 않은 것은?

① 재료가 잘 섞이도록 기품기로 계속 저어준다.
② 처음에는 센 불로 데우다가 끓으면 중불로 낮춘다.
③ 바닐라빈이 없을 경우 바닐라 오일로 대체한다.
④ 완성된 제품은 실온에서 보관한다.

완성된 제품은 냉장보관하고 되도록 빨리 사용한다.

10 잼 농축 완성점의 판정 방법으로 알맞지 않은 것은?

① 찬물에 떨어뜨려 보아 그대로 떨어지면 완성된 것이다.
② 스푼으로 떠서 흘려 보아 일부가 붙어 얇게 퍼지면서 끝이 젤리 모양으로 굳어서 떨어지면 완성된 것이다.
③ 당도를 검사하여 80%가 되면 완성된 것이다.
④ 온도가 104℃가량 되었으면 완성된 것이다.

당도를 검사하여 60~65%가 되면 완성된 것이다.

11 폰당 제조 방법으로 알맞은 것은?

① 온도를 130℃까지 끓인다.
② 대리석 위에 끓인 용액을 부어서 완전히 식힌다.
③ 생크림과 우유를 넣으면 안된다.
④ 주걱으로 흰색이 될 때까지 저어준다.

온도를 116℃까지 끓인다.
대리석 위에 끓인 용액을 부어서 40℃까지 식힌다.
필요에 따라 생크림과 우유를 넣은 카라멜 폰던트를 만들거나 과일 퓨레를 넣은 폰던트를 만들 수도 있다.

08 ② 　09 ④ 　10 ③ 　11 ④

Chapter 1 빵류제품 재료혼합

12 샌드위치 재료의 충전 순서의 핵심으로 알맞지 않은 것은?

① 빵에 버터를 바르면 토마토의 수분이 빵에 흡수되는 것을 막을 수 있다.
② 토마토와 양상추사이에 소스를 뿌리면 두 재료 모두 소스가 묻어서 맛이 좋지 않다.
③ 소스가 접착제 역할을 해서 토마토와 양상추가 안정적으로 자리를 잡는다.
④ 소스와 빵이 닿지 않도록 하는 것이 좋다.

 토마토와 양상추 사이에 소스를 뿌리면 두 재료 모두 소스가 묻어서 맛이 살아난다.

13 소스류 중 파스타에 주로 사용하지만 프랑스 빵류에도 널리 사용할 수 있는 것은?

① 바질 소스   ② 발사믹 소스   ③ 머스터드 소스   ④ 갈릭 소스

발사믹 소스 : 청포도 즙을 졸인 다음 나무로된 통속에서 발효시켜서 만든 발사믹 식초를 기본으로 만드는 소스
머스터드 소스 : 빵류를 이용한 샌드위치나 햄버거 종류에 가장 널리 사용. 필요에 따라서는 꿀을 넣어 허니 머스터드 소스로 사용
갈릭 소스 : 마늘은 버터에 볶은 다음 마요네즈를 섞어서 만든 소스

14 마요네즈 제조 방법으로 알맞은 것은?

① 식물성 기름은 한꺼번에 넣어 교반시킨다.
② 노른자와 흰자를 혼합하여 제조한다.
③ 118℃로 끓인 시럽을 넣어 살균한다.
④ 마요네즈의 색깔이 미백색으로 변하면 완료된 것이다.

식물성 기름을 한꺼번에 넣으면 기름과 다른 원료가 분리되어 유화가 되지 않는다.
노른자만 사용하여 제조한다.
시럽을 넣지 않고 60℃에서 10분간 저온 중탕 살균한다.

15 조림 앙금의 제조에 대한 설명으로 알맞지 않은 것은?

① 보통 배합 조림 앙금은 생앙금 100(수분 60% 기준)에 설탕 65~75 정도 넣는다.
② 고배합 조림 앙금은 생앙금 100에 설탕 90~100, 물엿 15 정도 넣는다.
③ 조림 앙금은 생앙금에 대하여 40~50%의 물을 첨가한다.
④ 80℃에서 1시간 농축하는 것이 130℃에서 40~50분 농축하는 것보다 색과 광택이 좋다.

앙금 제조는 130℃에서 40~50분 농축하는 것이 색과 광택이 좋다.

정답 12 ② 13 ① 14 ④ 15 ④

Chapter ❷ 빵류제품 반죽발효

01 발효의 설명으로 잘못된 것은?

① 발효 속도는 발효의 온도가 38℃일 때 최대이다.
② 이스트의 최적 PH는 4.7이다.
③ 알코올 농도가 최고에 달했을 때, 발효 속도는 증가한다.
④ 소금은 약 1% 이상에서 발효를 지연시킨다.

> TIP 알코올 농도가 최고에 달했을 때 발효속도는 감소한다.

02 반죽을 발효시키는 목적이 아닌 것은?

① 향 생성　　　　　　　② 반죽의 숙성 작용
③ 반죽의 팽창작용　　　④ 글루텐 응고

> TIP 글루텐의 응고는 제품을 구울 때 나타나는 현상이다.

03 발효의 목적이 아닌 것은?

① 공정시간 단축　　　　② 풍미 향상
③ 반죽의 신장성 향상　　④ 가스 보유력 증대

> TIP 발효의 목적
> * 팽창작용
> * 향의 생성
> * 반죽의 발전→공정시간 단축은 비상 스트레이트법의 목적이다.

04 발효의 목적이 아닌 것은?

① 반죽을 숙성시킨다.　　② 글루텐을 강화시킨다.
③ 풍미성분을 생성시킨다　④ 팽창작용을 한다.

> TIP 발효의 목적에서 글루텐을 강화시키지는 않는다.

05 발효에 영향을 주는 요소로 볼 수 없는 것은?

① 이스트의 양　② 쇼트닝의 양　③ 온도　④ pH

> TIP 이스트, 온도, pH는 발효에 영향을 주며, 쇼트닝은 가스 보유력에 영향을 미친다.

01 ③　02 ④　03 ①　04 ②　05 ②

Chapter ❷ 빵류제품 반죽발효

06 빵 발효에 영향을 주는 요소에 대한 설명으로 틀린 것은?

① 적정한 범위 내에서 이스트의 양을 증가시키면 발효 시간이 짧아진다.
② pH4.7 근처일 때 발효가 활발해 진다.
③ 적정한 범위 내에서 온도가 상승하면 발효시간은 짧아진다.
④ 삼투압이 높아지면 발효시간은 짧아진다.

 설탕과 소금에 의하여 삼투압이 높아지면, 이스트의 활력이 떨어져 발효시간이 길어진다.

07 다음 재료 중 발효에 미치는 영향이 가장 적은 것은?

① 이스트양   ② 온도   ③ 소금   ④ 유지

 이스트의 양과 발효시간은 반비례하며, 소금과 설탕의 양이 많으면 효소작용을 억제하기 때문에 가스 발생을 저하시킨다. 반죽온도가 0.5℃ 상승함에 따라 15분의 발효시간이 단축된다.

08 발효 중 가스 생성이 증가하지 않는 경우는?

① 이스트를 많이 사용할 때
② 소금을 많이 사용할 때
③ 반죽에 약산을 소량 첨가할 때
④ 발효실 온도를 약간 높일 때

 소금을 많이 사용하면 가스 생성이 잘 증가하지 않아 발효력이 떨어진다.

09 제빵시 발효점을 확인하는 방법을 설명한 것 중 적당하지 못한 것은?

① 부피가 증가한 상태 확인
② 반죽 내부에 생긴 망상조직 상태 확인
③ 반죽의 현재 온도 확인
④ 손가락으로 눌렀을 때의 탄력성 정도 확인

 제빵시 발효점을 확인하는 방법은 부피가 3.5배 증가하며 글루텐으로 인하여 망상조직이 되고 반죽이 탄력성이 있어야 한다.

10 정상적인 스펀지 반죽을 발효시키는 동안 스펀지 내부의 온도 상승은 어느 정도가 가장 바람직한가?

① 1~2℃   ② 4~6℃   ③ 8~10℃   ④ 12~14℃

 스펀지 내부의 온도 상승은 4~6℃가 적당하다.

정답 06 ④   07 ④   08 ②   09 ③   10 ②

11 발효 중 펀치의 효과와 거리가 먼 것은?

① 반죽의 온도를 균일하게 한다.
② 이스트의 활성을 돕는다.
③ 산소공급으로 반죽의 산화 숙성을 진전시킨다.
④ 성형을 용이하게 한다.

 성형을 용이하게 하는 것은 둥글리기 작업이다.

12 발효 전 무게는 1600g, 발효 후 무게가 1578g 일 때 발효 손실은?

① 0.98% ② 1.375% ③ 1.98% ④ 2.375%

 *1,600g : 100% = 1.578g : x%
1.578g : 100% ÷ 1,600g = x%
x = 98.625%

13 어린반죽(발효부족)으로 만든 빵 제품의 특징과 거리가 먼 것은?

① 기공이 고르지 않고 내상의 색상이 검다.
② 세포벽이 두껍고 결이 서지 않는다.
③ 신 냄새가 난다.
④ 껍질의 색상이 진하다.

 언더 믹싱(반죽 부족) : 어린반죽이라고 한다. 작업성이 떨어지고, 제품의 부피가 작으며, 속결이 맑지 않고, 껍질의 색감이 진하다.

14 과발효된(over proof) 반죽으로 만들어진 제품의 결함이 아닌 것은?

① 조직이 거칠다.
② 식감이 건조하고 단단하다.
③ 내부에 구멍이나 터널현상이 나타난다.
④ 제품의 발효향이 약하다.

 과발효된 반죽의 제품은 발효향이 강하다.

15 다음 중 스펀지 발효를 마친 반죽의 적정 pH는?

① pH2.8 ② pH4.8 ③ pH6.8 ④ pH8.8

스펀지 발효의 pH 완료점의 기준은 이스트가 가장 활력있는 pH4.8과 같게 설정한다.

정답 11 ④ 12 ① 13 ③ 14 ④ 15 ②

Chapter 2 빵류제품 반죽발효

16 발효 손실의 원인이 아닌 것은?

① 수분이 증발하여
② 탄수화물이 탄산가스로 전환되어
③ 탄수화물이 알코올로 전환되어
④ 재료 계량의 오차로 인해

> TIP 발효 손실을 장시간 발효 중에 수분이 증발하고, 탄수화물이 발효에 의해 탄산가스와 알콜로 전환되어 발생한다. 일반 발효 중에는 1~2%정도 손실된다.

17 단과자빵의 껍질에 흰 반점이 생긴 경우 그 원인에 해당되지 않는 것은?

① 반죽온도가 높았다.
② 발효하는 동안 반죽이 식었다.
③ 숙성이 덜 된 반죽을 그대로 정형하였다.
④ 2차 발효 후 찬 공기를 오래 쐬었다.

> TIP 반죽 온도가 높은 것은 흰 반점이 생기는 것과는 아무 관계가 없다.

18 진한 껍질색의 빵에 대한 대책으로 적합하지 못한 것은?

① 설탕, 우유 사용량 감소
② 1차 발효 감소
③ 오븐 온도 감소
④ 2차 발효 습도 조절

> TIP 1차 발효를 감소시키면, 이스트에 의해 사용되지 않고 반죽에 남아있는 당류의 양이 많아져 진한 껍질색의 빵이 된다.

19 제빵과정에서 스펀지법으로 반죽하여 스펀지를 4시간 발효시키려한다. 발효과정에서 반죽의 중량 변화는?

① 증가한다.   ② 감소한다.   ③ 감소하다 증가한다.   ④ 변화없다.

> TIP 반죽의 중량이 감소했다면 그것은 발효과정이 길었을 것이다.

20 1차 발효 중에 펀치를 하는 이유는?

① 반죽의 온도를 높이기 위해
② 이스트를 활성화시키기 위해
③ 효소를 불활성화시키기 위해
④ 탄산가스 축적을 증가시키기 위해

> TIP 펀치-1차 발효 중에 펀치를 하는 이유는 온도를 균일하게 하며, 이스트의 활성을 촉진하기 위해서 한다.

정답 16 ④ 17 ① 18 ② 19 ② 20 ②

21 스트레이트법에서 1차 발효 시 발효 상태를 파악하기 위해 손가락으로 눌렀을 때 가장 발효 상태가 좋은 것은?

① 누른 자국이 점점 커진다.
② 반죽 부분이 퍼진다.
③ 누른 부분이 살짝 오므라든다.
④ 누른 부분이 옆으로 퍼져 함몰한다.

1차 발효가 완료 점을 판단하는 방법
* 처음 반죽 부피에 3.5배 정도로 부푼 상태
* 발효된 반죽의 닿는 면을 들추면 실 같은 모양의 직물구조(섬유질 상태)를 보이는 상태
* 손가락에 밀가루를 묻혀 반죽을 눌렀을 때 약간 오그라드는 상태

22 1차 발효과정 중 생성되는 주요 물질은?

① 산소   ② 탄산가스   ③ 글루텐   ④ 단백질

탄산가스는 1차 발효 중에 생성되는 주요 물질이다.

23 성형 후 공정으로 가스팽창을 최대로 만드는 단계로 가장 적합한 것은?

① 1차 발효   ② 중간 발효   ③ 펀치   ④ 2차 발효

2차발효는 제빵사가 원하는 크기로 빵을 만들기 위하여 가스팽창을 최대로 만드는 단계이다.(완제품의 크기를 결정하는 공정)

24 다음 제빵 공정 중 시간보다 상태로 판단하는 것이 좋은 공정은?

① 포장   ② 분할   ③ 2차 발효   ④ 성형

2차 발효의 경우 완제품의 70~80%의 부피로 부풀었을 때이지만 시간보다 상태로 판단하는 것이 가장 좋다.

25 2차 발효시 발효실의 평균 온도와 습도는?

① 28~30℃, 60~65%
② 30~35℃, 65~95%
③ 35~38℃, 75~90%
④ 40~45℃, 80~95%

온도:38℃, 습도:90%

26 일반적으로 표준식빵 제조시 가장 적당한 2차 발효실 습도는?

① 95%   ② 85%   ③ 65%   ④ 55%

2차 발효: 35~43℃, 상대습도 85~90%, 발효실에서 30분~1시간

21 ③   22 ②   23 ④   24 ③   25 ③   26 ②

Chapter 2 빵류제품 반죽발효

27 프랑스빵의 2차 발효실 습도로 가장 적합한 것은?

① 65~70% ② 75~80% ③ 80~85% ④ 85~90%

 75~80%가 적합하다.

28 적당한 2차 발효점은 여러 여건에 따라 차이가 있다. 일반적으로 완제품의 몇 %까지 팽창시키는가?

① 30~40% ② 50~60% ③ 70~80% ④ 90~100%

 적당한 2차 발효점은 완제품의 70~80%까지 부풀리는 것이다.

29 다음 제품 제조시 2차 발효실의 습도를 가장 낮게 유지하는 것은?

① 풀먼 식빵 ② 햄버거 빵 ③ 과자 빵 ④ 빵 도넛

 빵 도넛은 기름에 튀겨야 하므로(물과 기름은 상극)2차 발효실의 습도가 70%가 적당하다.

제품에 따른 2차 발효조건
* 식빵류, 과자 빵류 : 온도38~40℃, 상대습도 85%
* 하스브레드 : 온도 32℃, 상대습도 75%
* 도넛 : 온도 32℃, 상대습도 65~70%
* 데니쉬 페이스트리 : 온도 27~32℃, 상대습도 75~80%
* 크루아상, 브리오슈 : 온도 27℃, 상대습도 70~75%

30 2차 발효의 상대습도를 가장 낮게 하는 제품은?

① 옥수수 식빵 ② 데니시 페이스트리 ③ 우유 식빵 ④ 팥앙금빵

 데니시 페이스트리는 2차 발효 온도 32~35℃, 습도 70~75%의 조건으로 일반적인 빵에 비해 상대습도를 낮게 해야 한다.

31 제빵과정에서 2차 발효가 덜 된 경우는?

① 발효 손실이 크다.
② 부피가 작아진다.
③ 기공이 거칠며 저장성이 낮다.
④ 산이 많이 생겨서 향이 좋지 않다.

2차 발효
* 정형한 반죽을 40℃ 전후의 고온다습한 발효실에 넣어 최종 숙성시켜 반죽의 신장성을 높임으로써 제품 부피의 70~80%까지 부풀리는 일을 말한다.
* 2차 발효 부족시 부피가 작다.

정답 27 ② 28 ③ 29 ④ 30 ② 31 ②

32 2차 발효시 상대습도가 부족할 때 일어나는 현상은?

① 질긴 껍질   ② 흰 반점   ③ 터짐   ④ 단단한 표피

 오븐에 넣었을 때 팽창이 잘 일어나지 않으며 제품의 표면이 갈라지거나 터지는 경우가 생긴다.

33 2차 발효가 과다할 때 일어나는 현상이 아닌 것은?

① 옆면이 터진다.   ② 색상이 여리다.
③ 신 냄새가 난다.   ④ 오븐에서 주저 앉기 쉽다.

 2차 발효를 너무 과다하게 되면 색상이 여리고, 오븐에서 가라앉고, 신 냄새가 나게 된다.

34 성형과정을 거치는 동안에 반죽이 거친 취급을 받아 상처를 받은 상태이므로 이를 회복시키기 위해 글루텐 숙성과 팽창을 도모하는 과정은?

① 1차발효   ② 중간발효   ③ 펀치   ④ 2차발효

 2차 발효는 정형한 반죽을 40℃ 전후의 고온다습한 발효실에 넣어 최종 숙성시켜 반죽의 신장성을 높임으로써 제품 부피의 70~80%까지 부풀리는 일을 말한다.
2차 발효는 발효의 최종단계이다. 2차 발효에서 3가지 주요 요인은 온도, 습도, 시간이다.

35 펀치의 효과와 가장 거리가 먼 것은?

① 반죽의 온도를 균일하게 한다.
② 이스트의 활성을 돕는다.
③ 반죽에 산소공급으로 산화, 숙성을 진전시킨다.
④ 성형을 용이하게 한다.

성형을 용이하게 하기 위해서는 중간 발효를 해야 한다.

32 ③ 33 ① 34 ④ 35 ④

Chapter ❸ 빵류제품 반죽정형

1절. 분할하기

01 식빵 반죽을 분할할 때 처음에 분할한 반죽과 나중에 분할한 반죽은 숙성도의 차이가 크므로, 단시간 내에 분할해야 한다. 몇 분 이내로 완료하는 것이 가장 좋은가?

① 2~7분　　② 8~13분　　③ 15~20분　　④ 25~30

 평균 분할 시간:15~20분→분할 속도가 너무 빠르면 과다한 펀칭이 되어 반죽이 찢어질 염려가 있으며 반대로 너무 느리면 과다하게 압착되어 글루텐이 파괴된다.

02 분할기에 의한 기계식 분할시 분할의 기준이 되는 것은?

① 무게　　② 모양　　③ 배합용　　④ 부피

 기계식 분할 – 부피, 수동시 분할 – 무게

03 1회에 60g짜리 반죽을 2개씩 분할하는 분할기가 있다. 1분에 4회 분할한다면 24kg의 반죽을 분할하는 데 소요되는 시간은?

① 10분　　② 25분　　③ 50분　　④ 75분

 1회에 60g×2(120g)분할
1분 : 480 = x분 : 24,000
480×x = 24,000
x = 24,000/480
x = 50

04 굽기 및 냉각손실이 12%이고 완제품이 500g일 때 분할량은 약 얼마인가?

① 568g　　② 575g　　③ 580g　　④ 585g

 분할량 = x일 때, 완제품 = 500g
100 : x = (100−12):500
88x = 50000
x = 568

정답　01 ③　02 ④　03 ③　04 ①

2절. 둥글리기

01 제빵 공정 중 정형공정에 속하지 않는 것은?

① 둥글리기　② 가스빼기　③ 말기　④ 봉하기

 정형
* 중간발효를 끝낸 반죽을 틀에 넣기 전에 일정한 모양으로 만드는 과정
* 정형과정은 밀기(가스빼기)와 말기 그리고 봉하기의 3단계로 나눌 수 있다.

02 둥글리기의 목적이 아닌 것은?

① 글루텐의 구조와 방향 정돈　② 수분 흡수력 증가
③ 반죽의 기공을 고르게 유지　④ 반죽 표면에 얇은 막 형성

수분 흡수력 증가는 믹싱의 목적이다.

03 분할된 반죽을 둥그렇게 말아 하나의 피막을 형성토록 하는 기계는?

① 믹서(mixer)　② 오버헤드 프루퍼(overhead proofer)
③ 정형기(moulder)　④ 라운더(rounder)

라운더-복합된 반죽의 상한 부위를 봉함과 동시에 표면을 매끄럽게 한다.

04 다음은 어떤 공정의 목적인가?

> 자른 면의 점착성을 감소시키고 표피를 형성하여 탄력을 유지시킨다.

① 분할　② 둥글리기　③ 중간발효　④ 정형

둥글리기에 대한 설명이다.

3절. 중간발효

01 중간 발효의 목적이 아닌 것은?

① 반죽의 휴지　② 기공의 제거
③ 탄력성 제공　④ 반죽에 유연성 부여

01 ①　02 ②　03 ④　04 ②　　　　　　01 ②

Chapter ❸ 빵류제품 반죽정형

02 중간 발효의 목적이 아닌 것은?

① 글루텐의 배열을 제대로 조절하고 가스를 발생시켜 정형하기 쉽도록 하기 위해
② 분할, 둥글리기를 거치면서 굳은 반죽을 유연하게 만들기 위해
③ 탄력성과 신장성 회복으로 밀어 펴기 중 반죽의 찢어짐을 방지하기 위해
④ 빵의 향에 관계하는 발효산물인 알코올, 유기산, 방향성 물질을 얻기 위해

> 빵의 향에 관계하는 발효 살물인 알코올, 유기산, 방향성 물질을 얻기 위한 과정은 1차 발효나 2차 발효이다.

03 제빵에서 중간발효의 목적이 아닌 것은?

① 반죽을 하나의 표피로 만든다.
② 분할공정으로 잃었던 가스의 일부를 다시 보완시킨다.
③ 반죽의 글루텐을 회복시킨다.
④ 정형 과정 중 찢어지거나 터지는 현상을 방지한다.

04 중간 발효의 목적이 아닌 것은?

① 반죽표면에 얇은 막 형성　② 가스 보완　③ 신장성 향상　④ 점착성 증대

> **중간발효**
> * 분할, 둥글리기 하는 과정에서 손상된 글루텐의 구조를 재정돈한다.
> * 가스 발생으로 반죽의 유연성을 회복시킨다.
> * 정형과정에서 반죽 신장성을 증가시켜 밀어 펴기를 쉽게 한다.
> * 정형할 때 끈적거리지 않게 반죽 표면에 얇은 막을 형성한다.

05 둥글리기가 끝난 반죽을 정형하기 전에 짧은 시간 동안 발효시키는 목적으로 적당하지 않은 것은?

① 가스발생으로 반죽의 유연성을 회복시키기 위해
② 가스 발생력을 키워 반죽을 부풀리기 위해
③ 반죽표면에 얇은 막을 만들어 정형할 때 끈적거리지 않도록 하기 위해
④ 분할, 둥글리기 하는 과정에서 손상된 글루텐 구조를 재정돈 하기 위해

06 플로어 타임을 길게 주어야 할 경우는?

① 반죽 온도가 높을 때　　　② 반죽 배합이 덜 되었을 때
③ 반죽 온도가 낮을 때　　　④ 중력분을 사용했을 때

> 반죽 온도가 높으면 플로어 타임이 짧아지고 온도가 낮으면 플로어 타임이 길어진다.

정답　02 ④　03 ①　04 ④　05 ②　06 ③

4절. 성형

01 빵제품의 제조공정에 대한 설명으로 올바르지 않은 것은?

① 반죽은 무게 또는 부피에 의하여 분할한다.
② 둥글리기에서 과다한 덧가루를 사용하면 제품에 줄무늬가 생성된다.
③ 중간발효시간은 보통 10~20분이며 27~29℃에서 실시한다.
④ 성형은 반죽을 일정한 형태로 만드는 1단계 공정으로 이루어져 있다.

> 정형과정은 밀기와 말기 그리고 봉하기의 3단계로 나눌 수 있다.

02 성형에서 반죽의 중간발효 후 밀어 펴기 하는 과정의 주된 효과는?

① 글루텐 구조의 재정돈 ② 가스를 고르게 분산
③ 부피의 증가 ④ 단백질의 변성

> 밀어 펴기 하는 주된 이유는 가스를 빼내고 기포를 균일하게 하기 위해서 한다.

03 정형기(Moulder)의 작동 공정이 아닌 것은?

① 둥글리기 ② 밀어펴기 ③ 말기 ④ 봉하기

> 정형과정은 밀기(가스빼기)와 말기 그리고 봉하기의 3단계로 나눌 수 있다.

04 다음 중 파이롤러를 사용하기에 부적합한 제품은?

① 스위트롤 ② 데니시 페이스트리 ③ 크로와상 ④ 브리오슈

> 브리오슈 : 버터와 계란을 듬뿍 배합해 만든 반죽을 여러 가지 모양으로 성형해 구운 것으로 손으로 나누었을 때 결이 더 곱다.

05 건포도 식빵에 관한 설명으로 틀린 것은?

① 반죽이 충분하게 형성된 후 건포도를 투입한다.
② 밀어펴기(가스빼기)를 완전히 한다.
③ 2차 발효 시간이 길다.
④ 팬닝량은 일반 식빵에 비해 1~20% 정도 증가시킨다.

> 건포도를 넣은 반죽을 밀어 펼 때는 약간 느슨하게 하여 건포도의 손상을 줄인다.

정답 01 ④ 02 ② 03 ① 04 ④ 05 ②

Chapter 3 빵류제품 반죽정형

06 데니시 페이스트리 제조시의 설명으로 틀린 것은?

① 소량의 덧가루를 사용한다.
② 발효실 온도는 유지의 융점보다 낮게 한다.
③ 고배합 제품은 저온에서 구우면 유지가 흘러나온다.
④ 2차 발효시간은 길게 하고, 습도는 비교적 높게 한다.

> Tip 데니쉬 페이스트리는 2차 발효시간을 짧게 하고 습도는 낮게 한다.

07 빵의 내부에 줄무늬가 생기는 원인이 아닌 것은?

① 과량의 분할유(divider oil) 사용   ② 과량의 덧가루 사용
③ 건조한 중간 발효   ④ 건조한 2차 발효

> Tip 빵의 내부에 줄무늬가 생기는 원인으로 2차발효와는 상관이 없다.

5절. 팬닝

01 팬닝시 주의사항에 합당하지 않은 것은?

① 팬닝전의 팬의 온도가 적정하고 고르게 할 필요가 있다.
② 틀이나 철판의 온도를 25℃로 맞춘다.
③ 반죽의 이음매가 틀의 바닥에 놓이도록 팬닝한다.
④ 반죽의 무게와 상태를 정하여 비용적에 맞추어 적당한 반죽량을 넣는다.

> Tip 팬닝시 팬의 온도 : 32℃

02 정형한 식빵 반죽을 팬에 넣을 때 이음매의 위치는?

① 위   ② 아래   ③ 좌측   ④ 우측

> Tip 식빵을 팬닝시 이음매는 무조건 아래로 향하게 하여 팬닝하여야 한다.

03 빵의 팬닝(팬넣기)에 있어 팬의 온도로 가장 적합한 것은?

① 냉장온도(0~5℃)   ② 20~24℃   ③ 30~35℃   ④ 60℃ 이상

정답 06 ④ 07 ④   01 ② 02 ② 03 ③

04 팬닝방법 중 풀먼 브레드와 같이 뚜껑을 덮어 굽는 제품에 반죽을 길게 늘려 U자, N자, M자형으로 넣는 방법은?

① 직접 패팅 　② 트위스트 패닝 　③ 스파이럴 패닝 　④ 교차 패닝

 교차패닝에 관한 설명이다.

05 식빵의 일반적인 비용적은?

① 0.36cm³/g 　② 1.36cm³/g 　③ 3.36cm³/g 　④ 5.36cm³/g

 식빵의 일반적인 비용적은 3.2~3.4cm³/g 이다.

06 빵의 밑바닥이 움푹 들어가는 이유가 아닌 것은?

① 뜨거운 팬의 사용　　② 반죽이 질음
③ 팬의 기름칠 과다　　④ 2차 발효실의 습도가 높음

 팬의 기름칠을 많이 하면
* 바닥 껍질에 두껍다.
* 색이 어두워 진다.
* 부피가 크다.
* 옆면이 약해져서 자를 때 찌그러지기 쉽다.

04 ④　05 ③　06 ③

Chapter ④ 빵류제품 반죽익힘

01. 반죽 익히기 방법의 종류 및 특징

01 빵 굽기의 일반적인 설명으로 틀린 것은?

① 높은 온도에서 구울 때 오버 베이킹이 된다.
② 고율배합의 빵은 비교적 낮은 온도에서 굽는다.
③ 너무 뜨거운 오븐은 빵의 부피가 작고 껍질이 진하다.
④ 잔당 함유량이 높은 어린반죽은 낮은 온도에서 굽는다.

 오버베이킹
* 낮은 온도에서 장시간 구운 것으로 지나치게 구운 것을 말함.
* 윗부분이 평평하고 제품의 수분이 적으며 제품이 오그라든다.
언더베이킹
* 높은 온도에서 단시간 구운 것으로 덜 구운 것을 말함.
* 윗면이 블록 튀어나오고 갈라진다.
* 껍질색이 진하며 제품이 수분이 많고 주저앉기 쉽다.

02 빵의 굽기에 대한 설명 중 옳은 것은?

① 고배합의 경우 낮은 온도에서 짧은 시간으로 굽기
② 고배합의 경우 높은 온도에서 긴 시간으로 굽기
③ 저배합의 경우 낮은 온도에서 긴 시간으로 굽기
④ 저배합의 경우 높은 온도에서 짧은 시간으로 굽기

 저율배합은 고온 단시간으로 굽는다.
고율배합은 저온 장시간으로 굽는다.

03 다음 제품 중 가장 고온에서 굽는 제품은?

① 카스테라   ② 이스트 도넛   ③ 식빵   ④ 프랑스빵

 프랑스빵은 가장 고온에서 굽는다.

04 프랑스빵 제조 시 스팀 주입이 많을 경우 생기는 현상은?

① 껍질이 바삭바삭하다.   ② 껍질이 벌어진다.
③ 질긴 껍질이 된다.   ④ 균열이 생긴다.

 스팀을 많이 분사하면 밀가루의 단백질에 물이 충분히 공급되므로 완제품의 질감을 질기게 한다.

정답 01 ①   02 ④   03 ④   04 ③

05 식빵의 껍질이 연한 색이 되는 원인이 아닌 것은?

① 설탕 사용 부족　　　　② 높은 오븐 온도
③ 불충분한 굽기　　　　④ 2차 발효실의 습도 부족

> 식빵을 높은 온도에서 구우면 껍질색은 진하게 나타난다.

06 빵 도넛 튀김온도의 범위로 가장 적합한 것은?

① 150~160℃　② 180~190℃　③ 200~210℃　④ 220~230℃

> 도넛의 튀김 온도는 180~190℃가 적당하다.
> 기름 온도가 낮으면 과다하게 흡유 현상이 일어나며 튀김 온도가 너무 높으면 반죽이 익지가 않는다.

02. 익히기 중 성분 변화의 특징

01 다음 중 빵 굽기의 반응이 아닌 것은?

① 이산화탄소의 방출과 노화를 촉진시킨다.
② 빵의 풍미 및 색깔을 좋게 한다.
③ 제빵 제조 공정의 최종 단계로 빵의 형태를 만든다.
④ 전분의 호화로 식품의 가치를 향상시킨다.

> 빵 굽기 중에 오븐 열에 의해서 이산화탄소의 방출과 수분 증발은 일어나며, 호화가 된다.

02 굽기 과정에서 일어나는 변화로 틀린 것은?

① 캐러멜화와 갈변반응으로 껍질색이 진해지며 특유의 향을 발생한다.
② 굽기가 완료되면 모든 미생물이 사멸하고 대부분의 효소도 불활성화가 된다.
③ 전분 입자는 팽윤과 호화의 변화를 일으켜 구조형성을 한다.
④ 빵의 외부 층에 있는 전분이 내부 층의 전분보다 호화가 덜 진행된다.

> 빵의 외부 층은 더 오랜 시간 높은 온도에 노출되기 때문에 내부의 전분보다 많이 호화된다.

03 식빵 굽기 시의 빵 내부의 최고온도에 대한 설명으로 맞는 것은?

① 100℃를 넘지 않는다.　　② 150℃를 약간 넘는다.
③ 200℃ 정도가 된다.　　　④ 210℃가 넘는다.

> 식빵 굽기 시 빵 내부의 온도는 물의 끓는점과 같다.

05 ②　06 ②　　　　　01 ①　02 ④　03 ①

Chapter ❹ 빵류제품 반죽익힘

04 빵을 오븐에 넣으면 빵속의 온도가 높아지면서 부피가 증가한다. 이때 일어나는 현상이 아닌 것은?

① 가스압이 증가한다.
② 이산화탄소 가스의 용해도가 증가한다.
③ 이스트의 효소활성이 60℃까지 계속된다.
④ 79℃부터 알콜이 증발하여 특유의 향이 발생한다.

 빵을 오븐에 넣으면 빵속의 온도가 높아지면서 이산화탄소 가스의 용해도가 감소한다. 이 때 가스압은 증가된다.

05 굽기 손실이 가장 큰 제품은?

① 식빵   ② 바게트   ③ 단팥빵   ④ 버터롤

 굽기 손실은 성형을 끝낸 반죽을 오븐에 넣고 구울 때 일어나는 중량 손실을 가리킨다.
굽기손실의 정도는 반죽의 성질과 오븐의 상태에 따라 다르다.

06 일반적으로 풀먼 식빵의 굽기 손실은 얼마나 되는가?

① 2~3%   ② 4~6%   ③ 7~9%   ④ 11~13%

 산형 식빵은 굽기 손실률이 11~13% 정도 되지만, 풀먼 식빵은 반죽을 팬에 넣고 뚜껑을 덮고 굽기 때문에 손실률이 7~9%이다.

정답 04 ② 05 ② 06 ③

03. 관련 기계 및 도구

01 주로 소매점에서 자주 사용하는 믹서로써 빵 반죽이 모두 가능한 믹서는?

① 수직 믹서(vertical mixer)   ② 스파이럴 믹서(spiral mixer)
③ 수평 믹서(horizontal mixer)   ④ 핀 믹서(pin mixer)

 수직믹서: 제과 제빵용 혼합교반기이며, 반죽 날개가 세로로 곧게 부착되어 있고 이것이 좌우로 회전한다. 반죽 날개에는 휘퍼, 비터, 훅의 3종류가 있으며 이들은 용도에 맞추어 서로 바꿔 끼울 수 있다. 주로 소규모 제과점에서 많이 사용된다.

02 주로 독일빵, 프랑스빵 등 유럽빵이나 토스트브레드(toast bread) 등 된반죽을 치는 데 사용하는 믹서는?

① 수평형 믹서   ② 수직형 믹서   ③ 나선형 믹서   ④ 혼합형 믹서

 나선형 믹서(스파이럴 믹서)는 빵 반죽만 가능하다.

03 주로 빵 반죽용으로 사용되는 믹서의 부대 기구는?

① 휘퍼   ② 비터   ③ 훅   ④ 스크래퍼

 빵 반죽을 할 시에는 훅을 사용하며, 제과반죽을 할 시에는 휘퍼를 사용한다.

04 파이롤러는 주방 어디에 놓는 것이 가장 적당한가?

① 중앙   ② 오븐 옆   ③ 냉장고 옆   ④ 믹싱기 옆

 파이 반죽은 제품에 휴지를 줘야 하기 때문에 파이롤러는 냉장고 옆에 두는 것이 좋다.

05 공장 설비 중 제품의 생산능력은 어떤 설비가 가장 기준이 되는가?

① 오븐   ② 발효기   ③ 믹서   ④ 작업 테이블

제품의 생산능력은 오븐의 설비가 기준이 되어야 한다.
오븐은 제품 생산 능력의 기준이 된다. 이를 고려하지 않으면 믹서와 발효실에서 많은 양을 만들면 반죽이 지치게 된다.

06 오븐의 생산능력은 무엇으로 계산하는가?

① 소모되는 전력량   ② 오븐의 높이
③ 오븐의 단열 정도   ④ 오븐 내 매입 철판 수

오븐 내 철판수가 많이 들어갈수록 생산되는 제품량이 많아진다.

정답 01 ① 02 ③ 03 ③ 04 ③ 05 ① 06 ④

Chapter ❺ 빵류제품 마무리

1절. 빵류 제품의 냉각 및 포장

01. 빵류제품의 냉각방법 및 특징

01 빵의 포장과 냉각에 대한 설명 중 틀린 것은?

① 빵 내부의 적정 냉각 온도는 20℃이다.
② 냉각 중 습도가 낮으면 껍질이 갈라지기 쉽다.
③ 포장 목적은 수분증발 억제, 노화방지이다.
④ 포장지는 저렴하고 위생적이어야 한다.

 빵 내부의 적정 냉각온도는 35~40℃이다.

02 제빵 냉각법 중 적합하지 않은 것은?

① 급속냉각　② 자연냉각　③ 터널식 냉각　④ 에어컨디션식 냉각

제빵 냉각법
– 자연냉각(보통 3시간 정도 시간이 소요됨)
– 에어 컨디션식 냉각
– 터널(계단)냉각(입구 외출구가 다르다.)

03 갓 구워낸 빵을 식혀 상온으로 낮추는 냉각에 관한 설명으로 틀린 것은?

① 빵 속의 온도를 35~40℃로 낮추는 것이다.
② 곰팡이 및 기타 균의 피해를 막는다.
③ 절단, 포장을 용이하게 한다.
④ 수분함량을 25%로 낮추는 것이다.

빵의 수분 함량을 38%로 낮추는 것이다.

04 식빵의 냉각법 중 자연 냉각시 소요되는 시간으로 가장 적당한 것은?

① 30분　② 1시간　③ 3시간　④ 6시간

 식빵의 냉각법으로 소요되는 시간은 3시간이다.

정답　01 ①　02 ①　03 ④　04 ③

05 식빵의 냉각법에서 자연 냉각을 할 경우 적합한 소요되는 시간과 수분함량은?

① 30분/35%   ② 1시간/35%   ③ 3시간/38%   ④ 6시간/38%

> 자연냉각:3~4시간, 38%

06 오븐에서 구어 나온 빵을 냉각할 때 적정한 수분함유량은?

① 15%   ② 20%   ③ 38%   ④ 45%

> 빵의 냉각 온도는 35~38℃가 적당하며, 수분은 38%가 적당하다.

07 냉각시킨 식빵의 가장 일반적인 수분함량은?

① 약 18%   ② 약 28%   ③ 약 38%   ④ 약 48%

> 냉각 : 갓 구워낸 빵의 온도를 35~40℃로 식힌다.
> 일반적인 수분 함량은 38%가 적당하다.
> 너무 높은 온도에서 포장되면 포장지 안에서 수분이 생겨 곰팡이가 쉽게 발생한다.

08 오븐에서 구워 나온 빵을 냉각할 때 평균 몇 %의 수분 손실이 추가적으로 발생하는가?

① 2%   ② 4%   ③ 6%   ④ 8%

> 냉각손실-식히는 동안 수분 증발로 인해 평균 2%의 무게 감소 현상이 일어난다.

09 빵의 냉각손실에 영향을 미치는 직접적인 요인이 아닌 것은?

① 배합율   ② 굽기 온도   ③ 발효 온도   ④ 냉각 온도

> 냉각 손실은 식히는 동안 수분 증발로 인해 평균 2%의 무게 감소 현상이 일어난다.

02. 장식재료의 특성, 제조방법, 포장의 목적,

01 빵 포장의 목적에 부적합한 것은?

① 빵의 저장성 증대   ② 빵의 미생물오염 방지
③ 수분증발 촉진과 노화 방지   ④ 상품의 가치 향상

> 빵 포장의 목적은 수분증발을 막아 노화를 방지하는 것이다.

05 ③ 06 ③ 07 ③ 08 ① 09 ③   01 ③

Chapter ❺ 빵류제품 마무리

02 빵의 포장재료 특성으로 부적합한 것은?

① 위생성　　② 보호성　　③ 작업성　　④ 단열성

> 포장재료의 특성 : 위생성, 보호성, 작업성

03 다음 중에서 제빵용 포장지의 구비조건이 아닌 것은?

① 위생성　　② 작업성　　③ 탄력성　　④ 보호성

> 포장지의 구비조건 : 위생성, 보호성, 작업성

04 빵을 구워낸 직후의 수분함량과 냉각 후 포장 직전의 수분함량으로 가장 적합한 것은?

① 35%, 27%　　② 45%, 38%　　③ 60%, 52%　　④ 68%, 60%

> 빵 속의 수분함량의 변화는 굽기의 완료점 파악과 포장의 적절한 시점을 정하는 중요한 자료이다.

05 빵을 포장하려 할 때 가장 적합한 빵의 온도와 수분함량은?

① 30℃/30%　　② 35℃/38%　　③ 42℃/45%　　④ 48℃/55%

> 빵의 포장 온도 : 35~40℃, 수분함량 : 38%

06 굽기 후 빵을 썰어 포장하기에 가장 좋은 온도는?

① 17℃　　② 27℃　　③ 37℃　　④ 47℃

> 빵을 포장하기 제일 좋은 온도는 37℃이다.

07 빵의 포장온도로 가장 적당한 것은?

① 15℃　　② 25℃　　③ 35℃　　④ 45℃

> 빵의 포장온도로 가장 적정 온도는 35~40℃이다.

08 식빵의 굽기 후 포장온도로 가장 적합한 것은?

① 25~30℃　　② 30~35℃　　③ 35~38℃　　④ 40~45℃

> 빵 속의 냉각온도는 35~40℃이다.

정답　02 ④　03 ③　04 ②　05 ②　06 ③　07 ③　08 ③

09 빵을 포장하는 프로필렌 포장지의 기능이 아닌 것은?

① 수분증발의 억제로 노화지연
② 빵의 풍미 성분 손실 지연
③ 포장 후 미생물 오염 최소화
④ 빵의 로프균 오염방지

 프로필렌 포장지는 합성수지 재질로 노화를 지연시키고 빵의 맛, 향, 색이 변하지 않아야 하며 미생물 오염을 최소화하고, 독성물질 생성이 없어야 한다.

10 다음 중에서 포장에 대한 설명 중에서 부적합한 것은?

① 포장은 제품의 노화를 지연시킨다.
② 뜨거울 때 포장하면 냉각손실을 줄인다.
③ 미생물에 오염되지 않은 환경에서 포장한다.
④ 온도, 충격 등에 대한 품질변화에 주의한다.

 포장의 목적 : * 수분의 증발 방지 * 미생물 오염 방지 * 노화방지 * 상품 가치 향상

11 다음 중 포장재로 적합하지 않은 것은?

① P.E(Polt Ethylene)
② O.P.P(Oriented Poly Propylene)
③ P.P(Polt Propylene)
④ 흰색의 형광종이

 형광 종이는 발암 물질이 있어 제빵용 포장재로 적합하지 않다.

12 포장지의 특성으로 적합하지 않는 것은?

① 내용물의 색, 향이 변하지 않아야 한다.
② 독성 물질이 생성되지 않아야 한다.
③ 통기성이 있어야 한다.
④ 방습성이 있어야 한다.

 포장지는 방수성이 있고 상품의 가치를 높일 수 있어야 한다.
통기성이 있다면 빵과 쿠키가 변질될 우려가 있다.

13 제품의 포장 용기에 의한 화학적 식중독에 대한 주의를 필요하는 것과 거리가 가장 먼 것은?

① 형광 염료를 사용한 종이 제품
② 착색된 셀로판 제품
③ 페놀수지 제품
④ 알루미늄박 제품

 알루미늄 박제품은 일회용 접시나 도시락 용기에 많이 사용한다.

09 ④   10 ②   11 ④   12 ③   13 ④

Chapter ❺ 빵류제품 마무리

14 포장 재료가 갖추어야 할 조건에서 가장 거리가 먼 것은?

① 흡수성이 있고 통기성이 없어야 한다.
② 가격이 저렴해야 한다.
③ 제품의 상품 가치를 높일 수 있어야 한다.
④ 위생적이어야 한다.

포장재료의 조건
* 방수성이 있고 통기성이 없어야 한다.
* 가격이 저렴하고 포장 시 제품의 변형되지 않아야 한다.
* 포장 시 상품 가치를 높일 수 있어야 한다.
* 위생적이고 작업성이 좋아야 한다.

15 다음 중 빵 제품의 노화(staling)현상이 가장 일어나지 않는 온도는?

① 0℃~4℃ ② 7℃~10℃ ③ -20℃~-18℃ ④ 18℃~20℃

노화 지연시키는 방법
* 유화제를 사용한다.
* 물의 사용량을 높여 반죽 중의 수분 함량을 높인다.
* 질 좋은 재료를 사용하고 제조 공정을 정확하게 준수한다.
* 냉장고에서는 노화가 가장 빨리 일어나므로 저장 온도를 -18℃ 이하나 21~35℃로 유지한다.

16 빵의 노화속도가 가장 빠른 온도는?

① -18℃ ② 0℃ ③ 24℃ ④ 35℃

빵의 노화속도가 가장 빠른 온도는 냉장온도인 0~4℃이다.

17 요소수지 용기에서 이행될 수 있는 대표적인 유독물질은?

① 에탄올 ② 포름알데히드 ③ 알루미늄 ④ 주석

요소수지 용기에서 발암성 물질 포름알데히드가 검출 되었다.

18 다음 중에서 기구, 용기 또는 포장 제조에 함유할 수 있는 유해금속과 거리가 먼 것은?

① 납 ② 카드뮴 ③ 칼슘 ④ 비소

유해 금속 물질: 납, 카드뮴, 비소, 수은 등

정답 14 ① 15 ③ 16 ② 17 ② 18 ③

19 다음에서 투명도는 높으나 투습성, 기체 투과성은 대단히 낮아 장기 저장용 포장 재료로 적합한 것은?

① P.E (폴리에틸렌, Poly Ethylene)
② P.V.C (폴리비닐 클로라이드, Poly Viny Chloride)
③ P.P (폴리프로필렌, Poly Propylene)
④ P.V.D.C (폴리염화비닐리덴, Poly Vinylidene Chloride)

 P.V.D.C (폴리염화비닐리덴, Poly Vinylidene Chloride): 차단성이 매우 우수한 원료로 장기 보존성을 위한 포장용기와 필름 제조에 사용

03. 제품관리

01 포장된 빵류제품에서는 곰팡이에 의한 변패가 많은데 변패의 가장 중요한 원인은?

① 흡습　　② 고온　　③ 저장기간　　④ 작업자

 변패(탄수화물 식품의 변질)의 가장 큰 이유는 흡습이다.

02 다음 중에서 포장된 빵류제품에서 변패의 가장 중요한 원인은?

① 저장시간　　② 고온　　③ 작업자　　④ 흡습

 변패(식품의 변질)의 원인 : 흡습

03 빵류 제품을 평가하는 데 있어 외부 특성에 해당되지 않는 것은?

① 부피　　② 껍질색　　③ 기공　　④ 균형

 기공은 내부 특성에 속한다.

04 제품의 유통기간 연장을 위해서 포장에 이용되는 불활성 가스는?

① 산소　　② 질소　　③ 수소　　④ 염소

 제품의 유통기간 연장을 위해 포장에 이용하는 불활성 가스는 질소이다.

19 ④　　01 ①　02 ④　03 ③　04 ②　정답

Chapter 5 빵류제품 마무리

05 노화를 지연시키는 방법으로 올바르지 않은 것은?

① 방습 포장재를 사용한다. ② 다량의 설탕을 첨가한다.
③ 냉장 보관시킨다. ④ 유화제를 사용한다.

 노화를 촉진하는 온도는 냉장온도이다.

06 포장을 완벽하게 해도 빵류 제품에 노화가 일어나는 이유가 아닌 것은?

① 전분의 호화 ② 향의 변화 ③ 단백질 변성 ④ 수분의 이동

 호화: 생전분에 물과 열을 가하면 익은 전분이 되어 전분입자가 팽윤하고 점성이 증가해 반투명한 풀 상태가 되는데, 이를 호화라 한다.

07 노화에 대한 설명으로 틀린 것은?

① α화 전분이 β화 전분으로 변하는 것 ② 빵의 속이 딱딱해지는 것
③ 수분이 감소하는 것 ④ 빵의 내부에 곰팡이가 피는 것

 *노화는 빵속 수분이 껍질로 이동하며 발생된다.
* 호화 전분의 퇴화 (β화)가 주원인이며 조직이 거칠고 건조해진다.
* 곰팡이가 발생하는 현상으로 맛이나 향이 변질되는 것은 부패를 뜻한다.

08 다음 중 제품 특성상 일반적으로 노화가 가장 빠른 것은?

① 단과자빵 ② 카스테라 ③ 식빵 ④ 도넛

 설탕의 기능 중 노화 지연의 기능이 있다.
단과자 빵, 카스테라, 도넛 중에서 설탕량이 제일 적은 식빵이 노화가 가장 빨리 일어난다.

09 제품 특성상 노화가 가장 느린 제품은?

① 단과자 빵 ② 단팥빵 ③ 찹쌀떡 ④ 식빵

 아밀로펙틴 함량이 많은 찹쌀이 가장 노화가 느리다.

10 빵의 품질평가에 있어서 외부평가 기준이 아닌 것은?

① 굽기의 균일함 ② 조직의 평가 ③ 터짐과 찢어짐 ④ 껍질의 성질

조직의 평가는 내부평가이다.

정답 05 ③ 06 ① 07 ④ 08 ③ 09 ③ 10 ②

11 포장 전 빵의 온도가 너무 낮을 때는 어떤 현상이 일어나는가?

① 노화가 빨라진다.
② 썰기(slice)가 나쁘다.
③ 포장지에 수분이 응축된다.
④ 곰팡이, 박테리아의 번식이 용이하다.

> TIP 빵이 온도가 너무 낮을 때는 빵속에 수분 함량이 낮으므로 노화가 빨리 일어난다.

12 다음 중 식빵의 껍질색이 너무 옅은 결점의 원인은?

① 연수사용
② 설탕사용 과다
③ 과도한 굽기
④ 과도한 믹싱

13 빵의 노화를 억제하는 방법이라 할 수 없는 것은?

① 수분함량의 조절
② 냉동법
③ 설탕의 감소
④ 유화제의 사용

> TIP 빵의 노화를 억제하는 방법으로는 수분함량의 조절, 냉동법, 설탕의 증가, 유화제의 사용이 있다.

14 빵류 제품에서 볼 수 있는 노화현상이 아닌 것은?

① 맛과 향의 증진
② 조직의 경화
③ 전분의 결정화
④ 소화율의 저하

> TIP 빵의 맛과 향을 증진시키는 것은 발효와 굽기이다.

정답 11 ① 12 ① 13 ③ 14 ①

Chapter 5 빵류제품 마무리

2절 빵류 제품의 저장 및 유통

01. 저장 방법의 종류 및 특징

01 냉동저장방법에 대한 설명중 잘못된 것은?

① 보통 일반 냉동고의 온도는 -40℃ 이하이어야 한다.
② 에어 블래스트 냉동법(급속 냉동, air blast)은 완제품을 -40℃의 냉풍으로 60분 정도 급속히 냉동시키는 방법이다.
③ 컨덕트 냉동법(급속 냉동, conduct)은 속이 비어있는 두꺼운 알루미늄판 속에 암모니아 가스를 넣어 -50℃에서 40분 정도로 냉각시키는 방법이다.
③ 니트로겐 냉동법(순간 냉동, nitrogen)은 -195℃에서 약 3~5분 정도 액체 질소(니트로겐)를 블르트 컨베이어에 올려놓고 순간적으로 냉동시키는 방법이다.

> 보통 일반 냉동고는 -18℃ 이하이다.

02 냉동고의 동결 속도가 미치는 영향과 가장 먼 것은?

① 식품의 조직변화 및 파괴를 일으킨다.
② 탄수화물 성분의 변성
③ 식품의 표면적이 클수록 동결 속도가 느리다.
④ 해동 시 품질변화에 영향을 준다.

> 냉동 보관시 단백질성분의 변성을 일으킨다.

03 우유의 살균법이 아닌 것은?

① 저온장시간살균   ② 고온단시간살균
③ 고온장시간살균   ④ 초고온순간살균

> * **저온장시간살균(LTLT)** : Low temperature long time(60~65℃, 30분)
>   우유의 저온살균 : 62.5~65℃ 30분, 68.3℃ 20분(우유, 쥬스)
> * **고온단시간살균(HTST)** : High temperature short time(72~85℃, 15초 이상) (우유, 과즙 : 70~95℃에서 20초)
> * **고온장시간살균(HTLT)** : High temperature long time(95~120℃, 30~60분) (통조림살균)
> * **초고온 순간살균(UHT)** : Ultra high temperature(120~130℃, 2~3초) (우유, 과즙살균)

04 저장 관리의 원칙이 아닌 것은?

① 분류저장 체계화의 원칙   ② 저장 위치 표시의 원칙
③ 후입 선출의 원칙   ④ 안전성 확보의 원칙

 정답   01 ①   02 ②   03 ③   04 ③

02. 빵류 제품의 유통 · 보관방법

01 유통기한에 대한 설명 중 잘못된 것은?

① 식품을 제조·판매하는 자는 식품위생법 시행 규칙에 의하여 식품의 유통기간을 표시하도록 하고 있다.
② 식품의 제조일로부터 소비자에게 판매가 허용되는 기한을 말한다.
③ 식품을 구입한 후, 각 가정에서 먹을 수 있는 기간을 말한다.
④ 식품의 유통기간을 연장하여 표시하고자 하는 제품은 보건복지부장관의 승인을 받아 연장 표시하도록 하고 있다.

02 소비자에게 판매를 위해 제공될 수 있는 최종일자를 말하며 그 이후에도 통상적인 기간 동안 가정에서 보관할 수 있는 것을 무엇이라 하는가?

① Best before
② Sell by date
③ Use by date
④ Eat by date

* **Best before**
관능적으로 문제가 없다고 인정되는 기간으로 미개봉 식품이 바람직한 보존 조건에서 보존된 경우 본래 가지는 맛, 냄새, 색, 식감, 영양소 등의 특성을 충분히 유지하고 있다고 인정되는 기간
* **Use by date**
바람직한 보존 조건으로 보존된 미개봉 식품이 부패에 의해 식품으로 제공할 수 없게 될 때까지의 기간을 말한다.

03 유통기간 설정방법 중에서 잘못 설명한 것은?

① 유통기간을 결정하기 위해서는 조건이 갖춰진 보존실에서 저장성 실습을 통해 포장 용기 및 포장 재료의 변화 등을 조사하여 보존기간을 예측한다.
② 시험결과 얻어진 보존기간은 안전성 등을 고려하여 여유있게 연장하여 결정되어 유통기간으로 설정된다.
③ 제조자 혹은 수입자는 설정요령에 따라 합리적, 과학적인 근거를 바탕으로 식품별 유통기간 설정한다.
④ 관능적, 이화학적, 미생물학적, 영양학적 실험을 통해 유사 식품의 유통기한과 비교 검토한다.

시험결과 얻어진 보존기간은 안전성 등을 고려하여 축소 결정되어 유통기간으로 설정된다.

01 ③ 02 ② 03 ②

Chapter 5 빵류제품 마무리

04 유통기간 설정에 영향을 주는 내부적인 요인들 중에서 거리가 먼 것은?

① 식품의 영양가 ② 제품의 배합 및 조성
③ 원재료, 제조 공정 ④ 수분 함량 및 수분 활성도

05 유통기간 설정에 영향을 주는 내부적인 요인들 중에서 거리가 먼 것은?

① 제조 공정 ② 포장 재질 및 포장 방법
③ 위생수준 ④ 제품의 맛

06 유통기간설정에 따른 표시기준에 해당 되지 않는 것은?

① 설탕, 아이스크림류, 빙과류, 식용얼음, 가공소금은 유통기간 표시를 생략할 수 있다.
② 냉동 또는 냉장 보관하여 유통해야 하는 제품일 경우 '냉동보관' 또는 '냉장보관'을 표시해야 하고, 제품의 품질유지에 필요한 냉동 또는 냉장 온도를 표시하여야 한다.
③ 소비자가 알아보기 쉽도록 연, 월, 일의 표시순서를 예시하여야 한다.
④ 자체 생산한 식품류(sauce, crem 등) 에도 유통 기한을 반드시 기재해야 한다.

> 자체 생산한 식품류(sauce, crem 등) 는 유효기간을 사용하지 말고 제조 연월일을 필히 기입해야 한다.

03. 빵류 제품의 저장ㆍ유통 중의 변질 및 오염원 관리 방법

01 다음 중 미생물에 의한 변질이 아닌 것은?

① 산패 ② 부패 ③ 발효 ④ 변패

> 산패는 유지가 산소, 열, 금속 ,이물질 등에 의해 산화 된 것

02 변질되기 쉬운 식품을 생산지로부터 소비자에게 전달하기 까지 저온으로 보존하는 시스템은?

① 냉장 유통체제 ② 냉동 유통체제
③ 저온 유통체제 ④ 상온 유통체제

> 저온 유통체계(Coldchain) : 냉동냉장에 의한 신선한 식료품의 유통방식, 수산물, 육류, 청과물 등의 신선한 식료품을 주산지로부터 가정의 부엌까지 저온으로 유지하여 신선도를 떨어뜨리지 않고 가정에 송달 하는 방법

정답 04 ① 05 ④ 06 ④   01 ① 02 ③

03 빵류 제품의 저장·유통 중의 변질을 예방하기 위한 오염원 관리하는 방법으로 적합하지 않은 것은?

① 제품의 적재 상태가 양호 한지 확인한다.
② 벽과 바닥사이에 틈이 생기면 안되므로 붙여 놓는다.
③ 냉동식품은 검수 후 즉시 겉포장 상자를 제거 후 냉동고에 저장한다.
④ 재료, 반제품, 완제품을 분리하여 보관한다.

> 벽과 바닥에서 10cm 이상 이격해서 보관한다.

04 유통시 유의 사항이 잘못된 것은?

① 냉동빵은 -18℃에 보관하고 해동시 습기를 피하고 미풍 해동 시킨다.
② 실온 유통 제품은 계절에 따라 차이가 있으나 1℃~30℃에서 유통 가능하다.
③ 상온 유통 제품은 15℃~25℃ 상태에서 유통한다.
④ 냉장 유통 제품은 10℃~20℃ 상태를 유지하며 유통한다.

> 냉장유통 제품은 0℃~10℃ 상태를 유지하며 유통한다.

05 빵 반죽에 사용했을 때 곰팡이의 발생을 억제할 수 있는 물질이 아닌 것은?

① 유기산
② 프로피온산
③ 초산
④ 아스코르빈산

> 아스코르빈산은 비타민 C이다.

06 곰팡이의 발생원이 아닌 것은?

① 냉각 컨베이어
② 빵 슬라이서
③ 작업자
④ 오븐

정답 03 ② 04 ④ 05 ④ 06 ④

Chapter ❺ 빵류제품 마무리

Chapter ❻ 빵류제품 위생안전관리

1절. 식품위생 관련 법규 및 규정

01. 식품 위생법 및 관계법규

01 식품 등의 표시기준을 수록한 공전을 작성, 보급하여야 하는 자는?

① 식품의약품안전처장 ② 보건소장
③ 시, 도지사 ④ 식품위생감시원

> 식품첨가물의 기준 및 규격을 기록해 놓은 것을 공전이라 하고, 이는 식품의약품안전처장이 정한다.

02 식품위생법상 수입식품검사의 종류가 아닌 것은?

① 서류검사 ② 관능검사 ③ 정밀검사 ④ 종합검사

> 식품위생법상 수입식품 검사의 종류에는 서류검사, 관능검사, 정밀검사가 있다.

03 식품위생법상 허위표시, 과대광고, 비방광고 및 과대포장의 범위에 해당하지 않는 것은?

① 허가 · 신고 또는 보고한 사항이나 수입신고한 사항과 다른 내용의 표시 · 광고
② 제조방법에 관하여 연구하거나 발견한 사실로서 식품학 · 영양학 등의 분야에서 공인된 사항의 표시
③ 제품의 원재료 또는 성분과 다른 내용의 표시 · 광고
④ 제조연월일 또는 유통기한을 표시함에 있어서 사실과 다른 내용의 표시 · 광고

> 제조방법에 관하여 연구하거나 발견한 사실에 대한 식품학 · 영양학 등의 문헌을 인용하여 문헌의 내용을 정확히 표시하고, 연구자의 성명, 문헌명, 발표 연월일을 명시하는 표시 · 광고는 허위표시 및 과대광고에 해당되지 않는다.

04 식품위생법규상 무상수거 대상 식품은?

① 도 · 소매업소에서 판매하는 식품 등을 시험검사용으로 수거할 때
② 식품 등의 기준 및 규격 제정을 위한 참고용으로 수거할 때
③ 식품 등을 검사할 목적으로 수거할 때
④ 식품 등의 기준 및 규격 개정을 위한 참고용으로 수거 할 때

정답 01 ① 02 ④ 03 ② 04 ③

05 식품등의 표시기준상 과자류에 포함되지 않는 것은?

① 캔디류　　② 츄잉껌　　③ 유부　　④ 빙과류

 유부 : 두부류 또는 묵류

02. HACCP, 제조물책임법 등의 개념 및 의의

01 HACCP 실시단계 7원칙에 해당되지 않는 것은?

① 위해 요소 분석　　② HACCP 팀 구성
③ 한계기준설정　　④ 기록유지 및 문서 관리

HACCP 실시단계 7가지 원칙 : 위해분석, 중요관리 점 설정, 허용한계기준 설정, 모니터링 방법의 결정, 시정조치의 결정, 검증 방법의 설정, 기록 유지

02 다음 중 HACCP에 대한 설명 중 틀린 것은?

① 식품위생의 수준을 향상 시킬 수 있다.
② 원료로부터 유통의 전 과정에 대한 관리이다.
③ 종합적인 위생관리 체계이다.
④ 사후 처리의 완벽을 추구한다.

 HACCP은 위해요소 중점 관리제도를 의미하며, 원료의 생산에서부터 최종제품의 생산과 저장 및 유통의 각 단계에 최종 제품의 위생 안전 확보에 반드시 필요한 관리점을 설정하고, 적절히 관리함으로써 식품위생. 안전성을 확보라는 예방적 차원의 식품위생관리 방식이다.

03 다음에서 HACCP의 제2절차 중 제품(원재료 포함)에 관한 기술 내용으로 부적합한 것은?

① 제품의 사용방법　　② 제품의 성분조성
③ 물리적/화학적 특성　　④ 미생물학적 처리

제품(원재료 포함)에 대한 기술: 제품에 대한 명칭 및 종류, 원재료, 특성, 포장형 등을 분류한다.

04 위해요소의 예방, 제거 및 감소를 위해 엄정한 관리가 요구되는 단계를 무엇이라 하는가?

① GMP　　② HA　　③ CCP　　④ HACCP

 CCP(Critical Control Point 중요관리지점) : 위해 요소의 예방, 제거 및 감소를 위해 엄정한 관리가 요구되는 공정이나 단계를 말한다.

Chapter 6 빵류 제품 위생 안전 관리

05 식품의 원료관리, 제조, 가공, 조리 및 유통의 모든 과정에서 위해한 물질이 식품에 혼입되거나 오염되는 것을 방지하기 위하여 각 공정을 중심적으로 관리하는 기준을 무엇이라 하는가?

① SSOP(위생표준 운영기준) ② GMP(우수 제조기준)
③ SOP(표준 운영기준) ④ HACCP(해썹)

 HACCP(식품위해요소중점관리기준) : 식품의 원료 관리, 제조, 가공 조리 및 유통의 모든 과정에서 위해 한 물질이 식품에 혼합 되거나 오염되는 것을 방지하기 위하여 각 종정을 중점적으로 관리하는 기준

06 다음 중에서 위해분석(HA : hazard analysis)에 해당되지 않는 것은?

① 생물학적 요인 ② 화학적 요인 ③ 물리적 요인 ④ 과학적 요인

 위해분석(HA : hazard analysis) : 원재료와 제조 공정에서 발생 가능한 생물학적, 화학적, 물리적 위해 요소를 분석하는 것.

07 다음 중 HACCP 적용의 7가지 원칙에 해당하지 않는 것은?

① 위해요소분석 ② 중요관리 지점 설정
③ HACCP 팀구성 ④ 개선조치 설정

 HACCP 7원칙 : ① 위해요소 분석, ② CCP(중요관리지점) 설정, ③ CCP(중요관리지점) 한계 기준 설정, ④ CCP(중요관리지점) 모니터링 방법 설정, ⑤ 개선 조치 설정, ⑥ 검증 방법 설정, ⑦ 기록 및 문서 관리

08 다음 중에서 HAPPC의 7원칙 중에서 검증사항에 포함되어야 할 사항이 아닌 것은?

① CCP가 적절히 관리되고 있는지의 확인
② 모니터링은 관리상황을 적절히 평가
③ HAPPC 시스템 및 기록의 검토
④ 한계기준 이탈 및 개선조치 검토

 검증 방법의 설정: HAPPC 시스템이 계획대로 수행되고 있는지 여부를 평가하기 위하여 위해 원인 물질에 대한 검사를 포함하는 검증 방법을 설정한다.

09 다음 중에서 HACCP의 정의로 적합한 것은?

① HACCP = HA(Hazard Analysis) + GMP(Good Manufacturing Practice)
② HACCP = HA(Hazard Analysis) + CL(Critical Limit)
③ HACCP = HA(Hazard Analysis) + CCP(Critical Control Point)
④ HACCP = HA(Hazard Analysis) + QC(Quality Control)

HACCP = HA(Hazard Analysis) 위해요소분석 + CCP(Critical Control Point) 중요관리지점

정답 05 ④ 06 ④ 07 ③ 08 ② 09 ③

10 다음 중에서 HACCP의 실천단계로 부적합한 것은?

① 검증방법 설정　② CCP의 설정　③ 위해분석　④ 한계기준 설정

 HACCP의 실천단계(7원칙) : ① 위해 요소 분석, ② CCP(중요관리지점) 설정, ③ CCP(중요관리지점) 한계 기준 설정, ④ CCP(중요관리지점) 모니터링 방법 설정, ⑤ 개선 조치 설정, ⑥ 검증 방법 설정, ⑦ 기록 및 문서 관리

11 식품위해요소 중점관리기준(HACCP)은 누가 고시하는가?

① 보건복지부장관　　　　② 국립보건원장
③ 식품의약품안전처장　　④ 국립검역소장

 식품위해요소중점관리기준(HACCP)은 식품의약품안전처장이 고시한다.

12 식품위해요소 중점관리기준(HACCP)에 대한 설명 중 가장 거리가 먼것은?

① 안전성 확보의 예방적 차원의 관리이다.
② 원료 생산부터 최종제품 생산에 대한 관리이다.
③ 저장 및 유통 단계까지 관리이다.
④ 소비자의 식습관과 만족도까지 관리한다.

 HACCP는 식품의 원료부터 유통의 전 과정을 관리하며 최종 소비자가 먹기 건까지 관리함으로써 식품의 안정성을 보증한다.

2. 제조물 책임법

01 제조물 책임법의 설명이 아닌 것은?

① 제조물의 결함으로 발생한 손해에 대한 제조업자 등의 손해배상책임을 규정한 것이다.
② 피해자 보호를 도모하고 국민생활의 안전 향상과 국민경제의 건전한 발전에 이바지함을 목적으로 한다.
③ 제조상의 결함, 설계상의 결함, 표시상의 결함이 해당 된다.
④ 제조업자가 제조물의 결함을 알면서도 그 결함에 대하여 필요한 조치를 취하지 아니한 결과로 생명 또는 신체에 중대한 손해를 입은 자가 있는 경우에는 그 자에게 발생한 손해의 5배를 넘지 아니하는 범위에서 배상책임을 진다.

손해의 3배를 넘지 않는 범위에서 배상 책임을 진다.

10 ①　11 ③　12 ④　　01 ④

Chapter 6 빵류 제품 위생 안전 관리

02 제조업자의 정의가 잘못된 것은?

① 제조물의 제조·가공 또는 수입을 업(業)으로 하는 자를 말한다.
② 제조물에 성명·상호·상표 또는 그 밖에 식별(識別) 가능한 기호 등을 사용하여 자신을 제조물의 제조·가공 또는 수입을 업(業)으로 하는 자로 표시한 자
③ 제조물의 제조·가공 또는 수입을 업(業)으로 하는 자로 오인(誤認)하게 할 수 있는 표시를 한 자
④ 제조물에 대한 특허를 받거나 발명할 수 있게 자문을 해주는 자

03 제조물 책임에 대해 잘못 설명 한 것은?

① 제조업자는 제조물의 결함으로 생명·신체 또는 재산에 손해를 입은 자에게 그 손해를 배상하여야 한다.
② 제조업자가 제조물의 결함을 알면서도 그 결함에 대하여 필요한 조치를 취하지 아니한 결과로 생명 또는 신체에 중대한 손해를 입은 자가 있는 경우에는 그 자에게 발생한 손해의 3배를 넘지 아니하는 범위에서 배상책임을 진다.
③ 고의성의 정도, 해당 제조물의 결함으로 인하여 발생한 손해의 정도와 제조업자가 취득한 경제적 이익에 따라 손해 배상액이 달라진다.
④ 피해자가 제조물의 제조업자를 알 수 없는 경우에 그 제조물을 영리 목적으로 판매·대여 등의 방법으로 공급한 자는 손해를 배상하지 않아도 된다.

04 여러 단계의 상업적 유통을 거쳐 불특정 다수 소비자에게 공급되는 것뿐만 아니라 특정 소비자와의 공급계약에 따라 그 소비자에게 직접 납품되어 사용되는 것도 포함하여 무엇이라 하는가?

① 개발품 ② 제조물
③ 생산품 ④ 발명품

05 우리나라 제조물 책임법(PL)에서 정하고 있는 결함의 종류가 아닌 것은?

① 제조상의 결함 ② 설계상의 결함
③ 유통상의 결함 ④ 표시상의 결함

정답 02 ④ 03 ④ 04 ② 05 ③

03. 식품첨가물

01 식품 첨가물에 대한 설명 중 가장 옳은 것은?

① 화학적 합성품만 있다.
② 천연품과 화학적 합성품이 있다.
③ 화학 합성품은 약국에서만 판매할 수 있다.
④ 허용된 것은 어느 식품에나 모두 쓸 수 있다.

> 식품첨가물은 천연의 식품 첨가물(치자색소, 계피향)과 화학적 식품 첨가물이 있다.

02 식품첨가물에 의한 식중독 원인이 아닌 것은?

① 허용되지 않은 첨가물의 사용
② 불순한 첨가물의 사용
③ 허용된 첨가물의 과다사용
④ 독성물질을 식품에 고의로 첨가

> 식품 첨가물은 허용되지 않은 첨가물, 불순한 첨가물, 허용된 첨가물이라 할지라도 기준량을 초과하여 사용하면 안된다.

03 살균제와 보존료의 설명으로 맞는 것은?

① 살균제는 세균에만 효과가 있고 곰팡이에는 효과가 없다.
② 보존료는 미생물에 의한 부패를 방지할 목적으로 사용된다.
③ 보존료는 사용기준과 허용량이 대부분 정해져 있지 않다.
④ 합성살균제로서 프로피온산 나트륨이 있다.

> ① 보존료 : 미생물에 의한 식품의 부패나 변질을 막기 위하여 식품에 첨가하는 물질의 하나.
> ② 살균제 : 식품의 부패 원인균이나 병원균을 사멸시키기 위해 사용한다. 표백분, 차아염소산나트 등을 사용한다.

04 식품보존료로서 갖추어야 할 요건으로 적합한 것은?

① 공기, 광선에 안정할 것
② 사용법 까다로울 것
③ 일시적 효력이 나타날 것
④ 열에 의해 쉽게 파괴될 것

> **식품보존료**
> ① 공기, 광선에 안정할 것
> ② 사용법이 간단할 것
> ③ 장기적으로 효력이 나타날 것
> ④ 열에 의해 쉽게 파괴 되지 않을 것

정답 01 ② 02 ④ 03 ② 04 ①

Chapter 6 빵류 제품 위생 안전 관리

05 보존료의 구비 조건으로 바람직하지 않은 것은?

① 미량으로 효과가 클 것
② 독성이 없거나 극히 낮을 것
③ 공기, 광선에 잘 분해될 것
④ 무미, 무취일 것

> TIP 보존료는 무미, 무취하여 소량으로도 효과가 커야 하며, 독성이 없거나 극히 낮아야 하며 공기, 광선에 강해야 한다.

06 보존료의 이상적인 조건과 거리가 먼 것은?

① 독성이 없거나 매우 적을 것
② 저렴한 가격일 것
③ 사용방법이 간편할 것
④ 다량으로 효력이 있을 것

> TIP 보존료는 소량이라도 효력이 있어야 한다.

07 빵 및 생과자에 사용할 수 있는 보존료는?

① 안식향산
② 파라옥시 안식향산 부틸
③ 파라옥시 안식향산 에틸
④ 프로피온산나트륨

> TIP 빵에 사용하는 보존료는 프로피온산 나트륨 이다.

08 빵 및 케이크류에 사용이 허가된 보존료는?

① 탄산수소나트륨
② 포름알데히드
③ 탄산암모늄
④ 프로피온산

> TIP ① 탄산수소나트륨, 탄산암모늄 : 화학팽창제 ② 포름알데히드 : 유해보존료

09 아래에서 설명하는 식품첨가물은?

> 빵의 부패의 원인이 되는 곰팡이나 부패에 유효하고 빵의 발효에 필요한 효모에는 작용하지 않는다. 이러한 특성으로 인해 빵이나 양과자의 보존료로 쓰인다.

① 안식향산
② 토코페롤
③ 이소로이신
④ 프로피온산

> TIP **안식향산** : 청량음료에 사용되는 보존료이다.
> **토코페롤** : 항산화제
> **이소로이신** : 필수 아미노산

정답 05 ③ 06 ④ 07 ④ 08 ④ 09 ④

10 다음 식품첨가물 중에서 보존제로 허용되지 않은 것은?

① 소르빈산칼륨　　　　② 말라카이트그린
③ 데히드로초산　　　　④ 안식향산나트륨

 식품첨가물공전에서 허용되고 있는 보존제는 데히드로초산, 데히드로초산나트륨, 소르빈산, 소르빈산칼륨, 소르빈산칼슘, 안식향산, 안식향산나트륨, 프로피온산, 프로피온산나트륨, 프로피온산칼슘, 파라옥시안식향산부틸, 이토산나트륨이다. 말라카이트 그린은 섬유나 잡화의 염색등에 쓰인다.

11 과산화 수소의 사용 목적으로 알맞은 것은?

① 보존료　　② 발색제　　③ 살균료　　④ 산화방지제

 과산화수소는 살균제이다.

12 유해감미료가 아닌 것은?

① 둘신　　② 사이클라메이트　　③ 에틸렌글리콜　　④ 과산화벤조일

 과산화벤조일은 밀가루 개량제이고, 유해감미료에는 니트로 콜루이딘, 에틸렌글리콜, 페릴라틴, 둘신등이 있다.

13 산화방지제로 쓰이는 물질이 아닌 것은?

① 중조　　② BHT　　③ BHA　　④ 세사몰

 산화방지제: 어떤 식품이 산에 의해 변질되지 않도록 그 식품에 첨가하는 것으로 BHT(디부틸 히드록시 톨루엔), BHA(부틸 히드록시 아니솔), 세사몰 등이 있다.

14 식용유의 산화방지에 사용되는 것은?

① 비타민E　　② 비타민A　　③ 니코틴산　　④ 비타민K

 비타민E (토코페롤)
① **특성** – 무색, 기름상태이다.
　　　　– 열에 안정적이고, 자외선과 효소에도 비교적 안정이다.
② **기능** – 생식기능을 정상적으로 유지 시킨다.
　　　　– 천연 항산화작용(산화방지)
③ **결핍증** : 쥐의 불임증

15 흰색의 결정성 분말이며 냄새는 없고, 일반적으로 단맛이 설탕의 200배 정도 되는 아미노산계 식품 감미료는?

① 에틸렌글리콜　　② 아스파탐　　③ 페릴라틴　　④ 사이클라메이트

 아스파탐은 흰색의 결정성 분말이며, 냄새도 없다. 또 일반적으로 단맛이 설탕의 200배 정도이며 과자류의 감미제로 사용된다.

10 ②　11 ③　12 ④　13 ①　14 ①　15 ②

Chapter 6 빵류 제품 위생 안전 관리

16 백색의 결정으로 감미도는 설탕의 250배이며 청량음료수, 과자류, 절임류 등에 사용되었으나 만성중독인 혈액 독을 일으켜 우리나라에서는 사용이 금지된 인공 감미료는?

① 둘신
② 사이클라메이트
③ 에틸렌글리콜
④ 파라-니트로-오르토-툴루이딘

① 둘신 : 설탕의 250배
② 사이클라메이트 : 설탕의 40~50배
③ 에틸렌클리콜 : 글리세린과 유사하다(무색이며 점성이 크고 감미가 있는 액체)
④ 파라-니트로-오르토-툴루이딘 : 설탕의 200배

17 다음 중 허용되어 있지 않는 감미료는?

① 에틸렌글리콜
② 사카린나트륨
③ 아스파탐
④ 스테비오시드

유해성 감미료에는 에틸렌글리콜, 사클라메이트, 둘신, 페릴라틴 등이 있다.

18 식물성 색소가 아닌 것은?

① 플라보노이드 색소
② 식용색소 적색 제40호
③ 엽록소
④ 안토시아닌 색소

플로보노이드 : 백색(양파, 밀가루, 우엉, 연근)
엽록소 : 녹색채소
안토시아닌 : 포도, 딸기

19 식품의 관능을 만족시키기 위해 첨가하는 물질은?

① 강화제
② 보존제
③ 발색제
④ 이형제

발색제: 식품중의 색소와 작용. 이를 고정시켜 발색시키거나 발색을 촉진 시키기 위해 첨가한다.
햄, 소시지의 발색제로 아질산염이 사용된다.

20 다음 식품첨가물 중 표백제가 아닌 것은?

① 소르빈산
② 과산화수소
③ 아황산나트륨
④ 차아황산나트륨

소르빈산은 식육에 사용되는 보존료(방부제) 이다.

21 다음 중 유해 표백제는?

① 페릴라틴
② 롱갈릿
③ 아우라민
④ 둘신

페닐라틴, 둘신은 유해 감미료, 아우라민은 유해착색료로 분류된다.

정답 16 ① 17 ① 18 ② 19 ③ 20 ① 21 ②

22 밀가루 개량제가 아닌 것은?

① 염소　　② 과산화벤조일　　③ 염화칼슘　　④ 이산화염소

 밀가루 개량제에는 제빵 효과의 저해 물질은 파괴시켜 분질을 개량하는 것으로서 과산화벤조일, 브롬 산칼륨, 과황산암모늄, 염소, 이산화염소가 있다.

23 식품첨가물 중 유화제에 대한 설명으로 잘못된 것은?

① 물과 기름의 경계면에 작용하는 힘을 저하시켜 물 중에 기름을 분산시키는작용을 한다.
② 기름 중에 물을 분산시키고, 또 분산된 입자가 다시 응집하지 않도록 안정화시키는 작용을 한다.
③ 식품에 사용할 수 있는 종류가 지정되어 있다.
④ 지정된 유화제들은 식품의 종류에 관계없이 모두 동일한 유화효과를 가진다.

 식품의 종류에 따라 유화 효과가 다르다.

24 점착제로서 식품의 점착성을 증가시켜 미각을 증진시키는 효과를 갖는 첨가물은?

① 팽창제　　② 호료　　③ 용제　　④ 유화제

호료(증점제): 식품의 점착성을 증가시켜 미각을 증진 시키는 첨가물.

25 다음 중 화학팽창제가 아닌 것은?

① 프로피온산칼슘　　② 탄산암모늄　　③ 베이킹소다　　④ 베이킹파우더

26 과자, 비스킷, 카스테라 등을 부풀게 하기 위한 팽창제로 사용되는 식품첨가물이 아닌 것은?

① 탄산수소나트륨　　② 탄산암모늄　　③ 산성 피로인산나트륨　　④ 안식향산

안식향산은 간장이나 청량음료에 사용하는 보존료(방부제)이다.

27 빵을 제조하는 과정에서 반죽 후 분할기로부터 분할할 때는 구울 때 달라붙지 않게 할 목적으로 허용되어 있는 첨가물은?

① 글리세린 프로필렌　　② 글리콜　　③ 초산 비닐수지 유동　　④ 파라핀

이형제로 허용된 식품 첨가물에는 유동 파라핀이 사용된다.

28 액체재료(물, 우유)의 응고제로 부적당한 것은?

① 탄산수소나트륨　　② 젤라틴　　③ 한천　　④ 전분

 탄산수소나트륨 팽창제이다.

정답　22 ③　23 ④　24 ②　25 ①　26 ④　27 ④　28 ①

Chapter 6 빵류 제품 위생 안전 관리

2절. 개인위생관리

01. 개인 위생 관리

01 개인 위생관리에 해당 하지 않는 것은?

① 조리 종사자의 건강 진단은 6개월에 한 번씩 실시 하고 보건증을 반드시 보관한다.
② 개인 위생관리에는 건강 관리, 복장 관리, 행동 관리가 해당 된다.
③ 건강에 대한 아무린 자각 증상과 질병이 없으면 건강 진단은 필요 없으며 보건증을 재확인 하지 않아도 된다.
④ 사람의 피부 온도는 미생물 생육에 적합하며 모든 분비물은 미생물에게 필요한 영양분을 제공하고 있다.

02 조리 업무를 함에 있어서 위생 관리 기준에 적합 하지 않는 사항은?

① 조리복, 조리모, 앞치마, 조리 안전화 착용, 두발, 손톱, 손등, 신체 청결 유지에 신경써야 한다.
② 작업시 위생습관에 유의 하며, 근무 중의 흡연, 음주, 취식 등에 대한 수칙을 반드시 지켜야 한다.
③ 위생 습관은 작업장에 따라 다르므로, 소규모 작업장에서는 건강 진단서나 보건증을 요구할 수는 없다.
④ 위생관련 법규에 따라 질병, 건강 검진등 건강 상태 관리 및 보고는 필수 사항이다.

03 개인 위생 점검 일지 항목에 적합 하지 않는 내용은?

① 점검자, 점검 날짜
② 점검 장소명, 평가 방법
③ 개선 조치 사항
④ 청소도구 관리 구입 날짜

04 다음 중 식품위생 행정의 목적인 것은?

① 식품위생의 위해 방지
② 식품의 판매 촉진
③ 식품포장의 간편화
④ 식품의 안전한 유통

> **TIP** 식품위생 행정의 목적 : 국민보건의 증진에 이바지함을 목적으로 상품으로 인한 위생상의 위해를 방지, 식품영양의 질적 향상을 도모한다.

정답 01 ③ 02 ③ 03 ④ 04 ①

02. 식중독의 종류, 특성 및 예방법

1) 세균성 식중독

01 경구전염병과 비교할 때 세균성식중독의 특징은?

① 2차 감염이 잘 일어난다. ② 경구전염병보다 잠복기가 길다.
③ 발병 후 면역이 매우 잘 생긴다. ④ 많은 양의 균으로 발병한다.

 세균성 식중독이 경구전염병보다 많은 양의 균으로도 감염된다.

02 세균성 식중독의 일반적인 특징으로 옳은 것은?

① 전염성이 거의 없다. ② 2차 감염이 빈번하다.
③ 경구전염병보다 잠복기가 길다. ④ 극소량의 균으로도 발생이 가능하다.

 세균성 식중독
① 다량의 생균이나 균의 증식 과정에서 생긴다.
② 경구전염병에 비해 잠복기가 짧다.
③ 면역성이 없다.
④ 2차 감염이 거의 없다.

03 세균이 분비한 독소에 의해 감염을 일으키는 것은?

① 감염형 세균성 식중독 ② 독소형 세균성 식중독
③ 화학적 식중독 ④ 진균독 식중독

 독소형 식중독 : 원인균의 증식 과정에서 생성된 독소를 먹고 발병하는 식중독이다.
(웰치균, 리툴리누스, 포도상구균 식중독 등)

04 여름철에 세균성 식중독이 많이 발생하는데 이에 미치는 영향이 가장 큰 것은?

① 세균의 생육 Aw ② 세균의 생육 pH
③ 세균의 생육 영양원 ④ 세균의 생육 온도

 세균성 식중독
식품과 함께 식품 중에 증식한 세균을 먹고 발병하는 식중독이다.
살모넬라, 장염 비브리오, 병원성 대장균 식중독 등이 있다.
특히 여름철에는 세균의 생육 온도가 식중독의 발병률에 크게 영향을 끼친다.

01 ④ 02 ① 03 ② 04 ④

Chapter 6 빵류 제품 위생 안전 관리

05 감염형 식중독에 해당되지 않는 것은?

① 살모넬라균 식중독
② 포도상구균 식중독
③ 병원성대장균 식중독
④ 장염비브리오균 식중독

 포도상구균은 독소형 식중독이다.

06 다음 세균성 식중독 중 잠복기가 가장 짧은 것은?

① 살모넬라 식중독
② 포도상구균 식중독
③ 장염 비브리오 식중독
④ 보툴리누스 식중독

 잠복기 : 포도상구균 (평균 : 3시간), 장염비브리오 (평균 : 12시간)
살모넬라 (평균 : 18시간), 보툴리누스 (12~36시간)

07 살모넬라균으로 인한 식중독의 잠복기와 증상으로 옳은 것은?

① 오염식품 섭취 10~24시간 후 발열(38~40℃)이 나타나며 1주일 이내 회복이 된다.
② 오염식품 섭취 10~20시간 후 오한과 혈액이 섞인 설사가 나타나며 이질로 의심되기도 한다.
③ 오염식품 섭취 10~30시간 후 점액성 대변을 배설하고 신경증상을 보여 곧 사망한다.
④ 오염식품 섭취 8~20시간 후 복통이 있고 홀씨A, F형의 독소에 의한 발병이 특징이다.

 살모넬라 식중독
① 원인균 : 살모넬라 식중독균
② 원인 식품 : 육류, 어패류, 우유, 유제품, 알류 및 그 가공품
③ 감염원 : 살모넬라에 오염된 식품을 섭취함으로 발생
④ 감염경로 : 쥐, 파리, 바퀴 등에 의한 식품의 오염
⑤ 잠복기 : 12~24시간
⑥ 증상 : 구토, 복통, 설사
⑦ 예방 : 도축, 검사, 방충 · 방서 시설 등

08 어패류의 생식과 관계 깊은 식중독 세균은?

① 프로테우스균
② 장염 비브리오균
③ 살모넬라균
④ 바실러스균

 ① **장염 비브리오 식중독** : 호염성
② **감염경로** : 1차 오염된 어패류의 생식, 2차 오염된 조리기구의 사용
③ **잠복기** : 10~18시간, 급성 위장염, 복통, 설사, 발열 여름철에 집중 발생
④ **예방** : 열에 약한 특징(60℃에서 사멸)을 이용해 식품을 가열 조리해 섭취하고, 도마, 행주, 등의 주방기구 소독

정답 05 ② 06 ② 07 ① 08 ②

09 어패류에서 주로 감염되는 식중독균은?

① 대장균   ② 살모넬라균   ③ 장염비브리오균   ④ 리스테리아균

 어패류는 장염비브리오 식중독의 원인식품이다.

10 호염성 세균으로서 어패류를 통하여 가장 많이 발생하는 식중독은?

① 살모넬라 식중독   ② 장염비브리오 식중독
③ 병원성 대장균 식중독   ④ 포도상구균 식중독

어패류를 통해 발생되는 호염성 식중독은 장염비브리오 식중독이다.

11 대장균 O-157이 내는 독성물질은?

① 베로톡신   ② 테트로도톡신   ③ 삭시톡신   ④ 베네루핀

테트로도톡신 : 복어의 자연독
삭시톡신, 베네루핀 : 조개의 자연독

12 일반적으로 화농성 질환 또는 식중독의 원인이 되는 병원성 포도상구균은?

① 백색 포도상구균   ② 적색 포도상구균
③ 황색 포도상구균   ④ 표피 포도상구균

 병원성 포도상구균은 황색 포도상구균이다.

13 화농성 질병이 있는 사람이 만든 제품을 먹고 식중독을 일으켰다면 가장 관계 깊은 원인균은?

① 장염 비브리오균   ② 살모넬라균
③ 보툴리누스균   ④ 포도상구균

 포도상구균 식중독
① 원인균 : 황색 포도상구균, 최적증식온도는 35~37℃, 최적 pH는 7.0~7.5
② 독소 : 엔테로톡신으로 내열성이 있어 쉽게 파괴되지 않는다.
③ 원인식품 : 우유 및 유제품, 떡, 콩가루, 빵 등
④ 감염원 : 보균자의 식품업자
⑤ 감염경로 : 식품 취급자, 하수, 쥐 분변에 의한 식품의 오염
⑥ 잠복기 : 평균 3시간
⑦ 증상 : 구토, 복통, 설사
⑧ 예방 : 화농성 염증이 있는 사람의 취급자

정답 09 ③ 10 ② 11 ① 12 ③ 13 ④

Chapter 6 빵류 제품 위생 안전 관리

14 크림빵, 김밥, 도시락, 찹쌀떡이 주원인 식품이며, 조리사의 화농소와 관련이 있고, 봄. 가을철에 많이 발생하는 독소형 식중독은?

① 살모넬라 식중독   ② 포도상구균 식중독
③ 장염비브리오 식중독   ④ 보툴리누스 식중독

> **포도상구균 식중독**
> ① 원인균 : 황색 포도상구균, 최적증식온도는 35~37℃, 최적 pH는 7.0~7.50이다.
> ② 독소 : 엔테로톡신으로 내열성이 있어 쉽게 파괴되지 않는다.
> ③ 원인식품 : 우유 및 유제품, 떡, 콩가루, 빵 등
> ④ 감염원 : 보균자의 식품업자
> ⑤ 감염경로 : 식품 취급자. 하수, 쥐 분변에 의한 식품의 오염
> ⑥ 잠복기 : 1~6시간 (평균 3시간)
> ⑦ 증상 : 구토, 복통, 설사 등 우리나라에서 가장 많이 발생한다.
> ⑧ 예방 : 화농성 염증, 인후염 등이 있는 사람의 취급자

15 다음 중 포도상구균이 생산하는 독소는?

① 솔라닌   ② 테트로도톡신   ③ 엔테로톡신   ④ 뉴로톡신

> 뉴로톡신-보툴리누스균   솔라닌-감자   엔테로톡신-포도상구균   테트로도톡신-복어

16 엔테로톡신의 독소에 의해 식중독을 일으키는 균은?

① 아리조나균   ② 프로테우스균   ③ 장염비브리오균   ④ 포도상구균

> 엔테로톡신 : 포도상구균

17 다음 중 독소형 세균성식중독의 원인균은?

① 보툴리누스균   ② 살모넬라균   ③ 장염비브리오균   ④ 대장균

> 독소형 식중독 : 포도상구균, 보툴리누스
> 감염형 식중독 : 살모넬라, 장염비브리오, 대장균

18 클로스트리디움 보툴리늄 식중독과 관련 있는 것은?

① 화농성 질환의 대표균   ② 저온살균 처리 및 신속한 섭취로 예방
③ 내열성 포자 형성   ④ 감염형 식중독

> 보툴리늄(보툴리스균)식중독은 독소형 식중독으로 이 균은 내열성 포자를 형성시킨다.

19 보툴리누스 식중독균이 생성하는 독소는?

① 엔테로톡신   ② 엔도톡신   ③ 뉴로톡신   ④ 테트로도톡신

정답 14 ② 15 ③ 16 ④ 17 ① 18 ③ 19 ③

20 노로바이러스 식중독의 특징으로 틀린 것은?

① 잠복기 : 24~28시간　　　② 지속시간 : 7일 이상 지속
③ 주요증상 : 설사, 탈수, 복통, 구토 등　　　④ 발병률 : 40~70% 발병

 노로 바이러스
* 오심, 구토, 설사, 복통 등의 증상을 유발하는 바이러스이다.
* 병원체 감시 대상 지정 전염병으로 바이러스성 장관 감염증으로 분류돼 보건 당국의 감시 대상에 포함됐다.
　노로 바이러스는 항(抗)바이러스제나 백신이 없기 때문에 감기처럼 대증요법으로 치료를 해야 한다.
　오심, 구토, 설사, 복통, 등의 증상을 보이지만 1~2일 지나면 자연 회복된다.
　하지만 어린이, 노인 등 면역력이 약한 사람은 탈수증상을 보이기도 하는 등 특별한 의학적 주의를 요하는 경우도 있다.

2) 화학적 식중독

01 화학적 식중독을 유발하지 않는 것은?

① 식품첨가물　　　② 중금속의 섭취
③ 불량한 포장용기　　　④ 농약에 오염된 식품

 허가되지 않은 유해식품첨가물이 화학적 식중독을 일으킨다.

02 다음 중 발병시 전염성이 가장 낮은 것은?

① 콜레라　　② 장티푸스　　③ 납 중독　　④ 폴리오

 납 중독은 중금속에 의한 화학적 식중독이며 전염성이 없다.

03 적혈구의 혈색소 감소, 체중감소 및 신장장해, 칼슘대사 이상과 호흡장애를 유발하는 유해성 금속물질은?

① 구리(Cu)　　② 아연(Zn)　　③ 카드뮴(Cd)　　④ 납(Pb)

04 다음 물질 중 '이타이이타이병'을 발생시키는 것은?

① 카드뮴(Cd)　　② 구리(Cu)　　③ 수은(Hg)　　④ 납(Pb)

카드뮴 : 이타이이타이병(골연화증)
수은 : 미나마타병

20 ②　　　01 ①　02 ③　03 ④　04 ①

Chapter 6 빵류 제품 위생 안전 관리

05 미나마타병은 중금속에 오염된 어패류를 먹고 발생 되는데 그 원인이 되는 금속은?

① 수은(Hg)　② 카드뮴(Cd)　③ 납(Pb)　④ 아연(Zn)

> TIP 미나마타병 : 수은
> 이타이이타이병 : 카드뮴

06 두통, 현기증, 구토, 설사 등과 시신경 염증을 초래하여 실명의 원인이 되는 화학물질은?

① 유기염소제 농약　② 비소화합물　③ 메탄올　④ 납(Pb)

> TIP 메탄올은 주류 중독이며, 메탄올이 대사과정을 거치면서 개미상으로 분해되어 두통, 복통, 설사 특히 시신경 장애로 실명의 원인이 된다.

07 다음 중에는 화학적 위해요소로 부적합한 것은?

① 중금속　② 다이옥신　③ 잔류농약　④ 기생충

> TIP 생물학적 위해 요소 : 병원성 미생물, 부패세균, 대장균, 기생충, 바이러스, 곰팡이
> 화학적 위해 요소 : 중금속, 농약, 항생물질, 사용 기준 초과 또는 사용 금지된 식품 첨가물 등 화학적 원인 물질

3) 자연독 식중독, 곰팡이 식중독

01 정제가 불충분한 기름 중에 남아 식중독을 일으키는 물질인 고시폴(gossypol)은 어느 기름에서 유래하는가?

① 피마자유　② 콩기름　③ 면실유　④ 미강유

> TIP 면실유(목화씨)의 불충분한 정세 시 고시폴이라는 유독 물질에 의해 자연독식중독을 일으킨다.

02 고시폴(gossypol)은 어느 식품에서 발생할 수 있는 식중독의 원인 성분인가?

① 고구마　② 풋살구　③ 보라　④ 면실유

> TIP 목화씨(면실유)가 잘못 정제 되었을 때 남아있는 독소로는 고시폴이다.

03 감자의 독성분이 가장 많이 들어 있는 것은?

① 감자즙　② 노란부분　③ 겉껍질　④ 싹튼부분

> TIP 감자에 함유된 독성물질인 솔라닌은 감자의 푸른색 발아부분에 가장 많이 들어있다.

정답 05 ①　06 ③　07 ④　　　01 ③　02 ④　03 ④

04 감자의 싹이 튼 부분에 들어 있는 독소는?

① 엔테로톡신　　② 삭카린나트륨　　③ 솔라닌　　④ 아미그달린

 감자-솔라닌, 엔테로톡신-포도상구균, 아미그달린-덜 익은 매실이나 살구씨

05 다음 중 곰팡이 독이 아닌 것은?

① 아플라톡신　　② 오크라톡신　　③ 삭시톡신　　④ 파툴린

06 마이코톡신(mycotoxin)의 설명으로 틀린 것은?

① 진균독이라고 한다.
② 탄수화물이 풍부한 곡류에서 많이 발생한다.
③ 원인식품의 세균이 분비하는 독성분이다.
④ 중독의 발생은 계절과 관계가 깊다.

 Mycotoxin이란 곰팡이 독을 의미하는 마이코톡신이란 myco-(균: fungus)가 생산한 toxin(독소)을 합친 단어로 "곰팡이 독"을 나타내고 있다.

4) 예방방법

01 식중독 발생시의 조치 사항 중 잘못된 것은?

① 환자의 상태를 메모한다.
② 보건소에 신고한다.
③ 식중독 의심이 있는 환자는 의사의 진단을 받게 한다.
④ 환자가 먹던 음식물은 발견 즉시 전부 버린다.

의사는 진단 행정 기관에 신고한다.
행정기관에서는 역학조사와 함께 환자와 보균자를 격리하고, 접촉자에 대한 진단과 검변을 실시한다.

02 병원성 대장균 식중독의 가장 적당한 예방책은?

① 위생동물의 구제를 철저히 한다.　　② 어류의 내장을 제거하고 충분히 세척한다.
③ 어패류는 민물로 깨끗이 씻는다.　　④ 건강보균자나 환자의 분변오염을 방지한다.

병원성 대장균 식중독은 감염원이 환자나 보균자의 분변이 주원인이고, 예방 방법으로는 보균자를 철저히 가려내어 보균자에 의한 식품 오염 등에 대책을 강구해야 한다.

04 ③　05 ③　06 ③　　　　　01 ④　02 ④

Chapter ❻ 빵류 제품 위생 안전 관리

03 식중독 발생의 주요 경로인 배설물–구강–오염경로(fecal–oral route)를 차단하기 위한 방법으로 가장 적합한것은?

① 손 씻기 등 개인위생 지키기
② 음식물 철저히 가열하기
③ 조리 후 빨리 섭취하기
④ 남은 음식물 냉장 보관하기

 배설물–구강–오염경로(fecal–oral route)를 차단하기 위하여 손 씻기 등 개인위생을 지킨다.

04 다음 세균성 식중독 중 섭취 전에 가열하여도 예방하기가 가장 어려운 것은?

① 살모넬라 식중독
② 포도상구균 식중독
③ 클로스트리디움 보툴리늄 식중독
④ 장염 비브리오 식중독

 포도상구균 식중독은 독소형이기 때문에 가열 조리로는 예방하기가 어렵다.

05 우리나라 식중독 월별 발생 상황 중 환자의 수가 92% 이상을 차지하는 계절은?

① 1~2월   ② 3~4월   ③ 5~9월   ④ 10~12월

 식중독은 여름시기에 많이 발생한다(6~9월)

03. 감염병의 종류, 특성 및 예방방법

01 전염병 발생을 일으키는 3가지 조건이 아닌 것은?

① 충분한 병원체
② 숙주의 감수성
③ 예방접종
④ 감염될 수 있는 환경조건

 전염병 발생의 3대요소
① 병원체(병인) : 질병 발생의 직접적인 원인이 되는 요소이다.
② 환경 : 질병 발생 분포과정에서 병인과 숙주 간의 맥 역할을 하거나 양자의 조건에 영향을 주는 요소
③ 인간(숙주) : 병원체의 침범을 받을 경우 그에 대한 반응은 사람에 따라 다르게 나타난다.

02 전염병의 병원소가 아닌 것은?

① 감염된 가축   ② 오염된 음식물   ③ 건강보균자   ④ 토양

 병원소
* 병원체가 증식하고 생존을 계속하면서 인간에게 전파될 수 있는 상태로 저장되는 장소를 말한다.
   (사람, 동물, 토양 등)
* 오염된 음식물은 병원소가 아니라 매개채이다.

정답   03 ①   04 ②   05 ③   01 ③   02 ②

03 세균성 식중독과 비교하여 경구전염병의 특성이 아닌 것은?

① 병원균의 독력은 경구전염병이 더 강하다.
② 경구전염병의 잠복기는 세균성 식중독보다 짧다.
③ 경구전염병은 균량이 적더라도 발병한다.
④ 경구전염병은 사람으로부터 사람에게 전염된다.

> 경구 전염병의 잠복기는 세균성 식중독에 비해 길다.

04 세균성식중독과 비교하여 경구전염병의 특성이 아닌 것은?

① 미량의 균으로도 감염된다.   ② 비교적 잠복기가 짧다.
③ 2차 감염이 빈번하다.   ④ 음용수로 인해 감염된다.

> 경구 전염병은 비교적 잠복기가 길다.

05 식품 등을 통해 전염되는 경구전염병의 특징과 거리가 먼 것은?

① 원인 미생물은 세균, 바이러스 등이다.   ② 미량의 균량에서도 감염을 일으킨다.
③ 2차 감염이 빈번하게 일어난다.   ④ 화학물질이 원인이 된다.

> 경구전염병이란 병원체가 입을 통해 소화기로 침입하여 일어나는 감염이다.

06 경구전염병과 거리가 먼 것은?

① 유행성 간염   ② 콜레라   ③ 세균성 이질   ④ 일본뇌염

> 일본 뇌염은 바이러스에 의한 유행성 뇌염, 법정전염병이다.

07 다음 중 경구전염병이 아닌 것은?

① 맥각중독   ② 이질   ③ 콜레라   ④ 장티푸스

> 맥각 중독은 곰팡이 독 (에르고 톡신)에 속한다.
> 맥각은 자연독 식중독으로 전염성이 없다.

08 경구전염병 중 바이러스에 의해 전염되어 발병되는 것은?

① 성홍열   ② 장티푸스   ③ 홍역   ④ 아메바성이질

> 홍역은 마진(痲疹)이라고도 한다. 발열과 발진을 주증세로 하고 병원체는 홍역 바이러스이다.
> 홍역 이외에 유행성 간염, 폴리오(급성 회백수염, 소아마비) 등이 바이러스에 의해 발생되는 전염병이다.

03 ②   04 ②   05 ④   06 ④   07 ①   08 ③

Chapter 6 빵류 제품 위생 안전 관리

09 다음 전염병과 관계있는 내용으로 연결되지 않은 것은?

① 콜레라 – 외래 전염병 ② 파상열 – 바이러스성 인수공통전염병
③ 장티푸스 – 고열 수반 ④ 세균성 이질 – 점액성 혈변

 파상열(브루셀라병)은 세균성 인축공통 전염병이다.

10 다음 중 일반적으로 잠복기가 가장 긴 것은?

① 유행성 간염   ② 디프테리아   ③ 페스트   ④ 세균성이질

 유행성 간염의 잠복기가 2~6주

11 다음 경구전염병 중 원인균이 세균이 아닌 것은?

① 이질   ② 폴리오   ③ 장티푸스   ④ 콜레라

 경구 전염병(입을 통해서 전염되는 전염병)
　* 장티푸스 : 우리나라에서 가장 많이 발생하는 급성 전염병이다. 잠복기는 7~14일
　* 폴리오 : 소아마비의 병원체가 되는 바이러스

12 장티푸스를 가장 올바르게 설명한 것은?

① 급성 전신성 열성질환   ② 급성 이완성 마비질환
③ 급성 간염 질환   ④ 계절에 관계없이 발생

 장티푸스는 병원체의 살모넬라 타이피균의 감염에 의한 것이며 급성으로 전신에 열이나는 질환이다.

13 콜레라에 관한 사항으로 잘못된 것은?

① 어패류 등의 식품, 물을 매개로 전염되며 사망의 원인은 대부분 탈수증이다.
② 증상은 쌀뜨물 같은 변을 하루에 10~30회 배설하고 구토한다.
③ 항구와 공항에서의 철저한 검역이 필요하다.
④ 완치할 수 있는 항생제는 없다.

지금은 콜레라를 예방할 수 있는 백신이 개발되어 있는 상태이다.

14 탄저, 브루셀라증과 같이 사람과 가축의 양쪽에 이환되는 전염병은?

① 법정전염병   ② 경구전염병   ③ 인축공통전염병   ④ 급성전염병

인·축공통전염병 – 사람과 가축이 같은 병원체에 의해 발생하는 전염병

정답　09 ②　10 ①　11 ②　12 ①　13 ④　14 ③

15 인축공통전염병인 것은?

① 탄저병　　② 콜레라　　③ 이질　　④ 장티푸스

① 인수공통전염병: 탄저병(소), 브루셀라증(소), 결핵(소), 야토병(토끼), 돈단독(돼지)
② 소화기계 전염병: 장티푸스, 콜레라, 이질

16 산양, 양, 돼지, 소에게 감염되면 유산을 일으키고, 인체 감염시 고열이 주기적으로 일어나는 인수공통전염병은?

① 광우병　　② 공수병　　③ 파상열　　④ 신증후군출혈열

파상열(브루셀라증) – 주기적으로 고열이 일어난다.

17 동물에게 유산을 일으키며 사람에게는 열병을 나타내는 인수공통전염병은?

① 탄저병　　② 리스테리아증　　③ 돈단독　　④ 브루셀라증

브루셀라증은 소, 돼지, 동물의 젖이나 고기를 거쳐 경구 감염된다. (파상열)

18 생유를 먹었을 때 발생할 수 있는 인축 공통 전염병이 아닌 것은?

① 파상열　　② 결핵　　③ Q–열　　④ 야토병

야토병은 토끼나 다람쥐의 고기를 다룰 때 감염된다.

19 경구전염병의 예방대책 중 전염원에 대한 대책으로 바람직하지 않은 것은?

① 환자를 조기 발견하여 격리 치료 한다.
② 환자가 발생하면 접촉자의 대변을 검사하고 보균자를 관리한다.
③ 일반 및 유흥음식점에서 일하는 사람들은 정기적인 건강검진이 필요하다.
④ 오염이 의심되는 물건은 어둡고 손이 닿지 않는 곳에 모아둔다.

① 경구 점염병
  – 병원체인 미생물이 음식물, 주방기구, 손, 곤충 등을 통하여 입으로 인체에 들어와 감염을 일으키는 것을 말한다. 경구 전염병은 균이 미량이라도 쉽게 감염되고 여러 사람에게 전파된다. 경구 전염병은 균이 미량이라도 쉽게 감염되고 여러 사람에게 전파된다. 감염 후에는 면역 형성이 된다.
② 전염병 발생시 대책
  – 식중독과 마찬가지로 의사는 진단 즉시 행정 기관에 신고하다.
  – 행정 기관에서는 역학 조사와 함께 환자와 보균자를 격리하고, 접촉자에 대한 진단과 검변을 실시한다.

15 ①　16 ③　17 ④　18 ④　19 ④

Chapter 6 빵류 제품 위생 안전 관리

3절. 환경위생관리

01. 작업환경 위생관리

01 식품 중의 대장균을 위생학적으로 중요하게 다루는 주된 이유는?

① 식중독균이기 때문에　　② 분변세균의 오염지표이기 때문에
③ 부패균이기 때문에　　　④ 대장염을 일으키기 때문에

 대장균은 분변세균 오염의 지표이기에 위생학적으로 중요하게 다뤄진다.

02. 소독제

01 소독제 중 손에 사용할 수 있는 것은?

① 석탄산(페놀)용액　② 역성비누　③ 승홍수　④ 생석회

 생석회는 오물소독에 우선적으로 사용한다.

02 소독(disinfection)을 가장 올바르게 설명한 것은?

① 병원 미생물을 죽이거나 병원성을 약화시켜 감염력을 없애는 것
② 미생물의 사멸로 무균상태를 만드는 것
③ 오염된 물질을 깨끗이 닦아 내는 것
④ 모든 생물을 전부 사멸시키는 것

소독 : 병원 미생물을 죽이거나 병원성을 약화시켜 감염력을 없애는 것.
　　　　병원균을 사멸해서 더 퍼지거나 감염되지 않도록 한다.
멸균 : 강한 살균력으로 병원균, 비병원균, 아포 등 미생물을 모두 사멸시키는 것

03 살균력 검사 시 표준으로 사용되는 소독제는?

① 석탄산　② 알콜　③ 승홍수　④ 요오드

석탄산
강한 단백질 응고에 의하여 부식 작용을 나타내기 때문에 세균, 진균의 살균작용과 함께 조직의 괴사를 일으킨다.
예로부터 소독약으로 사용하였다.

정답　01 ②　　　　　　　　　　　　　　　　　　　01 ② 02 ① 03 ①

03. 미생물의 종류와 특징 및 예방방법

01 미생물의 일반적 성질에 대한 설명으로 옳은 것은?

① 세균은 주로 출아법으로 그 수를 늘리며 술 제조에 많이 사용된다.
② 효모는 주로 분열법으로 그 수를 늘리며 식품 부패에 가장 많이 관여하는 미생물이다.
③ 곰팡이는 주로 포자에 의하여 그 수를 늘리며 빵, 밥 등의 부패에 관여하는 미생물이다.
④ 바이러스는 주로 출아법으로 그 수를 늘리며 스스로 필요한 영양분을 합성한다.

세균은 분열법, 효모는 출아법이며, 바이러스는 복제를 통하여 증식을 한다.

02 미생물이 살기 좋은 조건 중 영양소에 포함되지 않는 것은?

① 탄소   ② 수소   ③ 비타민   ④ 질소

미생물 발육조건 영양소(질소, 탄소, 무기질, 비타민)

03 미생물에 의해 주로 단백질이 변화되어 악취, 유해물질을 생성하는 현상은?

① 발효(Fermentation)   ② 부패(Puterifaction)
③ 변패(Deterioration)   ④ 산패(Rancidity)

 변질의 종류
① 부패 : 단백질을 주성분으로 하는 식품이 미생물, 특히 혐기성 세균의 번식에의해 분해를 일으키는 현상을 인체에 유해하게 되는 경우를 말한다.
② 발효 : 식품에 미생물이 번식하여 식품의 성질이 변화를 인체에 유익할 경우를 말한다. 빵, 술, 간장, 된장 등은 모두 발효를 이용한 식품들이다.
③ 변패 : 단백질 이외의 성분을 가진 식품이 변질되는 현상이다.
④ 산패 : 유지나 유지 식품이 보존, 조리, 가공 중에 변하여 불쾌한 냄새가 나고 맛. 점성 증가 등의 변화로 품질이 낮아지는 현상이다.

04 미생물이 작용하여 식품을 흑변시켰다. 다음 중 흑변물질과 가장 관계 깊은 것은?

① 암모니아   ② 메탄   ③ 황화수소   ④ 아민

황화수소는 식품의 흑변에 관여하는 물질이다.

05 다음 중 세균에 의한 오염 위험성이 가장 낮은 것은?

① 상수도가 공급되지 않는 지역의 세척수나 음료수
② 습도가 낮은 상태의 냉동고 내에서 보관 중인 식품
③ 어항이나 포구 주변에서 잡은 물고기
④ 분뇨처리가 미비한 농촌지역의 채소나 열매

정답 01 ③ 02 ② 03 ② 04 ③ 05 ②

Chapter 6 빵류 제품 위생 안전 관리

06 세균의 형태학적 분류 명칭과 관계가 먼 것은?

① 사상균　② 나선균　③ 간균　④ 구균

> * 세균의 형태에 따라 : 구균, 간균, 나선균
> * 사상균 : 곰팡이

07 비병원성 미생물에 속하는 세균은?

① 결핵균　② 이질균　③ 젖산균　④ 살모넬라균

> 결핵, 이질, 살모넬라는 전염병과 식중독을 일으키는 병원성 미생물이고, 젖산균은 비병원성 미생물에 속한다.

08 다음 중 빵 곰팡이는 무엇인가?

① 리조푸스　② 뮤코　③ 페니실륨　④ 아스퍼질러스

09 바이러스(Virus)에 의해 일어나는 질병은?

① 유행성 감염　② 브루셀라병　③ 발진티푸스　④ 탄저병

> 바이러스에 의해 일어나는 질병에는 유행성 간염, 급성회백수염, 폴리오, 홍역 등이 있다.

10 다음 중 병원체가 바이러스인 질병은?

① 폴리오　② 결핵　③ 디프테리아　④ 성홍열

> 바이러스: 폴리오, 급성회백수염, 홍역.

11 식품에 식염을 첨가함으로써 미생물 증식을 억제하는 효과와 관계가 없는 것은?

① 탈수작용에 의한 식품 내 수분감소　② 산소의 용해도 감소
③ 삼투압 증가　④ 펩티드 결합의 분해

12 식품의 변질에 관여하는 요인이 아닌 것은?

① pH　② 압력　③ 수분　④ 산소

> 미생물의 번식요인 : 영양소, 수분, 온도, pH(수소이온농도), 산소

13 식품의 부패는 주로 어떤 식품성분이 변질되는 것을 말하는가?

① 비타민　② 단백질　③ 지방질　④ 무기질

정답　06 ①　07 ③　08 ①　09 ①　10 ①　11 ④　12 ②　13 ②

14 식품과 부패에 관여하는 주요 미생물의 연결이 옳지 않은 것은?

① 육류 — 세균 ② 어패류 — 곰팡이
③ 통조림 — 포자형성세균 ④ 곡류 — 곰팡이

> 어패류의 부패에 주요 관여하는 미생물은 세균이다.

15 단백질 식품이 미생물의 분해 작용에 의하여 형태, 색채, 경도, 맛 등의 본래의 성질을 잃고 악취를 발생하거나 독물을 생성하여 먹을 수 없게 되는 현상은?

① 변패 ② 산패 ③ 부패 ④ 발효

> 단백질 식품이 미생물에 의해 악취를 내면서 분해되는 현상을 부패라 한다.

16 다음 중 부패로 볼 수 없는 것은?

① 육류의 변질 ② 달걀의 변질
③ 열에 의한 식용유 변질 ④ 어패류의 변질

> 부패 : 단백질을 주성분으로 하는 식품이 미생물, 특히 혐기성 세균의 번식에 의해 분해를 일으키는 현상으로, 인체에 유해하게 되는 경우를 말한다. 유지의 변질은 산화, 산패라 한다.

17 조리빵류의 부재료로 활용되는 육가공품의 부패로 인해 암모니아와 염기성 물질이 형성될 때 pH 변화는?

① 변화가 없다. ② 산성이 된다.
③ 중성이 된다. ④ 알칼리성이 된다.

> 부패는 주로 단백질 식품이 미생물의 분해 작용을 받아 질소화합물의 분해에 의해 암모니아 등을 발생시키고, 악취와 유해물질을 생성하는 것을 말한다.

18 빵의 변질 및 부패와 관계가 가장 적은 것은?

① 곰팡이 ② 세균 ③ 빵의 모양 ④ 수분함량

> 빵의 변질 및 부패와 관련이 있는 것은 곰팡이, 세균, 수분함량이다.

19 식품의 변패 현상 중에서 그 원인이 화학적인 것은?

① 마른 비스킷 ② 언 고구마 ③ 멍든사과 ④ 산패 식용유

> 산패 식용유는 화학적인 식품의 변질 현상이다.

14 ② 15 ③ 16 ③ 17 ④ 18 ③ 19 ④

Chapter 6 빵류 제품 위생 안전 관리

20 산패와 관계가 가장 깊은 것은?

① 지방의 환원 ② 단백질의 산화
③ 단백질의 환원 ④ 지방질의 산화

> 지방질의 산화는 산패라 한다.

04. 방충·방서 관리

01 야채를 통해 감염되는 대표적인 기생충은?

① 광절열두조충 ② 선모충 ③ 회충 ④ 폐흡충

> 야채를 통해 감염되는 대표적인 기생충에는 회충, 십이지장충, 요충이 있다.

02 다음 중 채소를 통해 감염되는 기생충은?

① 광절열두조충 ② 선모충 ③ 회충 ④ 폐흡충

> 채소를 통해 감염되는 기생충
> * 회충 : 일광 소독이 가장 효과적이다. 충란은 65℃에서 10분 이상이면 살균된다.
> * 십이지장충 : 증상은 빈혈, 뇌빈혈, 저항력 저하로 전염병이 걸리기 쉽다.
> * 편충
> * 요충 : 어린이에게 많으며, 숙주의 항문 주의가 산란 장소이다.

03 폐디스토마의 제1중간 숙주는?

① 쇠고기 ② 배추 ③ 다슬기 ④ 붕어

> 어패류를 통해 감염되는 기생충에서 폐디스토마(폐흡충)의 감염 경로는 유충 → 제1중간숙주(다슬기) → 제2중간숙주(가재, 민물게) → 사람 순이다.

04 파리의 전파와 관계가 먼 질병은?

① 장티푸스 ② 콜레라 ③ 이질 ④ 진균독증

> 파리에 의한 질병에는 장티푸스, 콜레라, 이질, 파라티푸스가 있다.

정답 20 ④ 01 ③ 02 ③ 03 ③ 04 ④

05 파리 및 모기 구제의 가장 이상적인 방법은?

① 살충제를 뿌린다. ② 발생원을 제거한다.
③ 음식물을 잘 보관한다. ④ 유충을 구제한다.

 파리 및 모기 구제의 가장 이상적인 방법은 발생원을 제거하는 것이다.

06 쥐를 매개체로 전염되는 질병이 아닌 것은?

① 돈단독증 ② 쯔쯔가무시병
③ 신증후군출혈열(유행성출혈열) ④ 렙토스피라증

 돈단독증은 돼지를 매개체로 한다.

07 작업장의 방충, 방서용 금서방의 그물로 적당한 크기는?

① 5 mesh ② 15 mesh ③ 20 mesh ④ 30 mesh

 작업장의 방충, 방서를 위해서는 30 mesh 정도의 금속망을 설치한다.
메쉬(mesh)란 1인치 안에 들어있는 구멍의 수를 말한다.

4절. 공정 점검 및 관리

01. 공정의 이해 및 관리

01 기업활동의 구성요소로서 2차 관리에 들지 않는 것은?

① 방법(method) ② 기계(machine)
③ 시장(market) ④ 재료(material)

1차 관리 : 재료, 사람, 자금
2차 관리 : 방법, 기계, 시장

02 기업 경영의 3요소(3M)가 아닌 것은?

① 사람(Man) ② 방법(Method)
③ 자본(Money) ④ 재료(Material)

기업 경영의 3대요소(3M) : 사람(Man), 재료(Material), 자본(Money)

05 ② 06 ① 07 ④   01 ④ 02 ②

Chapter 6 빵류 제품 위생 안전 관리

03 제빵 공정의 4대 중요 관리 항목에 속하지 않는 것은?

① 시간관리　　② 온도관리　　③ 공정관리　　④ 영양관리

> 4대 관리 항목 : 방법 관리, 시간·공정관리, 기계·시설관리, 시장 관리

04 조직의 원칙에 해당하지 않는 것은?

① 권한과 책임의 원칙　　② 명령의 원칙
③ 직무할당의 원칙　　④ 감독 범위의 원칙

> 조직의 원칙 : 권한과 책임의 원칙, 직무 할낭의 원칙, 감독 범위의 원칙

05 외부가치 7,100만원, 생산가치 3000만원, 인건비 1,400만원인 경우 노동분배율은 약 얼마인가?

① 20%　　② 42%　　③ 47%　　④ 62%

> 노동분배율 = 인건비/부가가치(생산가치) x 100
> 인건비/(생산액 − 외부가치) x 100

06 1인당 생산 가치는 생산 가치(부가가치)를 무엇으로 나누어 계산하는가?

① 인원수　　② 시간　　③ 임금　　④ 원재료비

> 1인당 생산 가치(부가가치) = $\dfrac{생산가치(부가가치)}{인원수}$

07 제빵 생산의 원가관리가 하는 것은 원가의 표준을 설정하고 원가 발생의 책임과 제품 생산비용을 줄이는 데 있다. 원가요소는?

① 재료비, 용역비, 감가삼각비　　② 재료비, 노무비, 경비
③ 판매비, 노동비, 급여　　④ 재료비, 생산비, 급여

> 원가요소 : 재료비, 노무비, 경비

08 다음 중에서 총 원가는 어떻게 구성되는가?

① 제조원가 + 판매비 + 일반관리비　　② 직접재료비 + 직접노무비 + 판매비
③ 제조원가 + 이익　　④ 직접원가 + 일반관리비

> 총원가 = 제조원가 + 판매비 + 일반관리비

정답　03 ④　04 ②　05 ③　06 ①　07 ②　08 ①

09 다음 중에서 총 원가의 절감 방법이 아닌 것은?

① 구매 관리를 엄격히 한다.   ② 제조 공정 설계를 최적으로 한다.
③ 창고의 재고를 최대로 한다.   ④ 불량률을 최소화 한다.

> 창고 관리의 적정화로 원재료의 입고·보관 관리로 불량품을 감소하고 재고를 줄인다.

10 원가관리 개념에서 식품을 저장하고자 할 때 저장 온도로 부적합한 것은?

① 상온식품은 15~20℃에서 저장한다.   ② 보냉식품은 10~15℃에서 저장한다.
③ 냉장식품은 5℃ 전후에서 저장한다.   ④ 냉동식품은 -40℃이하로 저장한다.

> 냉동식품 : 급속냉동 -40℃, 보관온도 -18℃

11 다음 중에서 노무비를 절감하는 방법이 아닌 것은?

① 표준화   ② 단순화   ③ 설비 휴무   ④ 공정시간 단축

> 노무비 절감 방법 : * 제조 방법을 표준화한다.
> * 제조 방법을 개선하고 향상한다.
> * 생산 소요 시간, 공정 시간을 단축한다.
> * 작업 배분 진행 등 작업 능률을 높이는 기법을 동원한다.
> * 설비관리를 철저히 하여 쉬게 하거나 가동이 정지되지 않도록 한다.
> * 생산 능률을 향상시킨다.

12 인건비를 생산 가치로 나눈 것은 무엇인가?

① 노동 분배율   ② 물량적 생산성   ③ 생산가치율   ④ 가치적 생산성

> 노동분배율(%) = $\dfrac{\text{인건비}}{\text{생산가치}} \times 100$

13 다음 중에서 일반적인 상품의 표준 생산시간을 설정하는 목적이 아닌 것은?

① 소비자의 구매 동기자료   ② 원가 결정의 기초자료
③ 제품을 만드는 시간과 능력 파악   ④ 기술자 배치와 조정의 기초자료

> 표준 생산시간을 설정하는 목적 : * 원가 결정의 기초자료
> * 기술자 배치와 조정의 기초 자료
> * 제품을 만드는 시간과 능력 파악

14 생산관리의 기능이 아닌 것은?

① 품질보증기능   ② 적시적량기능   ③ 원가조절기능   ④ 시장개척기능

> 생산 관리의 기능 : 품질보증, 적시적량, 원가조절기능   영업 관리의 기능 : 시장 개척 기능

정답   09 ③   10 ④   11 ③   12 ①   13 ①   14 ④

Chapter 6 빵류 제품 위생 안전 관리

15 제과 제빵 공장에서 생산관리를 하는데, 매일 점검할 사항이 아닌 것은?

① 제품당 평균단가　　② 설비 가동률
③ 원자재 비율　　　　④ 출근율

> TIP 제품당 평균 단가는 제품 제조시 변동폭이 발생될 때 점검할 사항이다.

16 작업 계획서를 작성하는 데 있어서 꼭 고려해야 할 사항과 거리가 먼 것은?

① 생산 품종과 생산량　　② 제품공급 일시 및 도착지
③ 작업 인원　　　　　　④ 제품완료 시간

> TIP 작업계획 : * 생산 품종과 생산량　* 작업인원　* 제품 완료 시간

17 제빵을 생산할 때 고려해야 할 사항과 거리가 먼 것은?

① 재료비　② 노무비　③ 경비　④ 학술비

> TIP 원가요소 : 재료비, 노무비, 경비

18 다음 중 생산관리의 목표는?

① 재고, 출고, 판매의 관리　　② 재고, 납기, 출고의 관리
③ 납기, 재고, 품질의 관리　　④ 납기, 원가, 품질의 관리

> TIP 생산관리 목표: 납기관리, 원가관리, 품질관리, 생산량관리

19 제과 제빵 생산관리자가 생산 담당자에게 그날그날 작업을 배분하여 지시할 때 꼭 필요하지 않는 것은?

① 생산량과 공정표　　② 품목과 배합률
③ 원가 계산서　　　　④ 시간 계획서

> TIP 작업 배분시 필요 사항 : ① 생산량과 공정표, ② 품목과 배합률, ③ 시간 계획서

20 공장에서 보편적으로 제품의 품질관리를 하기 위한 품질평가에 관한 내용 중 가장 적절한 것은?

① 품질 평가는 제품이 오븐에서 나오면 바로 한다.
② 품질 평가는 제품이 생산된 지 1~8시간 후에 한다.
③ 품질 평가는 제품이 생산된 지 9~16시간 후에 한다.
④ 품질 평가는 제품이 생산된 지 18~24시간 후에 한다.

> TIP 제품의 품질 평가는 제품이 생산된 지 평균적으로 하루 (18~24시간) 후에 한다.(제품의 노화정도를 정확히 파악 가능하다.)

정답　15 ①　16 ②　17 ④　18 ④　19 ③　20 ④

21 재료비 5,000원, 노무비 2,000원, 경비 1,500원, 관리비 10,000원, 판매비 2,000원 일 때 총 원가는?

① 8,500원 ② 12,000원 ③ 18,500원 ④ 20,500원

> TIP 총원가 = 제조원가 + 판매비 + 관리비

22 정규시간이 50분이고 여유시간이 10분일 때 여유율은?

① 10% ② 12% ③ 15% ④ 20%

> TIP * 여유율 = 여유시간 ÷ 정규시간 × 100
> * 10 ÷ 50 × 100 = 20%

02. 공정별 위해요소 파악 및 예방

01 탄수화물이 많이 든 식품을 고온에서 가열하거나 튀길 때 생성되는 발암성 물질은?

① 니트로사민(nitrosamine) ② 다이옥신(dioxins)
③ 벤조피렌(benzopyrene) ④ 아크릴아마이드(acrylamide)

> TIP 아크릴아마이드는 전분식품 가열시 아미노산과 당의 열에 의한 결합반응의 생성물로 발암성 화합물이다.

02 요소수지 용기에서 이행될 수 있는 대표적인 유독물질은?

① 에탄올 ② 포름알데히드 ③ 알루미늄 ④ 주석

> TIP 포름알데히드 방부력이 강하고 맹독성을 지녔으며, 요소수지 식기에서 용출된다.

03 다음 중에서 생물학적 위해요소로 부적합한 것은?

① 병원성미생물 ② 부패세균 ③ 천연독소 ④ 바이러스

> TIP 냉동식품: 급속냉동 −40℃, 보관온도 −18℃

04 방사선 강하물 중에 식품위생상 가장 문제가 되는 핵종은?

① Sr^{90}, Cs^{137} ② Co^{60}, Fe^{55} ③ Zn^{65}, Ca^{45} ④ Re^{28}, Li^{31}

> TIP 방사선 강하물 중에 문제가 되는 핵종: Sr(스트론튬), Cs(세슘)

정답 21 ④ 22 ④   01 ④ 02 ② 03 ③ 04 ①

Chapter ❼ 빵류제품 생산작업 준비

1절. 작업환경 점검

〈작업환경 및 작업자 위생 점검〉

01 공장설비구성의 설명으로 적합하지 않은 것은?

① 공장시설설비는 인간을 대상으로 하는 공학이다.
② 공장시설은 식품조리과정의 다양한 작업을 여러 조건에 따라 합리적으로 수행하기 위한 시설이다.
③ 설계디자인은 공간의 할당, 물리적 시설, 구조의 생김새, 설비가 갖춰진 작업장을 나타내 준다.
④ 각시설은 그 시설이 제공하는 서비스의 형태에 기본적인 어떤 기능을 지니고 있지않다.

 시설이 제공하는 서비스는 각각의 기본적인 기능을 지니고 있어야 한다.

02 제빵 공장을 설계할 경우 환경에 대한 조건으로 맞지 않는 것은?

① 바다 가까운 곳에 위치해야 한다.
② 환경 및 주위가 깨끗한 곳이어야 한다.
③ 양질의 물을 얻을 수 있어야 한다.
④ 폐수 및 폐기물 처리에 편리한 곳이여야 한다.

- 바다 가까운 것에 위치하면 밤낮의 기온차가 심하여 빵 만들기에 적합하지 않다.
- 제과 공정은 위기가 높고, 환기가 잘되는 곳에 위치 해야 한다.

03 주방 설계에 있어 주의할 점이 아닌 것은?

① 가스를 사용하는 장소에는 환기시설을 갖춘다.
② 주방 내의 여유 공간을 확보한다.
③ 종업원의 출입구와 손님용 출입구는 별도로 하여 재료의 반입은 종업원 출입구로 한다.
④ 주방의 환기는 소형의 것을 여러 개 설치하는 것보다 대형의 환기장치 1개를 설치하는 것이 좋다.

주방 설계 시 환기장치는 대형의 환기장치를 1개 설치하는 것보다 소형의 환기장치를 여러 개 설치 하는 것이 효과적이다.

정답 01 ④ 02 ① 03 ④

04 생산 공장시설의 효율적 배치에 대한 설명 중 적합하지 않은 것은?

① 작업용 바닥면적은 그 장소를 이용하는 사람들의 수에 따라 달라진다.
② 판매장소와 공장의 면적배분 (판매 3 : 공장 1)의 비율로 구성되는 것이 바람직하다.
③ 공장의 소요면적은 주방설비의 설치면적과 기술자의 작업을 위한 공간면적으로 이루어진다.
④ 공장의 모든 업무가 효과적으로 진행되기 위한 기본은 주방의 위치와 규모에 대한 설계이다.

> TIP 판매 장소와 공장의 면적배분은 판매 : 공장의 비율이 2 : 1에서 1 : 1의 비율로 구성되는 추세이다.

05 주방의 설계와 시공 시 조치사항으로 잘못된 것은?

① 환기장치는 대형의 1개보다 소형의 여러개가 효과적이다.
② 주방 내의 천정은 낮을수록 좋다.
③ 작업의 도면을 고려하여 설계·시공한다.
④ 냉장고와 발열기구는 가능한 멀리 배치한다.

> TIP 주방 내의 천정이 낮으면 환기가 효율적으로 이루어지지 않는다.

06 공장 주방설비 중 작업의 효율성을 높이기 위한 작업테이블의 위치로 가장 적당한 것은?

① 오븐 옆에 설치한다.　　② 냉장고 옆에 설치한다.
③ 발효실 옆에 설치한다.　　④ 주방의 중앙부에 설치한다.

> TIP 작업테이블이 중앙에 있어야만 동선이 절약되며 작업을 효율적으로 할 수 있다.

07 제빵 공장에서 원재료비를 줄이고자 하는 방법에 포함되지 않는 것은?

① 인원관리　　② 구매관리　　③ 손실관리　　④ 품질관리

> TIP 인원관리는 재료비 (제품 제조에 소비되는 물품의 원가)에 속하지 않고, 노무비에 속한다.

08 공장 설비시 배수관의 최소 내경으로 알맞은 것은?

① 5cm　　② 7cm　　③ 10cm　　④ 15cm

> TIP 배수관의 내경은 10cm가 알맞다.

09 제품제조 공장에서의 선별 및 포장 공정의 조도로 알맞은 것은?

① 75룩스　　② 100룩스　　③ 200룩스　　④ 500룩스

> TIP 조도는 어떤 면이 받는 빛의 세기를 나타내는 양으로 단위는 룩스(Lux)이다.
> 제품제조 공정에서 검사, 선별, 포장 공정을 위한 조도로는 500룩스가 적당하다.

정답　04 ②　05 ②　06 ④　07 ①　08 ③　09 ④

Chapter 7 빵류제품 생산작업 준비

10 일반적인 제빵 작업장의 기준으로 맞지 않는 것은?

① 조명은 50Lux 이하가 좋다.
② 방충, 방서용 금속망은 30메쉬가 적당하다.
③ 벽면은 매끄럽고 청소하기가 편리해야 한다.
④ 창의 면적은 바닥면적을 기준하여 30%가 좋다.

 제빵 작업장의 조명은 50Lux 이상이 좋다.

11 다음 중에서 조도 한계가 70~150Lux 범위에서 작업해야 하는 공정은?

① 포장   ② 굽기   ③ 성형   ④ 발효

 조도한계 : 발효 — 30~70Lux
굽기 — 70~150Lux
계량, 반죽, 성형 — 150~300Lux
포장 마무리 작업 — 300~700Lux

12 다음 중에서 제빵 공정상의 조도 기준에서 수작업 및 마무리 작업에 적합한 것은?

① 50Lux   ② 100Lux   ③ 200Lux   ④ 500Lux

 조도기준 : 50Lux – 발효
100Lux – 굽기
200Lux – 계량, 반죽, 성형
500Lux – 포장, 마무리 작업

〈위생점검〉

01 작업공간의 살균에 가장 적당한 것은?

① 자외선 살균   ② 적외선 살균
③ 가시광선 살균   ④ 자비 살균

 자비살균(열탕소독법) : 100℃에서 30분 이상 끓여야 한다. 기구, 용기, 식기, 조리기구 등의 살균·소독에 이용
자외선 살균 : 조리실에서는 물이나 공기, 용액의 살균, 도마·조리기구의 표면살균에 이용된다.

02 일본에서 공장폐수로 인해 오염된 식품을 섭취하고 이타이이타이(itai itai) 병이 발생하여 식품공해를 유발하였는데 이와 관련된 중금속은?

① 카드뮴(Ca)   ② 수은(Hg)   ③ 납(Pb)   ④ 비소(As)

수은 : 미나마타병

정답 10 ① 11 ② 12 ④   01 ① 02 ①

03 식품취급에서 교차오염을 예방하기 위한 행위 중 옳지 않은 것은?

① 칼, 도마를 식품별로 구분하여 사용한다.
② 고무장갑을 일관성 있게 하루에 하나씩 사용한다.
③ 조리 전의 육류와 채소류는 접촉되지 않도록 구분한다.
④ 위생복을 식품용과 청소용으로 구분하여 사용한다.

04 식자재의 교차오염을 예방하기 위한 보관방법으로 잘못된 것은?

① 원재료와 완성품을 구분하여 보관
② 바닥과 벽으로부터 일정거리를 두고 보관
③ 뚜껑이 있는 청결한 용기에 덮개를 덮어서 보관
④ 식자재와 비식사재를 함께 식품 창고에 보관

> 식품 창고에는 식품을 만들 때 사용하는 식자재만 보관 해야한다.

2절. 기기안전관리

01 대량 생산 공정에서 많이 사용하는 오븐으로 정형된 반죽이 들어가는 입구와 제품이 나오는 출구가 서로 다른 오븐은?

① 데크 오븐(deck oven)
② 터널 오븐(tunnel oven)
③ 컨벡션 오븐(convection oven)
④ 로터리 래크 오븐(rotary rack oven)

> 터널 오븐 – 오븐의 입구과 출구가 틀리며 대량 생산에 적합하다.

02 다음 기계 설비 중에서 대량생산 업체에 사용하는 설비로 가장 알맞은 것은?

① 데크 오븐   ② 터널오븐   ③ 전자렌지   ④ 생크림용 탁상믹스

> 대량 생산 업체 : 터널 오븐   소규모 제과점 : 데크 오븐

03 ②　04 ④　　　　　　　　　　01 ②　02 ②　　정답

Chapter 7 빵류제품 생산작업 준비

03 설비의 위생 안전 관리에 적합한 설명이 아닌 것은?

① 작업대는 70% 알코올을 건조한 작업대에 분무한 후 닦아 내지않고 자연건조한다.
② 믹서기에는 안전망을 설치 하며, 안정망 안쪽에는 밀가루나 반죽할 때 반죽이 튀어 묻는 경우가 많으므로 안쪽까지 확인한다.
③ 믹서 사용 전 속도 조절 기어가 1단으로 되어 있는지 확인하고 그렇지 않으면 1단으로 조정한다.
④ 믹서의 속도 조절 기어는 제조사에 따라 모양이 같고 차이가 없다.

> TIP 믹서의 속도 조절 기어는 제조사에 따라 모양이 다르며 1~4단 정도까지 다양하다.

04 팬의 관리에 대한 설명 중에 적합하지 않은 것은?

① 팬에 코팅이 많이 벗겨졌거나 물로 세척한 경우에는 충분히 말려 수분을 제거하고 쇼트닝이나 소포제를 내부에 바른다.
② 프랑스빵 팬은 반죽의 크기와 두께에 따라 4줄, 5줄, 6줄의 팬을 구분하여 선택한다.
③ 브리오슈 팬은 반죽 양에 맞는 팬을 준비한다.
④ 팬에 이물질 없는지 확인한다.

05 튀김기에 관한 설명이 잘못된 것은?

① 튀김용 유지는 발열점이 높아야 한다.
② 튀김기속에 있는 탄 식품조각들은 연속 튀김 시 다른 제품에 달라붙기 쉽고, 튀김유지와 제품에 나쁜 영향을 준다.
③ 튀김기의 이물질은 제품에 쓴맛을 내게 하고 튀김유지의 발연점을 높이는 역할을 한다.
④ 튀김기는 가성소다액으로 먼저 세척하고 약산성 세제로 중화시켜 세척해야 한다.

06 튀김유지의 품질관리하는 방법이 아닌 것은?

① 유리지방산 분석
② 유지의 색도 비교
③ 발연점의 결정
④ 튀김후 남아 있는 유지량

정답 03 ④ 04 ① 05 ③ 06 ④

제빵이론 계산문제
(제빵이론/영양학/현장실무)

● 제빵이론

01 식빵 600g짜리 10개를 제조할 때 발효 및 굽기 · 냉각 손실 등을 합하여 총 손실이 20%이고, 배합률의 합계가 150%라면 밀가루 사용량은?

가. 3kg   나. 5kg   다. 6kg   라. 8kg

* 밀가루 사용량 = 완제품의 [총중량 ÷ (1−총손실)] ÷ 총배합률
* [{(600 × 10) ÷ (1 − 0.2)} ÷ 150] × 100 = 5kg

02 완제품 식빵 500g 씩 200개를 제조하려 할 때, 발효 손실이 1%, 굽기 냉각 손실이 12%, 총 배합률이 180%라면 밀가루의 무게는 약 얼마인가?

가. 47kg   나. 55kg   다. 64kg   라. 71kg

 계산방법
* 완제품 중량 = 500g × 200개 = 100,000g
* 총반죽중량 = 완제품 중량 ÷ (1−발효손실률) ÷ (1−굽기 냉각손실률)
  = 100,000 ÷ (1−0.12) ÷ (1−0.01)
  = 114,784g
* 총배합율 = 180%, 밀가루 비율 = 100%
* 밀가루 중량(g) = (밀가루 비율 × 총반죽중량) / 총배합율
  = (100% × 114,784g) / 180% = 63,768 g

03 완제품 식빵 500g짜리 500개를 주문 받았다. 총 배합률은 190%이고, 발효 손실은 2%, 굽기 손실은 10%일 때 20kg 짜리 밀가루는 몇 포대 필요한가?

가. 6포대   나. 7포대   다. 8포대   라. 9포대

 계산방법
* (500g × 00개) ÷ {1 − (10÷100)} ÷ {1 − (2÷100)} × 100% ÷ 190% ÷ 1000 ÷ 20kg = 7.5포대
∴ 8포대

04 빵 90g짜리 520개를 만들기 위해 필요한 밀가루 양은? (제품 배합률 180%, 발효 및 굽기 손실은 무시)

가. 10kg   나. 18kg   다. 26kg   라. 31kg

 계산방법
* (빵무게 ÷ 제품배합률) × 갯수
* (90 ÷ 1.8) × 520 = 26,000g = 26kg

01 ㉯   02 ㉰   03 ㉰   04 ㉰   정답

05 식빵배합률 합계가 180%, 밀가루 총 사용량이 3000g일 때 총반죽의 무게는? (단, 기타손실은 없음)

　　가. 1620g　　　나. 3780g　　　다. 5400g　　　라. 5800g

* 총 반죽무게 = (총 배합율 × 밀가루 무게) ÷ 밀가루 비율
* (180% × 3,000g) ÷ 100% = 5,400g

06 식빵 반죽의 희망온도가 27℃일 때, 실내온도 20℃, 밀가루 온도 20℃, 마찰계수 30인 경우 사용할 물의 온도는?

　　가. −7℃　　　나. 3℃　　　다. 11℃　　　라. 18℃

* 사용할 물 온도 = (희망 온도 × 3) − (밀가루온도 + 실내온도 + 마찰계수)
* (27 × 3) − (20 + 20 + 30) = 11℃

07 반죽온도 28℃, 실내온도 26℃, 밀가루온도 25℃, 설탕온도 24℃, 계란온도 22, 마찰계수 15일 때 사용할 물의 온도는?

　　가. 25℃　　　나. 26℃　　　다. 27℃　　　라. 28℃

사용할 물의 온도 = 희망온도 × 5 − (실내온도 + 밀가루온도 + 설탕온도 + 계란온도 + 마찰계수)
　　　　　　　 = 28 × 5 − (26 + 25 + 24 + 22 + 15) = 28

08 식빵 제조시 결과 온도 33℃, 밀가루온도 23℃, 실내온도 26℃, 수돗물온도 22℃, 희망온도 27℃, 사용물량 5kg일 때 마찰계수는?

　　가. 19　　　나. 22　　　다. 24　　　라. 28

* 마찰계수 = (결과온도 × 3) − (밀가루 온도 + 신내온도 + 수돗물온도)
∴ (33 × 3) − (23 + 26 + 22) = 28

09 식빵을 만드는데 실내온도 15℃, 수돗물 온도 10℃, 밀가루 온도 13℃일 때 믹싱 후의 반죽온도가 21℃가 되었다면 이 때 마찰계수는?

　　가. 5　　　나. 10　　　다. 20　　　라. 25

계산방법
* 마찰계수 = (반죽의 결과온도 × 3) − (밀가루 온도 + 실내 온도 + 수돗물 온도)
　　　　 = (21 × 3) − (15 + 10 + 13)
　　　　 = 63 − 38 = 25

정답　05 다　06 다　07 라　08 라　09 라

제빵이론 계산문제

10 반죽온도 28℃, 실내온도 26℃, 밀가루온도 25℃, 설탕온도 24℃, 계란온도 22일 때 마찰계수는?

　　가. 5℃　　　나. 15℃　　　다. 25℃　　　라. 35℃

마찰계수 = 결과온도 × 4 − (실내온도 − 밀가루온도 − 설탕온도 − 계란온도)
　　　　 = (28 × 4 − (26 + 25 + 24 + 22) = 15

11 스크레이트법으로 식빵을 만들 때 밀가루 온도 22℃, 실내온도 26℃, 수돗물 온도 17℃, 결과온도 30℃, 희망온도 27℃ 라면 계산된 물 온도는?

　　가. 2℃　　　나. 4℃　　　다. 6℃　　　라. 8℃

㉮ 마찰계수 = (실제 반죽온도 × 3) − (실내온도 + 밀가루 + 설탕 + 쇼트닝 + 계란 + 수돗물)
㉯ 물 온도 계산 = (희망 반죽온도 × 3) − (실내온도 + 밀가루 + 설탕 + 쇼트닝 + 계란 + 마찰계수)
　마찰계수 = (30℃ × 3) − (26℃ + 22℃ + 17℃) = 25℃
　계산된 물 온도 = (27℃ × 3) − (26℃ + 22℃ + 25℃) = 81℃ − 73℃ = 8℃

12 밀가루 온도 25℃, 실내온도 24℃, 수돗물 온도 20℃, 결과온도 30℃, 희망온도 27℃, 마찰계수 24일 때 사용할 물 온도는?

　　가. 2℃　　　나. 6℃　　　다. 8℃　　　라. 17℃

* 물 온도 계산 = (희망반죽온도 × 3) − (실내온도 + 밀가루온도 + 마찰계수)
* (27 × 3) − (25 + 24 + 24) = 8℃

13 스트레이트법으로 식빵을 만들 때, 밀가루온도 22℃, 실내온도 26℃, 수돗물온도 17℃, 결과온도 30℃, 희망온도 27℃라면 계산된 물 온도는?

　　가. 2℃　　　나. 4℃　　　다. 6℃　　　라. 8℃

계산방법
* 마찰계수 = (결과온도 × 3) − (밀가루온도 + 실내온도 + 수돗물온도)
　　　　　 = (30 × 3) − (26+22+17) = 25
* 사용할 물 온도 = (희망온도 × 3) − (밀가루온도 + 실내온도 + 마찰계수)
　　　　　　　 = (27 × 3) − (26 + 22 + 25) = 8

14 희망 반죽온도 26℃ 마찰계수 20 실내온도 26℃ 스펀지 반죽온도 28℃ 밀가루온도 21℃ 일 때 스펀지법에서 사용할 물의 온도는?

　　가. 11℃　　　나. 8℃　　　다. 7℃　　　라. 9℃

계산방법
물온도 = (희망 반죽온도 × 4) − (밀가루온도 + 실내온도 + 마찰계수 + 스펀지 반죽온도)
* (26 × 4) − (21 + 26 + 20 + 28) = 9℃

정답 10 ㉯　11 ㉱　12 ㉰　13 ㉱　14 ㉱

15 1회에 60g짜리 반죽을 2개씩 분할하는 분할기가 있다. 1분에 4회 분할한다면 24kg의 반죽을 분할하는 데 소요되는 시간은?

가. 10분　　나. 25분　　다. 50분　　라. 75분

* 1회에 60g × 2 (120g) 분할
　1분 : 480 = x분 : 24,000
　　　　480 × x = 24,000
　　　　　　　x = 24,000 / 480
　　　　　　　x = 50

16 굽기 및 냉각손실이 12%이고 완제품이 500g일 때 분할량은 약 얼마인가?

가. 568g　　나. 575g　　다. 580g　　라. 585g

* 분할량 = x일 때, 완제품 = 500g
* 100 : x = (100 − 12) : 500
* 88x = 50000
* x = 568

17 밀가루 200g에서 젖은 글루텐 16g을 얻었다면 이 밀가루의 젖은 글루텐은 몇 %인가?

가. 4%　　나. 6%　　다. 10%　　라. 8%

젖은 글루텐 % = (젖은 글루텐 중량 g / 밀가루 중량 g) × 100 = (16/200) × 100 = 8%

18 밀가루 200g에서 젖은 글루텐 16g을 얻었다면 이 밀가루의 단백질 함량은?

가. 2.1%　　나. 2.7%　　다. 3.0%　　라. 4.2%

젖은 글루텐 % = (젖은 글루텐 중량g ÷ 밀가루 중량g) × 100 = (16/200) × 100 = 8%
건조 글루텐 % = 젖은 글루텐 % ÷ 3 = 8 ÷ 3 = 2.7

19 밀가루 200g에 손상된 전분은 몇 g이 적합한가?

가. 9~16　　나. 12~18　　다. 14~22　　라. 20~30

제빵적성에 적합한 손상전분 함량은 4.5~8%이다. 200 × 0.045 = 9 / 200 × 0.08 = 16

정답　15 다　16 가　17 라　18 나　19 가

제빵이론 계산문제

20 밀가루 25kg에서 젖은 글루텐 6g을 얻었다면 이 밀가루는 다음 어디에 속하는가?

　　가. 박력분　　　나. 중력분　　　다. 강력분　　　라. 제빵용 밀가루

 계산방법
* 밀가루의 글루텐 양 = (젖은 글루텐 반죽의 중량 ÷ 밀가루 중량) × 100 ÷ 3
　　　　　　　　　 = (6 ÷ 25) × 100 ÷ 3
　　　　　　　　　 = 8
* 단백질 함량은 7~9이므로, 박력분에 속한다.

21 이스트 2%를 사용하여 4시간 발효시킨 경우 양질의 빵을 만들었다면 발효시간을 3시간으로 단축하자면 얼마 정도의 이스트를 사용해야 하는가?

　　가. 약 1.5%　　　나. 약 2.0%　　　다. 약 2.7%　　　라. 약 3.0%

 계산방법
* 변경할 이스트의 양
$$\frac{\text{기존 이스트의 양} \times \text{기존 발효시간}}{\text{변경할 발효시간}} = \frac{2 \times 4}{3} = ≒ 2.7(\%)$$

22 이스트 2%를 사용했을 때 150분 발효시켜 좋은 결과를 얻었다면, 100분 발효시켜 같은 결과를 얻기 위해 얼마의 이스트를 사용하면 좋을까?

　　가. 1%　　　나. 2%　　　다. 3%　　　라. 4%

 계산방법
* 변경할 이스트의 양
$$\frac{\text{기존 이스트의 양} \times \text{기존 발효시간}}{\text{변경할 발효시간}} = \frac{2 \times 150}{100} = 3(\%)$$

23 설탕 300g 대신 전량을 고형질 75%인 물엿으로 대체하려면 물엿의 사용량은?

　　가. 50g　　　나. 150g　　　다. 400g　　　라. 600g

물엿의 사용량 × 75% = 300, 300 ÷ 75% = 400

정답 20 ㉮　21 ㉯　22 ㉯　23 ㉯

24 우유 2kg을 사용하는 반죽에 분유로 대채할 때 분유와 물의 사용량으로 적정한 것은?

가. 200 : 1,800
나. 300 : 1,700
다. 400 : 1,600
라. 500 : 1,500

 분유 = 2,000 × 10% = 200g / 물 = 2,000g × 90% = 1,800g

25 감미도 100인 설탕 20kg과 감미도 70인 포도당 24kg을 섞었다면 이 혼합당의 감미도는?
(단, 계산결과는 소수점 둘째 자리에서 반올림한다.)

가. 50.1 나. 83.6 다. 105.8 라. 188.2

 * [설탕무게÷(설탕무게+포도당무게)]×설탕의 감미도 + [포도당무게÷(설탕무게+포도당무게)] × 포도당의 감미도
* [20kg ÷ (20kg+24kg)]×100 + [24kg ÷ (20kg+24kg)]×70 = 45.46+38.18 = 83.64

26 비중이 1.035인 우유에 비중이 1인 물을 1 : 1 부피로 혼합하였을 때 물을 섞은 우유의 비중은?

가. 2.035 나. 1.0175 다. 1.035 라. 0.035

 (우유의 비중 + 물의 비중) ÷ 2 = 1.0175

27 생계란을 분말계란으로 대체하고자할 때, 생계란(수분 72%) 25kg을 분말계란(수분 4%)으로 대체하려면 분말계란이 얼마나 필요한가?

가. 6.7kg 나. 6.9kg 다. 7.1kg 라. 7.3kg

 * 생계란의 고형분 28%, 분말계란의 고형분 96%
대체식품의 양 = 원래식품의 양 × 원래식품의 성분 / 대체 식품의 성분
= 25kg × 28% / 96%
= 7.29 ≒ 7.3kg

28 계란 흰자가 360g 필요하다고 할 때 전란 60g짜리 계란이 몇 개 정도 필요한가?
(단, 계란 중 난백의 함량은 60%)

가. 6 나. 8 다. 10 라. 13

 * 계란은 껍질 : 노른자 : 흰자 1 : 3 : 6 의 비율이다.
* 60g 짜리 계란의 껍질은 6g, 노른자 18g, 흰자는 36g이다.
* 360 ÷ 36 = 10개다.

정답 24 ㉮ 25 ㉯ 26 ㉯ 27 ㉱ 28 ㉰

제빵이론 계산문제

29 계란 40%를 사용하여 만든 커스터드 크림과 비슷한 되기로 만들기 위하여 계란 전량을 옥수수 전분으로 대치한다면 얼마 정도가 가장 적합한가?

　　가. 10%　　나. 20%　　다. 30%　　라. 40%

　　 계란의 성분 중 고형분만큼 옥수수전분으로 대처하면 고형분은 25%.
　　　　* 40% × 0.25 = 10%

30 마요네즈를 만드는 데 노른자가 500g 필요하다. 껍질 포함 60g짜리 계란을 몇 개 준비해야 하는가?

　　가. 10개　　나. 14개　　다. 28개　　라. 56개

　　 * 마요네즈는 계란 노른자로 만든다.
　　　　* 계란은 껍질 : 노른자 : 흰자 = 10% : 30% : 60%
　　　　* 500 ÷ (600 × 0.3) = 27.7 ∴ 28개

31 계란의 흰자 540g을 얻으려고 한다. 계란 한 개의 평균 무게가 60g이라면 몇 개의 계란이 필요한가?

　　가. 10개　　나. 15개　　다. 20개　　라. 25개

　　계란은 보통 무게의 60%가 흰자로 구성되어 있다.
　　60g의 계란은 약 36g의 흰자를 포함하고 있다.
　　필요한 계란의 수 = 540 ÷ 36 = 15개

32 수도물 온도 20℃, 사용할 물온도 10℃, 사용물량 4㎏일 때 사용하는 얼음량은?

　　가. 100g　　나. 200g　　다. 300g　　라. 400g

　　* 얼음 사용량 = 물사용량 × (수돗물 온도 – 계산된 물 온도) / (80 + 수돗물 온도)
　　　　　　　　= 4,000g × (20–10) / (80+20)
　　　　　　　　= 400g

33 계란 전란의 고형질은 일반적으로 몇 g인가?

　　가. 11.5g　　나. 12.5g　　다. 13.5g　　라. 14.5g

　　전란의 고형질은 25%이다. 가식부분인 54g에 고형질 함량은 54 × 0.25 = 13.5g

정답　29 ㉮　30 ㉰　31 ㉯　32 ㉱　33 ㉰

● 영양학

01 하루 2400kcal를 섭취하는 사람의 이상적인 탄수화물의 섭취량은 약 얼마인가?

가. 140~150g 나. 200~230g 다. 260~320g 라. 330~420g

 탄수화물의 1일 섭취량은 60%이다.
2400kcal × 60% = 1440kcal
g당 탄수화물은 4kcal
1440kcal ÷ 4kcal = 360g

02 성인의 1일 단백질 섭취량이 체중 kg당 1.13g일 때 66kg의 성인이 섭취하는 단백질의 열량은?

가. 74.6kcal 나. 298.3kcal 다. 671.2kcal 라. 264kcal

 1.13g × 66kg × 4kcal = 298.3

03 어떤 분유 100g의 질소함량이 4g이라면 분유 100g은 약 몇 g의 단백질을 함유하고 있는가? (단, 단백질 중 질소함량은 16%)

가. 5g 나. 15g 다. 25g 라. 35g

 단백계수인 6.25를 곱하면 4 × 6.25 = 25g

04 하루 2,400kcal를 섭취하는 사람의 이상적인 지질의 섭취량은 얼마인가?

가. 45g 나. 48g 다. 53g 라. 60g

 * 지질의 1일 섭취량은 20%
* 2,400kcal × 20% = 480kcal
* g당 지질은 9kcal
* 480kcal ÷ 9kcal = 53g

05 밀가루가 75%의 탄수화물, 10%의 단백질, 1%의 지방을 함유하고 있다면 100g의 밀가루를 섭취하였을 때 얻을 수 있는 열량은?

가. 386kcal 나. 349kcal 다. 317kca 라. 307kcal

 * [(밀가루100g × 탄수화물비율) × 밀가루1g당 탄수화물열량]
+ [(밀가루100g × 단백질비율) × 밀가루1g당 단백질열량]
+ [(밀가루100g × 지방비율) × 밀가루1g당 지방열량]
= 밀가루 100g당 열량
* [(100g × 0.75) × 4kcal] + [(100g × 0.1) × 4kcal] + [(100g × 0.01) × 9kcal] = 349kcal

06 식빵에 당질 50%, 지방 5%, 단백질 9%, 수분 24%, 회분 2%가 들어있다면 식빵을 100g 섭취하였을 때 열량은?

가. 281kcal 나. 301kcal 다. 326kcal 라. 506kcal

* 탄수화물은 1g당 4kcal / 지방은 1g당 9kcal / 단백질은 1g당 4kcal
* 수분, 회분은 관계없다.
* (50×4) + (5×9) + (9×4) = 200 + 45 + 36 = 281

정답 01 라 02 나 03 다 04 다 05 나 06 가

제빵이론 계산문제

● **현장실무**

01 어떤 제품의 가격이 600원일 때 이것의 제조원가는 얼마인가?
단, 손실율 10%, 이익률(마진율) 15%, 부가가치세 10%를 포함한 가격이다.

가. 431원   나. 444원   다. 474원   라. 545원

* 제품가격 ÷ 손실율 ÷ 이익율 ÷ 부가가치세 = 제조원가
* 600 ÷ 1.1 ÷ 1.15 ÷ 1.1 ≒ 431

02 제품의 판매가격이 1000원일 때 생산원가는 약 얼마인가?
(단, 손실율 10%, 이익률 20%, 부가가치세 10%가 포함된 가격이다.)

가. 580원   나. 689원   다. 758원   라. 909원

* 생산원가 = 판매가격 ÷ 부가가치세 ÷ 이익률 ÷ 손실률
* 1000 ÷ 1.1 ÷ 1.2 ÷ 1.1 ≒ 689원

03 제빵 공장에서 3명의 작업자가 10시간에 식빵 400개, 케이크 50개, 모카빵 200개를 만들고 있다. 1시간에 직원 1인에게 시간당 지급되는 비용이 1000원이라 할 때, 평균적으로 제품의 개당 노무비는 약 얼마인가?

가. 46원   나. 54원   다. 60원   라. 73원

① 1인 시간당 생산량 = (식빵 400 + 케이크 50 + 모카빵 200) ÷ 3명 ÷ 10시간
② 제품의 개당 노무비 = 1,000원 ÷ 21.7 ≒ 46원

04 제빵 공장에서 5인이 8시간 동안 옥수수식빵 500개, 바게트빵 550개를 만들었다. 개당 제품의 노무비는 얼마인가? (단, 시간당 노무비는 4000원이다.)

가. 132원   나. 142원   다. 152원   라. 162원

* (500개 + 550개) ÷ 5명 ÷ 8시간 = 26.25개
* 4,000원 ÷ 26.25개 ≒ 152원

05 제빵 공장에서 5인이 9시간 동안 우유식빵 300개, 케이크 100개, 소보로빵 250개를 만들었다. 개당 제품의 노무비는 얼마인가?(단, 시간당 노무비는 3,500원이다)

가. 200원   나. 242원   다. 152원   라. 162원

* (5명 × 9시간 × 3,500원) ÷ (300 + 100 + 250)
* 157,500 ÷ 650 ≒ 242.30

01 ㉮   02 ㉯   03 ㉮   04 ㉰   05 ㉯

06 외부가치 7100만원, 생산가치 3000만원, 인건비 1400만원인 경우 노동분배율은 약 얼마인가?

가. 20% 나. 42% 다. 47% 라. 23%

* 노동 분배율 = × 100
 = × 100
 = 46.6 ≒ 47%

07 어느 제과점의 지난 달 생산실적이 다음과 같은 경우 노동분배율은?
(외부가치 600만원, 생산가치 3000만원, 인건비 1500만원, 총인원 10명)

가. 50% 나. 45% 다. 55% 라. 60%

노동분배율 = 인건비 / 생산가치 (부가가치) × 100
 = 1500 / 3000 × 100 = 50%

08 생산하는 데 재료비 5,000원, 노무비 2,000원, 경비 1,500원, 관리비 10,000원이 나갔다면 제조원가는?

가. 7,000원 나. 8,500원 다. 15,000원 라. 18,500원

제조원가는 직접비 + 제조간접비이다. 직접비 = (재료비 + 노무비 + 경비)

09 재료비 5,000원, 노무비 2,000원, 경비 1,500원, 관리비 10,000원, 판매비 2,000원일 때 총원가는?

가. 8,500원 나. 12,000원 다. 18,500원 라. 20,500원

총원가 = 제조원가 + 판매비 + 관리비

10 정규시간이 50분이고 여유시간이 10분일 때 여유율은?

가. 10% 나. 12% 다. 15% 라. 20%

* 여유율 = 여유시간 ÷ 정규시간 × 100
* 10 ÷ 50 × 100 = 20%

11 모닝빵을 1000개 만드는데 한 사람이 3시간 걸렸다. 1500개 만드는데 30분 내에 끝내려면 몇 사람이 작업해야 하는가?

가. 2명 나. 3명 다. 9명 라. 5명

* 1,000개 한명이 1시간 ≒ 333개 30분 ≒ 166개
 1,500 ÷ 167 ≒ 9명

정답   06 ㉰   07 ㉮   08 ㉯   09 ㉱   10 ㉱   11 ㉰

제빵기능사
모의고사

1회 60문제

2회 60문제

3회 60문제

4회 60문제

제빵기능사 모의고사 (1회)

01 튀김기름의 품질을 저하시키는 요인으로만 나열된 것은?

가. 수분, 탄소, 질소
나. 공기, 금속, 토코페롤
다. 수분, 공기, 철
라. 공기, 탄소, 세사몰

02 다음 중 제과 생산관리에서 제1차 관리 3대 요소가 아닌 것은?

가. 사람(Man)   나. 재료(material)
다. 방법(metaod) 라. 자금(Money)

03 제빵시 2차 발효의 목적이 아닌 것은?

가. 성형공정을 거치면서 가스가 빠진 반죽을 다시 부풀리기 위해
나. 발효산물 중 유기산과 알코올이 글루텐의 신장성과 탄력성을 높여 오븐 팽창이 잘 일어나도록 하기 위해
다. 온도와 습도를 조절하여 이스트의 활성을 촉진시키기 위해
라. 빵의 향에 관계하는 발효산물인 알코올유기산 및 그 밖의 방향성 물질을 날려 보내기 위해

04 분할기에 의한 식빵 분할은 최대 몇 분 이내에 완료하는 것이 가장 적합한가?

가. 20분   나. 20분
다. 30분   라. 60분

05 어떤 과자점에서 여름에 반죽 온도를 24℃로 하여 빵을 만들려고 한다. 사용수 온도는 10℃, 수돗물의 온도는 18℃, 사용수 양은 3kg, 얼음 사용량은 900g일 때 조치사항으로 옳은 것은?

가. 믹서에 얼음만 900g을 넣는다.
나. 믹서에 수돗물만 3kg을 넣는다.
다. 믹서에 수돗물 3kg과 얼음 900g을 넣는다.
라. 믹서에 수돗물 2.1kg과 얼음 900g을 넣는다.

06 어느 제과점의 지난 달 생산실적이 다음과 같은 경우 노동분배율은? (외부가치 600만원, 생산가치 3000만원, 인건비 1500만원, 총인원 10명)

가. 60%   나. 45%
다. 55%   라. 50%

07 빵 발효에 영향을 주는 요소에 대한 설명으로 틀린 것은?

가. 사용하는 이스트의 양이 많으면 발효 시간은 감소된다.
나. 삼투압이 높으면 발효가 지연된다.
다. 제빵용 이스트는 약알칼리성에서 가장 잘 발효된다.
라. 적정량의 손상된 전분은 발효성 탄수화물을 공급한다.

08 다음 중 제품의 특성을 고려하여 혼합 시 반죽을 가장 많이 발전시키는 것은?
   가. 프랑스빵   나. 햄버거 빵
   다. 과자빵   라. 식빵

09 수평형 믹서를 청소하는 방법으로 올바르지 않은 것은?
   가. 청소하기 전에 전원을 차단한다.
   나. 생산 직후 청소를 실시한다.
   다. 물을 가득 채워 회전시킨다.
   라. 금속으로 된 스크레이퍼를 이용하여 반죽을 긁어낸다.

10 성형한 식빵 반죽을 팬에 넣을 때 이음매의 위치는 어느 쪽이 가장 좋은가?
   가. 위   나. 우측
   다. 좌측   라. 아래

11 빵 포장의 목적으로 부적합한 것은?
   가. 빵의 저장성 증대
   나. 빵의 미생물오염 방지
   다. 수분증발 촉진
   라. 상품의 가치 향상

12 냉동 반죽법에 적합한 반죽의 온도는?
   가. 18 ~ 22℃   나. 26 ~ 30℃
   다. 32 ~ 36℃   라. 38 ~ 42℃

13 완제품 중량이 400g인 빵 200개를 만들고자 한다. 발효 손실이 2%이고 굽기 및 냉각 손실이 12%라고 할 때 밀가루 중량은? (단, 총 배합율은 180%이며, 소수점 이하는 반올림한다.)
   가. 51536g   나. 54725g
   다. 61320g   라. 61940g

14 빵의 제품평가에서 브레이크와 슈레드 부족현상의 이유가 아닌 것은?
   가. 발효시간이 짧거나 길었다.
   나. 오븐의 온도가 높았다.
   다. 2차 발효실의 습도가 낮았다.
   라. 오븐의 증기가 너무 많았다.

15 스펀지법에 비교해서 스트레이크법의 장점은?
   가. 노화가 느리다.
   나. 발효에 대한 내구성이 좋다.
   다. 노동력이 감소된다.
   라. 기계에 대한 내구성이 증가한다.

16 다음 중 빵 굽기의 반응이 아닌 것은?
   가. 이산화탄소의 방출과 노화를 촉진시킨다.
   나. 빵의 풍미 및 색깔을 좋게 한다.
   다. 제빵 제조 공정의 최종 단계로 빵의 형태를 만든다.
   라. 전분의 호화로 식품의 가치를 향상시킨다.

17 진한 껍질색의 빵에 대한 대책으로 적합하지 못한 것은?
   가. 설탕, 우유 사용량 감소
   나. 1차 발효 감소
   다. 오븐 온도 감소
   라. 2차 발효 습도 조절

18 반추위 동물의 위액에 존재하는 우유 응유 효소는?
  가. 펩신   나. 레닌
  다. 트립신   라. 펩티다아제

19 다음 혼성주 중 오렌지 성분을 원료로 하여 만들지 않는 것은?
  가. 그랑 마르니에(Grand Marnier)
  나. 마라스키노(Maraschino)
  다. 쿠앵트로(Cointreau)
  라. 큐라소(Curacao)

20 전분의 노화에 대한 설명 중 틀린 것은?
  가. −18℃ 이하의 온도에서는 잘 일어나지 않는다.
  나. 노화된 전분은 소화가 잘된다.
  다. 노화란 α−전분이 β−전분으로 되는 것을 말한다.
  라. 노화된 전분은 향이 손실된다.

21 다음 중 중화가를 구하는 식은?
  가. $\dfrac{중조의\ 양}{산성제의\ 양} \times 100$
  나. $\dfrac{중조의\ 양}{산성제의\ 양}$
  다. $\dfrac{중조의\ 양 \times 산성제의\ 양}{100}$
  라. 중조의 양 × 산성제의 양

22 일시적 경수에 대한 설명으로 맞는 것은?
  가. 가열시 탄산염으로 되어 침전된다.
  나. 끓여도 경도가 제거되지 않는다.
  다. 황산염에 기인한다.
  라. 제빵에 사용하기에 가장 좋다.

23 생크림 보존온도로 가장 적합한 것은?
  가. −18℃이하   나. −5 ~ −1℃
  다. 0 ~ 10℃   라. 15 ~ 18℃

24 제과제빵에서 유지의 기능이 아닌 것은?
  가. 연화작용
  나. 공기포집 기능
  다. 보존성 개선 기능
  라. 노화촉진 기능

25 제과・제빵용 건조 재료와 팽창제 및 유지 재료를 알맞은 배합율로 균일하게 혼합한 원료는?
  가. 프리믹스   나. 팽창제
  다. 향신료   라. 밀가루 개량제

26 반죽의 신장성과 신장에 대한 저항성을 측정하는 기기는?
  가. 패리노그래프   나. 레오퍼멘토에터
  다. 믹서트론   라. 익스텐소그래프

27 전화당을 설명한 것 중 틀린 것은?
  가. 설탕의 1.3배의 감미를 갖는다.
  나. 설탕을 가수분해시켜 생긴 포도당과 과당의 혼합물이다.
  다. 흡습성이 강해서 제품의 보존기간을 지속시킬 수 있다.
  라. 상대적인 감미도는 맥아당보다 낮으나 쿠키의 광택과 촉감을 위해 사용한다.

28 커스타드 크림에서 달걀의 주요 역할은?

가. 결합제의 역할
나. 팽창제의 역할
다. 영양가를 높이는 역할
라. 저장성을 높이는 역할

29 우유에 대한 설명으로 옳은 것은?

가. 시유의 비중은 1.3 정도이다.
나. 우유 단백질 중 가장 많은 것은 카제인이다.
다. 우유의 유당은 이스트에 의해 쉽게 분해된다.
라. 시유의 현탁액은 비타민 B_2에 의한 것이다.

30 안정제의 사용 목적이 아닌 것은?

가. 흡수제로 노화 지연 효과
나. 크림 토핑의 거품 안정
다. 아이싱이 부서지는 것 방지
라. 머랭의 수분 배출 유도

31 과실이 익어감에 따라 어떤 효소의 작용에 의해 수용성 펙틴이 생성되는가?

가. 펙틴리가아제
나. 아밀라아제
다. 브로멜린
라. 프로토펙틴 가수분해효소

32 소화기관에 대한 설명으로 틀린 것은?

가. 위는 강알칼리의 위액을 분비한다.
나. 이자(췌장)는 당대사호르몬의 내분비선이다.
다. 소장은 영양분을 소화, 흡수한다.
라. 대장은 수분을 흡수하는 역할을 한다.

33 비타민과 관련된 결핍증의 연결이 틀린 것은?

가. 비타민 A – 야맹증
나. 비타민 B_1 – 구내염
다. 비타민 C – 괴혈병
라. 비타민 D – 구루병

34 적혈구, 뇌세포, 신경세포의 주요 에너지원으로 혈당을 형성하는 당은?

가. 과당
나. 설탕
다. 포도당
라. 유당

35 다음 중 수소를 첨가하여 얻는 유지류는?

가. 쇼트닝
나. 버터
다. 라드
라. 양기름

36 장염비브리오 식중독을 일으키는 주요 원인식품은?

가. 달걀
나. 육류
다. 채소류
라. 어패류

37 빵을 제조하는 과정에서 반죽 후 분할기로부터 분할할 때나 구울 때 달라붙지 않게 할 목적으로 허용되어 있는 첨가물은?

가. 글리세린
나. 프로필렌 글리콜
다. 초산 비닐수지
라. 유동 파라핀

38 밀가루의 표백과 숙성을 위하여 사용하는 첨가물은?
   가. 개량제   나. 유화제
   다. 정착제   라. 팽창제

39 부패를 판정하는 방법으로 사람에 의한 관능검사를 실시할 때 검사하는 항목이 아닌 것은?
   가. 색   나. 맛
   다. 냄새   라. 균수

40 위생동물의 일반적인 특성이 아닌 것은?
   가. 식성 범위가 넓다.
   나. 음식물과 농작물에 피해를 준다.
   다. 병원 미생물을 식품에 감염시키는 것도 있다.
   라. 발육기간이 길다.

41 물수건의 소독방법으로 가장 적합한 것은?
   가. 비누로 세척한 후 건조한다.
   나. 삶거나 차아염소산 소독 후 일광 건조한다.
   다. 3% 과산화수소로 살균 후 일광 건조한다.
   라. 크레졸(cresol) 비누액으로 소독하고 일광 건조한다.

42 결핵의 주요한 감염원이 될 수 있는 것은?
   가. 토끼고기
   나. 불완전 살균우유
   다. 돼지고기
   라. 양고기

43 살모넬라균에 의한 식중독 증상과 가장 거리가 먼 것은?
   가. 심한 설사   나. 급격한 발열
   다. 심한 복통   라. 신경마비

44 급성감염병을 일으키는 병원체로 포자는 내열성이 강하며 생물학전이나 생물테러에 사용될 수 있는 위험성이 높은 병원체는?
   가. 브루셀라균   나. 리스테리아균
   다. 결핵균   라. 탄저균

45 세균성 식중독에 관한 사항 중 옳은 내용으로만 짝지은 것은?

   1. 황색포도상구균(Staphylococcus aureus) 식중독은 치사율이 아주 높다.
   2. 보틀리누스균(Clostridium botulinum)이 생산하는 독소는 열에 아주 강하다.
   3. 장염 비브리오균(Vibrio parahaemolyticus)은 감염형 식중독이다.
   4. 여시니아균(Yersinia enterocolitica)은 냉장온도와 진공포장에서도 증식한다.

   가. 1, 2   나. 3, 4
   다. 2, 4   라. 2, 3

46 요소수지 용기에서 이행될 수 있는 대표적인 유독 물질은?
   가. 알루미늄
   나. 주석
   다. 포름 알데히드
   라. 에탄올

47 표준 스트레이트 법을 변형시킨 비상스트레이트 법에서 믹싱 후 반죽온도로 가장 적합한 것은?

가. 27℃ 나. 21℃
다. 34℃ 라. 30℃

48 빵의 반죽시 작용하는 성질에는 점탄성, 탄력성, 신장성, 흐름성, 가소성 등이 작용한다. 이중에서 반죽의 성형과정에서 성형한 모양을 그대로 유지시키려는 성질을 무엇이라 하는가

가. 신장성 나. 점탄성
다. 가소성 라. 흐름성

49 제품 회전률은 제품의 시장성을 파악하는 지표 이다. 다음 중 제품 회전률 계산하는 공식이 맞는 것은?

가. 제품 회전률=(매출액÷평균 재고액)×100
나. 제품 회전률=(생산액÷평균 재고액)×100
다. 제품 회전률=(인건비÷평균 재고액)×100
라. 제품 회전률=(재료비÷평균 재고액)×100

50 식빵 제조시 설탕 100g을 이스트의 먹이로 활용될 수 있는 발효성 탄수화물 91%에 물 9%로 이루어진 함수 포도당으로 대체 하고자 한다. 이때 함수 포도당은 몇 g 인가?

가. 105.26g 나. 100g
다. 200g 라. 115.67g

> TIP 설탕 100g을 가수분해 하려면 물 5.26에 인버타아제를 설탕에 첨가하여 105.26g의 무수 포도당을 얻는다. 105.26g의 9%를 차지하는 물 10.41g를 첨가해야 한다.

51 제빵에 적합한 물의 경도는 아경수 이고 산도는 약산성이다. 다음 중 제빵에 가장 적합한 물의 경도를 나타낸 수치는?

가. 360ppm
나. 180~360ppm
다. 120~180ppm
라. 1~60ppm

52 굽기 손실이 가장 큰 제품은?

가. 식빵 나. 바게트
다. 단팥빵 라. 버터롤

53 이스트 푸드에 대한 설명으로 틀린 것은?

가. 발효를 조절 한다.
나. 이스트의 영양을 보급 한다.
다. 밀가루 중량 대비 1~5%를 사용한다.
라. 반죽 조절제로 사용한다.

54 밀가루의 표백과 숙성기간을 단축시키고, 제빵 효과의 저해 물질을 파괴시켜 밀가루의 품질을 개량하는 것을 밀가루 개량제라 하는데 다음 중 밀가루 개량제가 아닌 것은?

가. 염화 칼슘
나. 염소
다. 과산화 벤조일
라. 이산화염소

55 다음 중 이당류로만 묶인 것은?

가. 포도당, 과당, 맥아당
나. 맥아당, 유당, 설탕
다. 설탕, 갈락토오스, 유당
라. 유당, 포도당, 설탕

56 우리나라 제조물 책임법(PL)에서 정하고 있는 결함의 종류가 아닌 것은?

가. 설계상의 결함
나. 유통상의 결함
다. 제조상의 결함
라. 표시상의 결함

57 환경 오염 물질이 일으키는 화학성 식중독의 원인이 될 수 있는 것과 거리가 먼 것은?

가. 수은(Hg)   나. 카드뮴(Cd)
다. 납(Pb)   라. 칼슘(Ca)

58 병원체가 음식물, 손, 식기, 완구, 곤충 등을 통하여 입으로 침입하여 감염을 일으키는 것 중에서 바이러스가 아닌 것은?

가. 홍역   나. 콜레라
다. 유행성 간염 라. 폴리오

59 유통 기한에 대한 설명 중 잘못된 것은?

가. 식품의 제조일로부터 소비자에게 판매가 허용된 기한을 말한다.
나. 식품을 제조 및 판매하는 자는 식품위생법 시행 규칙에 의하여 유통 기한을 표시해야 한다.
다. 유통기한을 연장 하고자 하는 식품은 유통 기한 표시는 보건복지부 장관의 승인을 받아 연장 표시해야 한다.
라. 식품을 구입한 후 각 가정에서 먹을 수 있는 기간을 말한다.

60 다음 HACCP에 대한 설명 중 틀린 것은?

가. 사후 관리의 완벽을 추구한다.
나. 식품 위생의 수준을 향상시킬 수 있다.
다. 종합적인 위생관리 체계이다.
라. 원료로부터 유통의 전 과정에 대한 관리이다.

제빵기능사 필기 모의고사 1 정답

1	2	3	4	5	6	7	8	9	10
다	다	라	가	라	라	다	나	라	라
11	12	13	14	15	16	17	18	19	20
다	가	다	가	가	가	나	다	나	나
21	22	23	24	25	26	27	28	29	30
가	가	다	라	가	라	라	다	나	라
31	32	33	34	35	36	37	38	39	40
라	가	다	다	가	다	가	가	다	가
41	42	43	44	45	46	47	48	49	50
나	나	다	다	다	나	나	가	가	라
51	52	53	54	55	56	57	58	59	60
다	나	다	가	나	나	라	나	라	가

제빵기능사 모의고사 (2회)

01 팬 오일의 구비조건이 아닌 것은?

가. 높은 발연점
나. 무색, 무미, 무취
다. 가소성
라. 항산화성

02 둥글리기의 목적이 아닌 것은?

가. 글루텐의 구조와 방향정돈
나. 수분 흡수력 증가
다. 반죽의 기공을 고르게 유지
라. 반죽 표면에 얇은 막 형성

03 굽기 과정 중 당류의 캐러멜화가 개시되는 온도로 가장 적합한 것은?

가. 100℃
나. 120℃
다. 150℃
라. 185℃

04 냉동 반죽법에 대한 설명 중 틀린 것은?

가. 저율배합 제품은 냉동시 노화의 진행이 비교적 빠르다.
나. 고율배합 제품은 비교적 완만한 냉동에 견딘다.
다. 저율배합 제품일수록 냉동 처리에 더욱 주의해야 한다.
라. 프랑스빵 반죽은 비교적 노화의 진행이 느리다.

05 식빵 제조시 최고 부피를 얻을 수 있는 유지의 양은? (단, 다른 재료의 양은 모두 동일하다고 본다.)

가. 3%
나. 4%
다. 7%
라. 11%

06 빵을 포장하는 프로필렌 포장지의 기능이 아닌 것은?

가. 수분증발의 억제로 노화지연
나. 빵의 로프균 오염방지
다. 포장 후 미생물 오염 최소화
라. 빵의 풍미 성분 손실 지연

07 프랑스빵의 2차 발효실 습도로 가장 적합한 것은?

가. 65~70%
나. 85~90%
다. 80~85%
라. 75~80%

08 희망 반죽온도 26℃, 마찰계수 20, 실내 온도 26℃, 스펀지 반죽온도 28℃, 밀가루 온도 21℃일 때 스펀지법에서 사용할 물의 온도는?

가. 17℃
나. 8℃
다. 4℃
라. 9℃

09 빵 제품의 노화 지연 방법으로 옳은 것은?

가. -18℃ 냉동보관
나. 냉장보관
다. 저배합, 고속 믹싱 빵제조
라. 수분 30~60% 유지

10 대량생산 공장에서 많이 사용되는 오븐으로 반죽이 들어가는 입구와 제품이 나오는 출구가 서로 다른 오븐은?
   가. 데크오븐
   나. 터널오븐
   다. 로터리 래크 오븐
   라. 컨벡션오븐

11 스펀지 도법에 있어서 스펀지 반죽에 사용하는 일반적인 밀가루의 사용 범위는?
   가. 0~20%   나. 20~40%
   다. 40~60%   라. 60~100%

12 다음 중 스트레이트법과 비교한 스펀지 도법에 대한 설명이 옳은 것은?
   가. 노화가 빠르다.
   나. 발효 내구성이 좋다.
   다. 속결이 거칠고 부피가 작다.
   라. 발효향과 맛이 나쁘다.

13 발효 중 펀치의 효과와 거리가 먼 것은?
   가. 반죽의 온도를 균일하게 한다.
   나. 이스트의 활성을 돕는다.
   다. 산소공급으로 반죽의 산화숙성을 진전시킨다.
   라. 성형을 용이하게 한다.

14 제조공정상 비상반죽법에서 가장 많은 시간을 단축할 수 있는 공정은?
   가. 재료계량   나. 1차 발효
   다. 믹싱   라. 굽기

15 모닝빵을 1000개 만드는 데 한 사람이 3시간 걸렸다. 1500개 만드는 데 30분 내에 끝내려면 몇 사람이 작업해야 하는가?
   가. 2명   나. 3명
   다. 9명   라. 5명

16 시유의 수분함량은 약 얼마인가?
   가. 14%   나. 80%
   다. 87%   라. 92%

17 다음 중 발효시간을 단축시키는 물은?
   가. 경수   나. 연수
   다. 염수   라. 알칼리수

18 비중이 1.04인 우유에 비중이 1.00인 물을 1 : 1 부피로 혼합하였을 때 물을 섞은 우유의 비중은?
   가. 2.02   나. 1.02
   다. 1.01   라. 0.08

19 카제인이 산이나 효소에 의하여 응고되는 성질은 어떤 식품의 제조에 이용되는가?
   가. 아이스크림   나. 생크림
   다. 버터   라. 치즈

20 이스트의 가스 생산과 보유를 고려할 때 제빵에 가장 좋은 물의 경도는?
   가. 0~60 ppm
   나. 120~180ppm
   다. 180ppm 이상(일시)
   라. 180ppm 이상(영구)

21 전분은 밀가루 중량의 약 몇 % 정도인가?

가. 90%　　　나. 40%
다. 70%　　　라. 20%

22 일반적인 버터의 수분 함량은?
가. 18% 이하　　나. 25% 이하
다. 30% 이하　　라. 45% 이하

23 밀가루의 물성을 전문적으로 시험하는 기기로 이루어진 것은?
가. 패리노그래프, 가스크로마토그래피, 익스텐소그래프
나. 패리노그래프, 아밀로그래프, 파이브로미터
다. 패리노그래프, 아밀로그래프, 익스텐소그래프
라. 아밀로그래프, 익스텐소그래프, 펑츄어테스터

24 빵 제조시 밀가루를 체로 치는 이유가 아닌 것은?
가. 제품의 착색
나. 입자의 균질
다. 공기의 혼입
라. 불순물의 제거

25 이스트푸드 성분 중 물 조절제로 사용되는 것은?
가. 황산암모늄　　나. 전분
다. 이스트　　　　라. 칼슘염

26 열대성 다년초의 다육질 뿌리로, 매운맛과 특유의 방향을 가지고 있는 향신료는?
가. 넛메그　　나. 계피
다. 올스파이스　라. 생강

27 빵, 과자 속에 함유되어 있는 지방이 리파아제에 의해 소화되면 무엇으로 분해되는가?
가. 동물성지방 + 식물성지방
나. 포도당 + 과당
다. 글리세롤 + 지방산
라. 트립토판 + 리신

28 다음 중 감미가 가장 강한 것은?
가. 맥아당　　나. 설탕
다. 과당　　　라. 포도당

29 유아에게 필요한 필수 아미노산이 아닌 것은?
가. 발린　　　나. 글루타민
다. 히스티딘　라. 트립토판

30 시금치에 들어 있으며 칼슘의 흡수를 방해하는 유기산은?
가. 초산　　나. 호박산
다. 수산　　라. 구연산

31 순수한 지방 20g이 내는 열량은?
가. 90kcal　　나. 120kcal
다. 180kcal　 라. 190kcal

32 정제가 불충분한 면실유에 들어 있을 수 있는 독성분은?
가. 듀린　　나. 테무린
다. 고시폴　라. 브렉큰 펀 톡신

33 다음 중 소화기계 감염병인 것은?
   가. 결핵   나. 화농성 피부염
   다. 장티푸스   라. 독감

34 다음 중 바이러스에 의한 경구감염병이 아닌 것은?
   가. 폴리오   나. 유행성 간염
   다. 성홍열   라. 전염성 설사

35 빵이나 카스테라 등을 부풀게 하기 위하여 첨가하는 합성 팽창제(baking powder)의 주성분은?
   가. 염화나트륨
   나. 탄산나트륨
   다. 탄산수소나트륨
   라. 탄산칼슘

36 세균성 식중독의 예방원칙에 해당되지 않는 것은?
   가. 세균 오염 방지
   나. 세균 가열 방지
   다. 세균 증식 방지
   라. 세균의 사멸

37 식품첨가물 중 보존료의 조건이 아닌 것은?
   가. 변패를 일으키는 각종 미생물의 증식을 억제할 것
   나. 무미, 무취하고 자극성이 없을 것
   다. 장기간 효력을 나타낼 것
   라. 식품의 성분과 반응을 잘하여 성분을 변화시킬 것

38 식품 또는 식품첨가물을 채취, 제조, 가공, 조리, 저장, 운반 또는 판매하는 직접 종사자들이 정기건강진단을 받아야 하는 주기는?
   가. 1회/년   나. 1회/3개월
   다. 1회/6개월   라. 1회/월

39 곰팡이의 일반적인 특성으로 틀린 것은?
   가. 광합성능이 있다.
   나. 주로 무성포자에 의해 번식한다.
   다. 진핵세포를 가진 다세포 미생물이다.
   라. 분류학상 진균류에 속한다.

40 부패의 물리학적 판정에 이용되지 않는 것은?
   가. 점도   나. 냄새
   다. 색 및 전기저항 라. 탄성

41 다음 중 감염형 세균성 식중독에 속하는 것은?
   가. 파라티푸스균   나. 보툴리누스균
   다. 장염비브리오균 라. 포도상구균

42 포장 재료가 갖추어야 할 조건 중에서 가장 거리가 먼 것은?
   가. 제품의 상품 가치를 높일 수 있어야 한다.
   나. 가격이 저렴해야 한다.
   다. 위생적이어야 한다.
   라. 흡수성이 있고 통기성은 없어야 한다.

43 다음 제과 제빵 생산기계 장비의 종류 중에서 제빵에서 주로 사용되는 기계는?
   가. 에어믹서   나. 데포지터
   다. 라운더   라. 정형기

44 세균, 곰팡이의 번식을 막고 빵의 절단 및 포장을 용이하게 하는 빵의 냉각방법으로 가장 적합 한 것은?
　가. 냉동실에서 냉각
　나. 바람이 없는 실내에서 냉각
　다. 수분 분사 방식
　라. 강한 송풍을 이용한 급냉

45 에틸 알코올과 이산화탄소를 발생시켜 발효를 일으킬 때 발효에 영향을 미치는 주요 요소가 아닌 것은?
　가. pH　　　나. 이스트의 양
　다. 쇼트닝의 양　라. 발효 온도

46 버터를 구성하는 성분에는 소금, 수분, 우유지방, 무기질 등이 있다. 이 중에서 수분 함량은 얼마인가?
　가. 14~17%　　나. 1~5%
　다. 20~30%　　라. 2%

 버터 : 무기질 2% , 소금 1~3%, 우유 지방 80%

47 다음 중 포도당, 과당, 갈락토오스 등을 산화시켜 이산화탄소와 에틸알코올을 만드는 산화효소는?
　가. 말타아제(Maltase)
　나. 찌마아제(Zymase)
　다. 아밀라아제(Amylase)
　라. 리파아제(Lipase)

48 어떤 음식 100g 중에서 켈달(Kjeldahl) 법으로 질소를 정량 하니 질소 함량이 4g이라면 그 음식에는 몇 g의 단백질이 함유 된 것인가? (단, 단백질 1g에는 16%의 질소가 함유되어 있다.)

　가. 35g　　　나. 50g
　다. 25g　　　라. 64g

 단백질의 양 = 질소의 양 × 질소계수
　4 × (100÷16) = 25g

49 식품 위생의 대상 범위는 식품, 식품 첨가물, 기구, 용기, 포장 등에서 발생하는 오염을 대상범위로 한다. 다음 중 식품 위생의 대상과 가장 거리가 먼 것은?
　가. 세균성 식중독
　나. 영양결핍증 환자
　다. 농약에 의한 식품 오염
　라. 방사능에 의한 식품 오염

50 감염병 및 질병 발생의 3대 요소가 아닌 것은?
　가. 환경　　　나. 병원체
　다. 항생제　　라. 숙주(인간)

51 주기적으로 열이 반복적으로 나타나고 파상열이라고 부르는 인수공통 감염병은?
　가. 결핵　　　나. Q열
　다. 돈단독　　라. 브루셀라병

52 1인당 생산가치는 생산가치를 무엇으로 나누어 계산하는가?
　가. 시간　　　나. 원 재료비
　다. 인원수　　라. 총 매출

53 전화당(Trimolin)에 관한 설명한 것 중에 잘못된 것은?
　가. 설탕을 가수분해 시켜 생긴 포도당과 과당의 혼합물이다.
　나. 설탕의 1.3배의 감미를 갖는다.

다. 상대적 감미도는 포도당 보다 낮으나 광택과 촉감을 위해 사용한다.
라. 흡습성이 강해서 제품의 보존 기간을 지속시킬 수 있다.

54 여러 단계의 상업적 유통을 거쳐 불특정 다수 소비자에게 공급되는 것뿐만 아니라 특정 소비자와의 공급 계약에 따라 그 소비자에게 직접 납품되어 사용되는 것도 포함하여 무엇이라 하는가?
 가. 제조물 나. 개발품
 다. 생산품 라. 발명품

55 췌장에서 생성되는 지방 분해효소는?
 가. 아밀라아제 나. 리파아제
 다. 트립신 라. 펩신

56 유통기간 설정에 영향을 주는 내부적인 요인들 중에서 가장 거리가 먼 것은?
 가. 제조 공정
 나. 포장 재질 및 포장 방법
 다. 제품의 맛
 라. 위생 수준

57 위해요소의 예방, 제거 및 감소를 위해 엄정한 관리가 요구되는 단계를 무엇이라 하는가?
 가. HA 나. CCP
 다. HACCP 라. GMP

58 경구 감염병에 대한 설명중 잘못된 것은?
 가. 2차 감염이 일어난다.
 나. 미량의 균량으로도 감염을 일으킨다.
 다. 이질, 콜레라는 바이러스에 의해 발생한다.
 라. 장티푸스는 세균에 의해 발생한다.

59 식재료나 기구, 용수 등에 오염되어 있던 미생물이 오염되지 않은 식재료나 기구, 용수 등에 접촉 하거나 혼입 되면서 전이되는 현상을 무엇이라 하는가?
 가. 환경 오염 나. 변질
 다. 유통 오염 라. 교차오염

60 식빵 밑 바닥이 움푹 들어간 경우의 원인이 아닌 것은?
 가. 바닥 양면에 구멍이 없는 팬을 사용한 경우
 나. 굽는 처음 단계에서 오븐 열이 너무 낮았을 경우
 다. 2차 발효를 너무 초과했을 경우
 라. 반죽기의 회전속도가 느려 반죽이 언더믹스된 경우

제빵기능사 필기 모의고사 2 정답									
1	2	3	4	5	6	7	8	9	10
다	나	다	라	나	나	라	라	가	나
11	12	13	14	15	16	17	18	19	20
라	나	라	다	나	다	나	다	나	나
21	22	23	24	25	26	27	28	29	30
다	가	다	가	라	라	다	다	나	다
31	32	33	34	35	36	37	38	39	40
다	다	다	다	나	라	나	가	가	나
41	42	43	44	45	46	47	48	49	50
나	라	다	다	나	가	나	나	나	다
51	52	53	54	55	56	57	58	59	60
라	다	가	가	나	다	나	다	라	나

제빵기능사 모의고사 (3회)

01 다음 재료들을 동일한 크기의 그릇에 측정하여 중량이 가장 높은 것은?
　가. 우유　　　　나. 분유
　다. 쇼트닝　　　라. 분당

02 생산공장시설의 효율적 배치에 대한 설명 중 적합하지 않은 것은?
　가. 작업용 바닥면적은 그 장소를 이용하는 사람들의 수에 따라 달라진다.
　나. 판매장소와 공장의 면적배분(판매 3 : 공장 1)의 비율로 구성되는 것이 바람직하다.
　다. 공장의 소요면적은 주방설비의 설치면적과 기술자의 작업을 위한 공간면적으로 이루어진다.
　라. 공장의 모든 업무가 효과적으로 진행되기 위한 기본은 주방의 위치와 규모에 대한 설계이다.

03 열원으로 찜(수증기)을 이용했을 때의 주 열전달 방식은?
　가. 대류　　　　나. 전도
　다. 초음파　　　라. 복사

04 반죽의 온도가 정상보다 높을 때, 예상되는 결과는?
　가. 기공이 밀착된다.
　나. 노화가 촉진된다.
　다. 표면이 터진다.
　라. 부피가 작다.

05 다음 무게에 관한 것 중 옳은 것은?
　가. 1kg은 10g이다.
　나. 1kg은 100g이다.
　다. 1kg은 1000g이다.
　라. 1kg은 10000g이다.

06 빵과자 배합표의 자료 활용법으로 적당하지 않은 것은?
　가. 빵의 생산기준 자료
　나. 재료 사용량 파악 자료
　다. 원가 산출
　라. 국가별 빵의 종류 파악 자료

07 빵을 구웠을 때 갈변이 되는 것은 어떤 반응에 의한 것인가?
　가. 비타민 C의 산화에 의하여
　나. 효모에 의한 갈색반응에 의하여
　다. 마이야르(maillard) 반응과 캐러멜화 반응이 동시에 일어나서
　라. 클로로필(chlorophyll)이 열에 의해 변성되어서

08 제빵 시 적절한 2차 발효점은 완제품 용적의 몇 %가 가장 적당한가?
　가. 40~45%　　　나. 50~55%
　다. 70~80%　　　라. 90~95%

09 냉동 반죽법에서 혼합 후 반죽의 결과온도로 가장 적합한 것은?
　가. 0℃　　　나. 10℃
　다. 20℃　　라. 30℃

10 다음 발효 중 일어나는 생화학적 생성 물질이 아닌 것은?
　가. 덱스트린　　나. 맥아당
　다. 포도당　　　라. 이성화당

11 오븐에서 구운 빵을 냉각할 때 평균 몇 %의 수분 손실이 추가적으로 발생하는가?
　가. 2%　　나. 4%
　다. 6%　　라. 8%

12 스펀지/도법에서 스펀지 밀가루 사용량을 증가시킬 때 나타나는 결과가 아닌 것은?
　가. 도 제조시 반죽시간이 길어짐
　나. 완제품의 부피가 커짐
　다. 도 발효시간이 짧아짐
　라. 반죽의 신장성이 좋아짐

13 단과자빵의 껍질에 흰 반점이 생긴 경우 그 원인에 해당되지 않는 것은?
　가. 반죽온도가 높았다.
　나. 발효하는 동안 반죽이 식었다.
　다. 숙성이 덜 된 반죽을 그대로 정형하였다.
　라. 2차 발효 후 찬 공기를 오래 쐬었다.

14 다음 중 중간발효에 대한 설명으로 옳은 것은?
　가. 상대습도 85% 전후로 시행한다.
　나. 중간발효 중 습도가 높으면 껍질이 형성되어 빵 속에 단단한 소용돌이가 생성된다.
　다. 중간발효 온도는 27~29℃가 적당하다.
　라. 중간발효가 잘되면 글루텐이 잘 발달된다.

15 2% 이스트로 4시간 발효했을 때 가장 좋은 결과를 얻는다고 가정할 때, 발효시간을 3시간으로 감소시키려면 이스트의 양은 얼마로 해야 하는가? (단, 소수 첫째 자리에서 반올림하시오.)
　가. 2.16%　　나. 2.67%
　다. 3.16%　　라. 3.67%

16 안 치수가 그림과 같은 식빵 철판의 용적은?

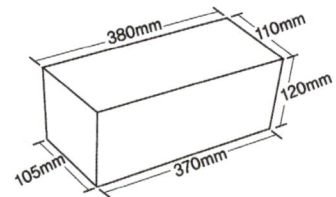

　가. 4,662cm³　　나. 4,837.5cm³
　다. 5,018.5cm³　라. 5,218.5cm³

17 반죽제조 단계 중 렛다운(Let Down) 상태까지 믹싱하는 제품으로 적당한 것은?
　가. 옥수수식빵, 밤식빵
　나. 크림빵, 앙금빵
　다. 바게트, 프랑스빵
　라. 잉글리시 머핀, 햄버거빵

18 다음 중 분할에 대한 설명으로 옳은 것은?

가. 1배합당 식빵류는 30분 내에 하도록 한다.
나. 기계분할은 발효과정의 진행과는 무관하여 분할 시간에 제한을 받지 않는다.
다. 기계분할은 손 분할에 비해 약한 밀가루로 만든 반죽분할에 유리하다.
라. 손 분할은 오븐스프링이 좋아 부피가 양호한 제품을 만들 수 있다.

19 실내온도 23℃, 밀가루 온도 23℃, 수돗물 온도 20℃, 마찰계수20℃일 때 희망하는 반죽온도를 28℃로 만들려면 사용해야 될 물의 온도는?

가. 16℃ 나. 18℃
다. 20℃ 라. 23℃

20 유지의 기능 중 크림성의 기능은?

가. 제품을 부드럽게 한다.
나. 산패를 방지한다.
다. 밀어 펴지는 성질을 부여한다.
라. 공기를 포집하여 부피를 좋게 한다.

21 일반적으로 시유의 수분 함량은?

가. 58% 정도 나. 65% 정도
다. 88% 정도 라. 98% 정도

22 우유를 pH 4.6으로 유지하였을 때, 응고되는 단백질은?

가. 카세인(casein)
나. α-락트알부민(lactalbumin)
다. β-락토글로불린(lactoglobulin)
라. 혈청알부민(serum albumin)

23 유지에 유리 지방산이 많을수록 어떠한 변화가 나타나는가?

가. 발연점이 높아진다.
나. 발연점이 낮아진다.
다. 융점이 높아진다.
라. 산가가 낮아진다.

24 바게트 배합률에서 비타민 C를 30ppm 사용하려고 할 때 이 용량을 %로 올바르게 나타낸 것은?

가. 0.3% 나. 0.03%
다. 0.003% 라. 0.0003%

25 물의 경도를 높여주는 작용을 하는 재료는?

가. 이스트푸드 나. 이스트
다. 설탕 라. 밀가루

26 밀가루의 호화가 시작되는 온도를 측정하기에 가장 적합한 것은?

가. 레오그래프 나. 아밀로그래프
다. 믹사트론 라. 패리노그래프

27 달걀껍질을 제외한 전란의 고형질 함량은 일반적으로 약 몇%인가?

가. 7% 나. 12%
다. 25% 라. 50%

28 이스트에 존재하는 효소로 포도당을 분해하여 알코올과 이산화탄소를 발생시키는 것은?

가. 말타아제(maltase)
나. 리파아제(lipase)
다. 찌마아제(zymase)

라. 인버타아제(invertase)

29 다음 중 글리세린(glycerin)에 대한 설명으로 틀린 것은?

가. 무색, 무취로 시럽과 같은 액체이다.
나. 지방의 가수분해 과정을 통해 얻어진다.
다. 식품의 보습제로 이용된다.
라. 물보다 비중이 가벼우며, 물에 녹지 않는다.

30 다음 중 설탕을 포도당과 과당으로 분해하여 만든 당으로 감미도와 수분 보유력이 높은 당은?

가. 정백당   나. 빙당
다. 전화당   라. 황설탕

31 유지 산패와 관계없는 것은?

가. 금속 이온(철, 구리 등)
나. 산소
다. 빛
라. 항산화제

32 다음 중 숙성한 밀가루에 대한 설명으로 틀린 것은?

가. 밀가루의 황색색소가 공기 중의 산소에 의해 더욱 진해진다.
나. 환원성 물질이 산화되어 반죽의 글루텐 파괴가 줄어든다.
다. 밀가루의 pH가 낮아져 발효가 촉진된다.
라. 글루텐의 질이 개선되고 흡수성을 좋게 한다.

33 빵, 과자 중에 많이 함유된 탄수화물이 소화, 흡수되어 수행하는 기능이 아닌 것은?

가. 에너지를 공급한다.
나. 단백질 절약 작용을 한다.
다. 뼈를 자라게 한다.
라. 분해되면 포도당이 생성된다.

34 단당류의 성질에 대한 설명 중 틀린 것은?

가. 선광성이 있다.
나. 물에 용해되어 단맛을 가진다.
다. 산화되어 다양한 알코올을 생성한다.
라. 분자내의 카르보닐기에 의하여 환원성을 가진다.

35 생체 내에서 지방의 기능으로 틀린 것은?

가. 생체기관을 보호한다.
나. 체온을 유지한다.
다. 효소의 주요 구성 성분이다.
라. 주요한 에너지원이다.

36 트립토판 360mg은 체내에서 니아신 몇 mg으로 전환 되는가?

가. 0.6mg   나. 6mg
다. 36mg   라. 60mg

37 다음 중 체중 1kg당 단백질 권장량이 가장 많은 대상으로 옳은 것은?

가. 1~2세 유아   나. 9~11세 여자
다. 15~19세 남자   라. 65세 이상 노인

38 원인균이 내열성포자를 형성하기 때문에 병든 가축의 사체를 처리할 경우 반드시 소각처리하여야 하는 인수공통감염병은?

가. 돈단독　　나. 결핵
다. 파상열　　라. 탄저병

39 해수세균의 일종으로 식염농도 3%에서 잘 생육하며 어패류를 생식할 경우 중독될 수 있는 균은?
가. 보툴리누스균　나. 장염 비브리오균
다. 웰치균　　라. 살모넬라균

40 다음 중 유지의 산화방지를 목적으로 사용되는 산화 방지제는?
가. Vitamin B　나. Vitamin D
다. Vitamin E　라. Vitamin K

41 다음 중 사용이 허가되지 않은 유해감미료는?
가. 사카린(Saccharin)
나. 아스파탐(Aspartame)
다. 소프비톨(Sorbitol)
라. 둘신(Dulcin)

42 화농성 질병이 있는 사람이 만든 제품을 먹고 식중독을 일으켰다면 가장 관계가 깊은 원인균은?
가. 장염비브리오균
나. 살모넬라균
다. 보툴리누스균
라. 황색포도상구균

43 미나마타병은 어떤 중금속에 오염된 어패류의 섭취 시 발생되는가?
가. 수은　　나. 카드뮴
다. 납　　　라. 아연

44 세균의 대표적인 3가지 형태분류에 포함되지 않는 것은?
가. 구균(coccus)
나. 나선균(spirillum)
다. 간균(bacillus)
라. 페니실린균(penicillium)

45 경구전염병의 예방법으로 부적합한 것은?
가. 모든 식품을 일광 소독한다.
나. 감염원이나 오염물을 소독한다.
다. 보균자의 식품취급을 금한다.
라. 주위환경을 청결히 한다.

46 질병 발생의 3대 요소가 아닌 것은?
가. 병인　　나. 환경
다. 숙주　　라. 항생제

47 다음 중 조리사의 직무가 아닌 것은?
가. 집단급식소에서의 식단에 따른 조리 업무
나. 구매식품의 검수 지원
다. 집단급식소의 운영일지 작성
라. 급식설비 및 기구의 위생, 안전 실무

48 다음 중 포장에 대한 설명 중에서 부적합한 것은?
가. 미생물에 오염되지 않은 환경에서 포장 한다.
나. 뜨거울 때 포장 하면 냉각손실을 줄일 수 있다.
다. 온도, 충격 등에 대한 품질 변화에 주의 하도록 한다.

라. 포장은 제품의 노화를 지연시킬 수 있다.

49 모든 재료를 믹서기에 한꺼번에 넣고 배합하는 직접반죽법중에서 표준스트레이트법을 비상스트레이트 법으로 전환할 때 필수적인 조치 방법은?

가. 설탕 사용량을 1% 감소시킨다.
나. 물 사용량을 1% 감소시킨다.
다. 1차 발효시간을 30분 이상 유지한다.
라. 반죽 시간을 20~30% 줄여서 공종 시간을 단축한다.

50 반죽을 만들어 아주 짧은 1차 발효를 시킨 다음 분할 이나 정형을 한 후 냉동 시키는 냉동 반죽법에서 냉동 온도와 저장 온도로 적당한 것은?

가. −30℃로 완만냉동 후
    −25℃~−18℃에서 냉동저장 한다.
나. −40℃로 급속냉동 후
    −25℃~−18℃에서 냉동저장 한다.
다. −40℃로 완만냉동 후
    −25℃~−18℃에서 냉동저장 한다.
라. −30℃로 급속냉동 후
    −25℃~−18℃에서 냉동저장 한다.

51 반죽온도는 반죽시간, 반죽의 흡수율, 발효 시간등에 영향을 미치게 된다. 다음 중 반죽온도에 미치는 영향이 가장 적은 것은?

가. 실내 온도
나. 물의 온도
다. 밀가루의 온도
라. 훅(Hook) 온도

52 어떤 일정한 공간에 설정한 온도에서 최대 포화 수증기압에 대한 수증기 압의 비율을 백분율로 나타낸 상대습도가 제품 보관 시 미치는 영향은?

가. 완제품의 향에 영향을 미친다.
나. 완제품의 껍질색에 영향을 미친다.
다. 완제품의 노화와 부패에 영향을 미친다.
라. 완제품의 부피에 영향을 미친다.

53 제빵에 있어서 우유가 미치는 영향 중에서 잘못된 것은?

가. 우유에 함유되어 있는 단백질은 보수력이 없어서 쉽게 노화 된다.
나. 우유에 함유되어 있는 단백질, 유지방, 무기질, 비타민으로 영양을 강화시킨다.
다. 우유에 함유되어 있는 유당은 겉껍질 색깔을 강하게 한다.
라. 우유에 함유되어 있는 단백질은 이스트에 의해 생성된 향을 착향시킨다.

54 밀가루의 성분 중에서 물을 흡수하는 성분에는 전분, 손상전분, 단백질, 펜토산 등이 있으며, 이 성분 중 단백질 함량이 11% 일 때 물을 63% 넣는다면, 밀가루 단백질 함량이 1% 증가한다면 물의 함량은 어떻게 되는가?

가. 67% 나. 63%
다. 60% 라. 65%

 밀가루 단백질 함량이 1% 증가시 반죽에 넣는 물의 함량은 1.5~2% 증가한다.

55 2차 발효실의 상대습도가 높았거나 오븐 속에 증기를 많이 주입 했을 경우 식빵 제조에 미치는 영향은?

가. 질긴 껍질이 된다.
나. 식감이 눅눅해진다.
다. 언더 베이킹이 되기 쉽다.
라. 부피가 작아진다.

56 성형 공정에 대한 설명중 잘못된 것은?

가. 성형은 반죽을 일정한 모양으로 만드는 공정으로 밀기-말기-봉하기의 3단계로 한다.
나. 반죽은 부피와는 상관없이 무게에 의해 분할한다.
다. 둥글리기할 때 과다한 덧가루를 사용하면 제품에 줄무늬가 생기게 된다.
라. 중간 발효는 보통 27~29℃에서 10~20분 정도 실시한다.

57 기생충과 숙주와의 연결이 잘못된 것은?

가. 유구조충 – 돼지
나. 아니사키스 – 해산어류
다. 폐디스토마 – 다슬기
라. 간흡충 – 소

58 미생물의 일반적인 성질에 대한 설명 중에서 맞는 것은?

가. 곰팡이는 주로 포자에 의해 수를 늘리며, 빵, 밥 등의 부패에 관여하는 미생물이다.
나. 바이러스는 주로 출아법으로 수를 늘리며, 스스로 필요한 영양분을 합성한다.
다. 효모는 주로 분열법으로 수를 늘리며, 식품 부패에 가장 많이 관여 하는 미생물이다.
라. 세균은 주로 출아법으로 수를 늘리며, 술 제조에 많이 사용된다.

59 식품에 유화 안정성, 선도 유지, 형체 유지, 점착성 증가시켜 촉감을 좋게 하기 위해 사용하는 식품 첨가물은?

가. 산미료   나. 유화제
다. 이형제   라. 호료(증점제)

60 경구 감염병과 거리가 먼 것은?

가. 콜레라   나. 일본 뇌염
다. 세균성 이질   라. 유행성 간염

제빵기능사 필기 모의고사 3 정답

1	2	3	4	5	6	7	8	9	10
가	나	가	나	다	라	다	다	다	나
11	12	13	14	15	16	17	18	19	20
가	가	가	다	나	나	다	라	나	라
21	22	23	24	25	26	27	28	29	30
다	가	나	다	가	다	나	다	라	라
31	32	33	34	35	36	37	38	39	40
라	가	다	다	나	가	다	나	나	다
41	42	43	44	45	46	47	48	49	50
라	라	라	가	라	라	나	다	가	나
51	52	53	54	55	56	57	58	59	60
라	다	다	라	가	가	라	가	라	나

제빵기능사 모의고사 (4회)

01 제빵 시 완성된 빵의 부피가 비정상적으로 크다면 그 원인으로 가장 적합한 것은?
가. 소금을 많이 사용하였다.
나. 알칼리성 물을 사용하였다.
다. 오븐온도가 낮았다.
라. 믹싱이 고율배합이다.

02 향신료(spice & herb)에 대한 설명으로 틀린 것은?
가. 향신료는 주로 전분질 식품의 맛을 내는 데 사용된다.
나. 향신료는 고대 이집트, 중동 등에서 방부제, 의약품의 목적으로 사용되던 것이 식품으로 이용된 것이다.
다. 스파이스는 주로 열대지방에서 생산되는 향신료로 뿌리, 열매, 꽃, 나무껍질 등 다양한 부위가 이용된다.
라. 허브는 주로 온대지방의 향신료로 식물의 잎이나 줄기가 주로 이용된다.

03 제과·제빵공장에서 생산관리 시 매일 점검할 사항이 아닌 것은?
가. 제품 당 평균 단가
나. 설비 가동률
다. 원재료율
라. 출근율

04 튀김용 기름의 온도로 가장 적합한 것은?
가. 140~150℃   나. 160~170℃
다. 180~90℃   라. 200~210℃

05 다음 중 빵 포장재의 특성으로 적합하지 않은 성질은?
가. 위생성   나. 보호성
다. 작업성   라. 단열성

06 빵의 부피가 너무 작은 경우 어떻게 조치하면 좋은가?
가. 발효시간을 증가시킨다.
나. 1차 발효를 감소시킨다.
다. 분할무게를 감소시킨다.
라. 팬 기름칠을 넉넉하게 증가시킨다.

07 굽기 손실에 영향을 주는 요인으로 관계가 가장 적은 것은?
가. 믹싱시간
나. 배합율
다. 제품의 크기와 모양
라. 굽기온도

08 산형식빵의 비용적으로 가장 적합한 것은?
가. 1.5~1.8   나. 1.7~2.6
다. 3.2~3.5   라. 4.0~4.5

09 굽기의 실패 원인 중 빵의 부피가 작고 껍질색이 짙으며, 껍질이 부스러지고 옆면이 약해지기 쉬운 결과가 생기는 원인은?
  가. 높은 오븐열
  나. 불충분한 오븐열
  다. 너무 많은 증기
  라. 불충분한 열의 분배

10 냉동과 해동에 대한 설명 중 틀린 것은?
  가. 전분은 −7~10℃ 범위에서 노화가 빠르게 진행된다.
  나. 노화대(stale zone)를 빠르게 통과하면 노화속도가 지연된다.
  다. 식품을 완만히 냉동하면 작은 얼음결정이 형성된다.
  라. 전분이 해동될 때는 동결 때보다 노화의 영향이 적다.

11 식빵에서 설탕을 정량보다 많이 사용하였을 때 나타나는 현상은?
  가. 껍질이 엷고 부드러워진다.
  나. 발효가 느리고 팬의 흐름성이 많다.
  다. 껍질색이 연하며 둥근 모서리를 보인다.
  라. 향미가 적으며 속 색이 회색 또는 황갈색을 보인다.

12 단위당 판매가격이 70원, 단위당 변동비가 50원, 고정비가 5000원이라고 하면 손익분기점은 얼마인가?
  가. 150원   나. 200원
  다. 250원   라. 300원

13 밀가루 반죽의 물성측정 실험기기가 아닌 것은?
  가. 믹소그래프
  나. 아밀로그래프
  다. 패리노그래프
  라. 가스크로마토그래프

14 다음 중 연속식 제빵법의 특징이 아닌 것은?
  가. 발효손실 감소
  나. 설비감소, 설비공간, 설비면적 감소
  다. 노동력 감소
  라. 일시적 기계구입 비용의 경감

15 밀가루 50g에서 젖은 글루텐을 15g 얻었다. 이 밀가루의 조단백질 함량은?
  가. 6%   나. 12%
  다 18%   라. 24%

16 중간 발효에 대한 설명으로 틀린 것은?
  가. 글루텐 구조를 재정돈한다.
  나. 가스발생으로 반죽의 유연성을 회복한다.
  다. 오버 헤드 프루프(over head proot)라고 한다.
  라. 탄력성과 신장성에는 나쁜 영향을 미친다.

17 다음 중 빵 반죽의 발효에 속하는 것은?
  가. 낙산발효   나. 부패발효
  다. 알코올발효   라. 초산발효

18 다음 중 빵 반죽의 발효에 속하는 것은?

가. 온도 27 ~ 29℃, 습도 90 ~ 100%
나. 온도 38 ~ 40℃, 습도 90 ~ 100%
다. 온도 38 ~ 40℃, 습도 80 ~ 90%
라. 온도 27 ~ 29℃, 습도 80 ~ 90%

19 우유 중 제품의 껍질색을 개선시켜 주는 성분은?

가. 유당 나. 칼슘
다. 유지방 라. 광물질

20 전분에 글루코 아밀라아제(glucoamylase)가 작용하면 어떻게 변화하는가?

가. 포도당으로 가수분해 된다.
나. 맥아당으로 가수분해 된다.
다. 과당으로 가수분해 된다.
라. 덱스트린으로 가수분해 된다.

21 물의 기능이 아닌 것은?

가. 유화 작용을 한다.
나. 반죽 농도를 조절한다.
다. 소금 등의 재료를 분산시킨다.
라. 효소의 활성을 제공한다.

22 잎을 건조시켜 만든 향신료는?

가. 계피 나. 넛메그
다. 메이스 라. 오레가노

23 마가린의 산화방지제로 주로 많이 이용되는 것은?

가. BHA 나. PG
다. EP 라. EDGA

24 밀 단백질 1% 증가에 대한 흡수율 증가는?

가. 0~1% 나. 1~2%
다. 3~4% 라. 5~6%

25 껍질을 포함하여 60g인 달걀 1개의 가식부분은 몇 g 정도인가?

가. 35g 나. 42g
다. 49g 라. 54g

26 아밀로오스는 요오드용액에 의해 무슨 색으로 변하는가?

가. 적자색 나. 청색
다. 황색 라. 갈색

27 다음의 크림 중 단백질 함량이 가장 많은 것은?

가. 식용크림
나. 저지방 포말크림
다. 고지방 포말크림
라. 포말크림

28 젤리화의 요소가 아닌 것은?

가. 유기산류 나. 염류
다. 당분류 라. 펙틴류

29 빵 발효에 관련되는 효소로서 포도당을 분해하는 효소는?

가. 아밀라아제 나. 말타아제
다. 찌마아제 라. 리파아제

30 1일 2000kcal를 섭취하는 성인의 경우 탄수화물의 적절한 섭취량은?

가. 1100~1400g 나. 850~1050g
다. 500~125g   라. 275~350g

31 지질대사에 관계하는 비타민이 아닌 것은?
가. Pantothenic acid
나. Niacin
다. Vitamin B₂
라. Folic acid

32 글리세롤 1분자에 지방산, 인산, 콜린이 결합한 지질은?
가. 레시틴   나. 에르고스테롤
다. 콜레스테롤 라. 세파린

33 나이아신(niacin)의 결핍증은?
가. 야맹증   나. 신장병
다. 펠라그라 라. 괴혈병

34 티아민(Thiamin)의 생리작용과 관계가 없는 것은?
가. 각기병   나. 구순구각염
다. 에너지 대사 라. TPP로 전환

35 식품조리 및 취급과정 중 교차오염이 발생하는 경우와 거리가 먼 것은?
가. 씻지 않은 손으로 샌드위치 만들기
나. 생고기를 자른 가위로 냉면 면발 자르기
다. 생선 다듬던 도마로 샐러드용 채소 썰기
라. 반죽에 생고구마 조각을 얹어 쿠키 굽기

36 식품첨가물의 안전성 시험과 가장 거리가 먼 것은?
가. 아급성 독성 시험법
나. 만성 독성 시험법
다. 맹독성 시험법
라. 급성 독성 시험법

37 사람에게 영향을 미치는 결핵균의 병원체를 보유하고 있는 동물은?
가. 쥐   나. 소
다. 말   라. 돼지

38 병원성 대장균 식중독의 가장 적합한 예방책은?
가. 곡류의 수분을 10% 이하로 조정한다.
나. 어류의 내장을 제거하고 충분히 세척한다.
다. 어패류는 민물로 깨끗이 씻는다.
라. 건강보균자나 환자의 분변 오염을 방지한다.

39 장염 비브리오균에 감염되었을 때 나타나는 주요 증상은?
가. 급성위장염 질환
나. 피부농포
다. 신경마비 증상
라. 간경변 증상

40 환경 중의 가스를 조절함으로써 채소와 과일의 변질을 억제하는 방법은?
가. 변형공기포장 나. 무균포장
다. 상업적 살균   라. 통조림

41 식품첨가물의 종류와 그 용도의 연결이 틀린 것은?

가. 발색제 – 인공적 착색으로 관능성 향상
나. 산화방지제 – 유지식품의 변질 방지
다. 표백제 – 색소물질 및 발색성 물질 분해
라. 소포제 – 거품 소멸 및 억제

42 쥐나 곤충류에 의해서 발생될 수 있는 식중독은?

가. 살모넬라 식중독
나. 클로스트리디움 보툴리늄 식중독
다. 포도상구균 식중독
라. 장염 비브리오 식중독

43 살모넬라(salmonella)균 식중독에 대한 설명으로 옳은 것은?

가. 극소량의 균량(菌量) 섭취로 발병한다.
나. 살모넬라균 독소의 섭취로 인해 발병한다.
다. 10만 이상의 살모넬라균을 다량으로 섭취시 발병한다.
라. 해수세균에 해당한다.

44 미생물이 생육할 수 있는 적절한 환경에서 유해한 미생물이 발생하여 빵의 맛이나 향기가 변질 및 부패 되도록 영향을 미치는 요인과 관계가 가장 적은 것은?

가. 수분 함량
나. 보관온도
다. 빵의 모양
라. 세균

45 일반 빵 제조에 있어서 제품에 부여하고자 하는 특성을 나타내게 할 수 있는 2차 발효실의 온도 범위는?

가. 32~40℃
나. 25~29℃
다. 24~28℃
라. 42~46℃

46 밀을 제분하여 밀가루를 만들 때 밀에 대한 밀가루의 양을 %로 나타낸 것을 제분 수율(%)이라 한다. 다음 중 제분 수율에 대한 설명이 잘못된 것은?

가. 제분 수율이 증가하면 일반적으로 무기질 함량이 증가한다.
나. 제분 수율이 증가하면 일반적으로 비타민 B_1, B_2 함량이 증가한다.
다. 사용 용도나 목적에 따라 제분 수율을 조정하기도 한다.
라. 제분 수율이 증가하면 일반적으로 소화율(%)은 감소한다.

47 연속식 제빵법을 사용하는 장점과 가장 거리가 먼 것은?

가. 발효향의 증가
나. 인력의 감소
다. 발효손실의 감소
라. 공장 면적과 믹서등 설비의 감소

48 조리빵류의 부재료로 활용되는 육가공품의 부패로 인해 암모니아와 염기성 물질이 형성될 때 pH의 변화는?

가. 산성이 된다.
나. 알카리성이 된다.
다. 변화가 없다.
라. 중성이 된다.

49 냉동빵 혼합 시 흔히 사용하는 방법으로, 환원제로 시스테인(Cysteine) 등을 사용하

는 제법을 무엇이라 하는가?

가. 스트레이트 법
나. 액체 발효법
다. 노타임법
라. 스펀지법

50 호밀에 대한 설명으로 틀린 것은?

가. 호밀의 제분율에 따라 백색, 중간색, 흑색, 등으로 분류한다.
나. 호밀 단백질은 밀가루 단백질에 비해 글루텐을 형성하는 능력이 떨어진다.
다. 호밀분에 지방 함량이 높으면 저장성이 나빠진다.
라. 밀가루에 비해 펜토산 함량이 낮아서 반죽이 끈적거린다.

51 공기와의 접촉이 차단된 상태에서만 생존할 수 있어 산소가 없는 상태에서만 증식하는 균은?

가. 편성 호기성균
나. 편성 혐기성균
다. 호기성균
라. 통성 혐기성균

52 지방의 산패를 촉진하는 인자와 거리가 먼 것은?

가. 산소
나. 철
다. 질소
라. 자외선

53 20℃의 실온에서 액체인 지방을 유(油)라고 하고 고체인 지방을 지(脂)라 하여 통틀어 유지(油脂)라 한다. 유지는 지방산과 (   )의 에스테르(Ester) 결합이다. 다음 중 (   ) 안에 맞는 말은?

가. 글루텐(Gluten)
나. 아미노산
다. 글리세린(Glycerine)
라. 에틸 알코올(Ethyl Alcohol)

54 표준 식빵의 재료 사용 범위로 부적합한 것은?

가. 설탕 0~8%
나. 유지 0~5%
다. 생이스트 1.5~5%
라. 소금 5~7%

55 제과제빵의 굽기 작업 중 99℃의 제품 내부온도에서 생존할 수 있고, 치사율도 매우 높으나 다행히 산에 약하여 pH 5.5의 약산성에도 모두 사멸하는 균은?

가. 로프균　　　나. 대장균
다. 살모넬라균　라. 리스테리아 균

56 단백질은 에너지원으로 사용되며 신체의 구성요소이다. 단백질의 구성원소가 아닌 것은?

가. 탄소 (C)　　나. 질소 (N)
다. 규소 (Si)　　라. 수소 (H)

57 경구 감염병에 관한 설명 중 잘못된 것은?

가. 감염환이 성립된다.
나. 잠복기가 길다.

다. 식품은 경구 감염병의 증식 매체이다.
라. 미량의 균으로 감염이 가능하다.

58 다음 중 호화에 대한 설명 중 맞는 것은?

가. 호화가 되면 소화가 잘 되고 맛도 좋다.
나. 호화는 주로 단백질과 관련된 현상이다.
다. 유화제를 사용하면 호화를 지연시킬 수 있다.
라. 호화는 냉장온도에서 잘 일어난다.

59 식품 시설에서 교차오염을 예방하기 위해 가장 바람직한 것은?

가. 냉수 전용 수세 설비를 갖춘다.
나. 작업 흐름을 일정한 방향으로 배치한다.
다. 작업장은 최소한의 면적을 확보한다.
라. 건조 식품과 젖은 식품을 교차할 수 있게 한다.

60 팬닝 시 주의할 사항으로 적당하지 않은 것은?

가. 반죽의 무게와 상태를 정하여 비용적에 맞추어 적당한 반죽량을 넣는다.
나. 팬닝 전 팬의 온도를 적정하고 고르게 한다.
다. 틀이나 철판의 온도를 25℃로 맞춘다.
라. 반죽의 이음매가 틀의 바닥에 놓이도록 팬닝한다.

제빵기능사 필기 모의고사 4 정답

1	2	3	4	5	6	7	8	9	10
다	가	가	다	라	가	다	다	가	다
11	12	13	14	15	16	17	18	19	20
나	다	라	라	나	라	다	다	가	가
21	22	23	24	25	26	27	28	29	30
가	라	가	나	라	나	다	나	다	라
31	32	33	34	35	36	37	38	39	40
라	가	다	다	가	다	나	다	가	가
41	42	43	44	45	46	47	48	49	50
가	가	다	가	가	다	나	다	다	라
51	52	53	54	55	56	57	58	59	60
나	다	다	라	가	나	다	가	나	다

참고문헌

- 이정훈, 강창수, 오현근, 윤미숙, 신숭녕(2005). 『식품위생학』. 백산출판사.
- 배현주, 백재은, 주나미, 윤지영(2005). 『HACCP 이론 및 실무』. 수학사.
- 류충호, 신형수, 정수경 역(2006). 『식품위생학』. 도서출판 동화기술.
- 문범수, 김동한, 김성환(2009). 『식품위생학』. 신광출판사.
- 재단법인과우학원(2011). 『표준 제빵이론』. 비엔씨 월드.
- 국가직무능력표준 활용패캐지 제과(2014). 한국산업인력공단.
- 김정희, 한장호, 임재연, 김미환, 남향우(2014). 『고등학교 제과제빵』. 웅보출판사.
- 월간 빠띠씨에(2014). 『제과제빵이론특강』. 비앤씨월드.
- 한국식품산업협회 교육교재편찬위원회(2014). 『식품위생교육교재』. 한국식품산업협회.
- 식품의약품안전처, http://www.kfda.go.kr 2015. 8 ~ 2015. 10
- 김덕웅, 정수현, 염동민, 신성균, 여생규, 조원대(2015). 『21C 식품위생학』. 수학사.
- 채동진, 이명호(2016). 『제과제빵 기능사 실기』. 도서출판 유강.
- 채동진, 이명호(2016). 『제과제빵 기능사 이론』. 도서출판 유강.
- 신숭녕 외(2018). 『NCS국가 직무능력 표준 NCS학습모듈』
  (빵류 제품 재료혼합, 빵류 제품 반죽 발효, 빵류 제품 반죽 정형, 빵류 제품 반죽 익힘, 빵류 제품 마무리, 빵류 제품 위생 안전 관리, 빵류 제품 생산 작업 준비)
- 채동진, 이명호, 김남근, 김성봉(2019). 『NCS기반의 제빵실기』. 도서출판 유강.

채동진

일본동경제과학교제과전공졸업
경희대학교관광대학원조리외식산업학과관광학석사
경희대학교대학원관광학박사
국제기능올림픽(제과, 제빵부문)출제위원
국제기능올림픽(제과, 제빵부문)실기시험감독위원
국가기술자격검정(제과, 제빵기능사, 기능장)출제위원
국가기술자격검정(제과, 제빵기능사, 기능장)감독위원
현) 경동대학교호텔조리학부제과바리스타전공교수

이명호

세종대학교이학박사
국제기능경기대회출제및심사위원
제과, 제빵기능사출제및심사위원
제과기능장출제및심사위원
중등임용교사출제위원
롯데호텔제과장역임
현) 신흥대학교호텔조리학과교수
현) 한국조리학회부회장
현) 한국리조트학회부회장

김남근

세종대학교 조리외식경영학 박사
Renaissance Seoul Hotel F&B
Marriott MEA Seoul Hotel F&B
Lotte City Hotel F&B
Masedarin R&D Leader
세종대학교 외식경영학과 외래교수 역임
현) 김포대학교 호텔제과제빵학과 교수
전국 중고등부 관광 음식 기능경기대회 심사위원

강란기 /이학박사

숙명여자대학교 식품영양학과 졸업
숙명여자대학교 대학원 교육학 석사
숙명여자대학교 대학원 전통식생활문화학 석사
호서대학교 대학원 식품학 박사
이태리 밀라노 롬바르디아 주립학교 졸업
이태리 I.P.C.A.학교 졸업
수원여대 식품과학부 겸임교수 역임
호서대 · 가천대 · 경기대 · 신한대
신안산대 · 동서울대 외래교수 역임
성남 향토음식 발굴 경연대회 추진위원장 역임
경기장애인 기능경기대회 심사장 역임
전국중고등부 관광음식 기능경기대회 대회장 역임
현) (사)한국관광음식문화협회 이사장
현) 한국음식문화직업전문학교장
현) 성남요리학원장
현) 성남외식조리 직업전문학교장

제빵기능사 필기 (이론 + 문제)

초판인쇄 | 2019년 9월 2일
4쇄발행 | 2021년 1월 18일

저　자 | 채동진, 이명호, 김남근, 강란기
발 행 처 | 도서출판 유강
발 행 인 | 柳麟夏

주　소 | 경기도 성남시 중원구 상대원동 144-3 우림라이온스밸리 5차 B동 412호
전　화 | 010-5026-4204
총 무 과 | 031-750-0238
홈페이지 | www.ukang.co.kr

디 자 인 | 옥별
사　진 | 황익상

ISBN 979-11-90591-06-5

정가 18,000원

잘못된 책은 교환해 드립니다.
저자와 협의하에 인지를 생략합니다.

본책의 무단복제 행위는 저작권법에 의거 5년 이하의 징역 또는 8,000만원 이하의 벌금에 처하거나 이를 병과할 수 있습니다.